충남 지역 마을지 총서 ③ 태안군 소원면 의항리

태안 개미목마을

어촌 생활의 파노라마

글·사진 | 충남대학교 마을연구단

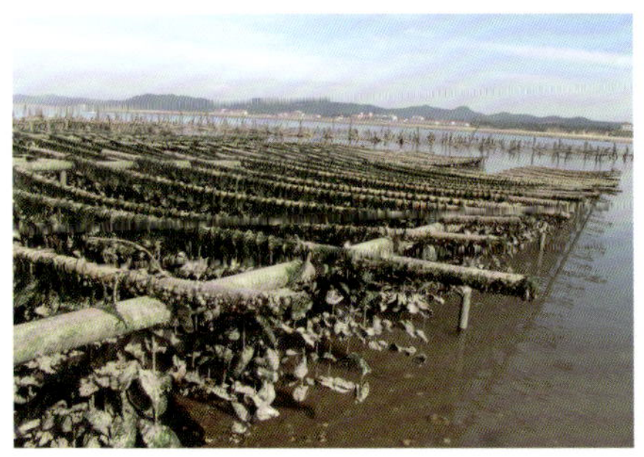

대원사

| 저자 소개

김필동
충남대학교 사회학과 교수

박종익
마을연구단 전임연구원, 국문학

전종한
경인교육대학교 전임강사, 지리학

곽호제
청양대학 초빙교수, 국사학

유보경
마을연구단 전임연구원, 사회학

이연숙
마을연구단 전임연구원, 국사학

김현숙
마을연구단 전임연구원, 국사학

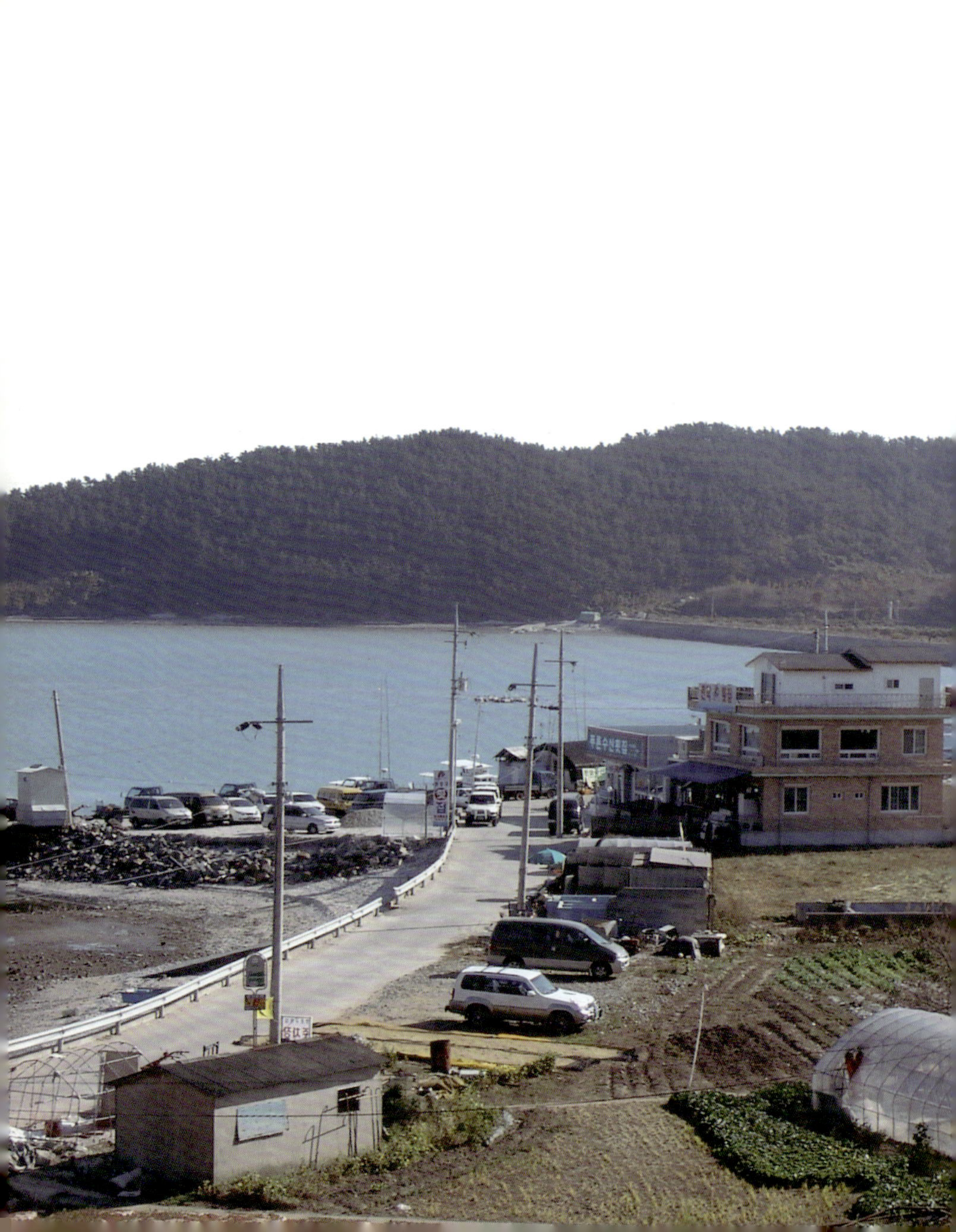

충남 지역 마을지 총서 ③ 태안군 소원면 의항리

태안 개미목마을

어촌 생활의 파노라마

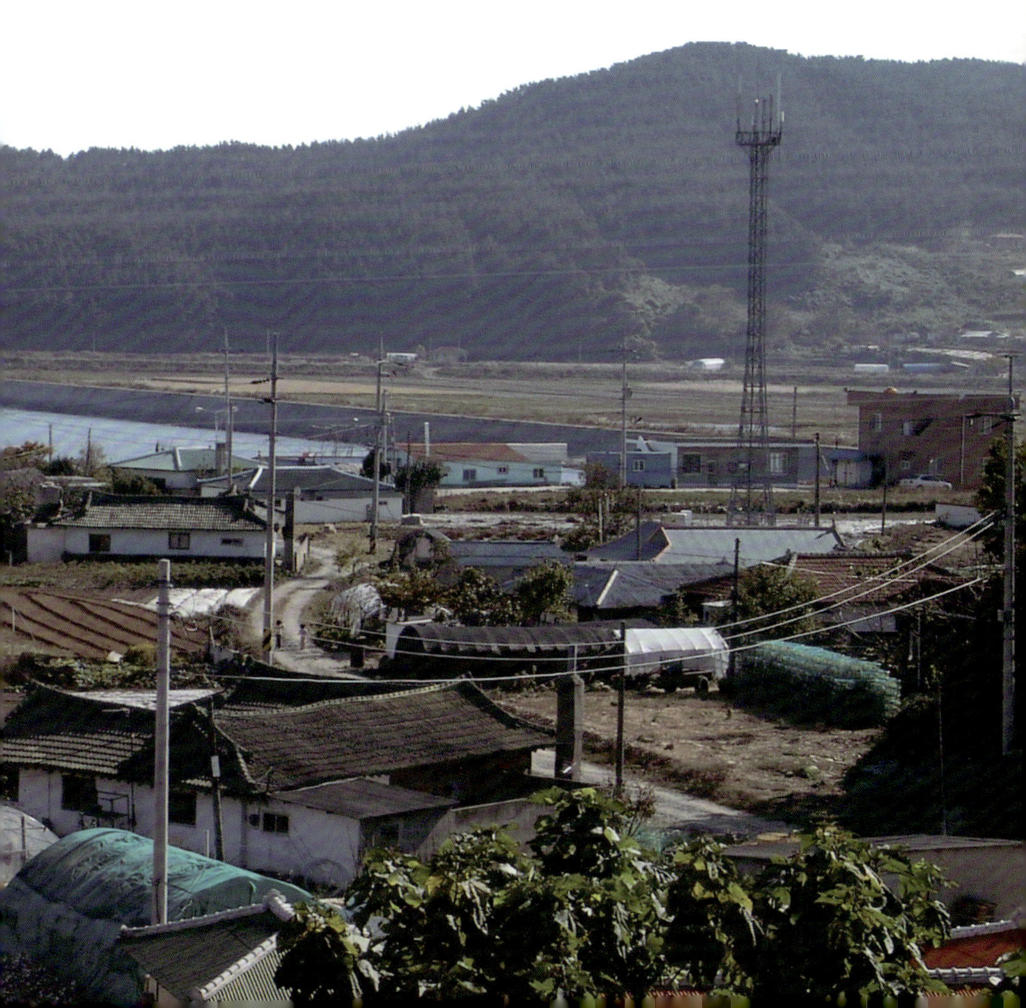

머리말

마을이 사라지고 있다. 지금부터 40년 전인 1966년 한국의 농촌인구는 약 1,540만 명으로 인구의 절반을 상회했지만, 2004년 현재는 약 340만으로 전체 인구에서 차지하는 비중은 약 7퍼센트밖에 되지 않는다. 많은 마을에 빈집이 늘어나고 있고 주민들의 평균연령이 60세가 넘는 곳도 적지 않아 앞으로 10년, 20년 뒤가 되면 수백 년 혹은 천 년 이상의 역사를 가진 수많은 마을들이 수명을 다하고 이 땅에서 사라지게 될지도 모른다.

마을은 한반도의 역사가 시작된 이후 20세기 중엽에 이르기까지 대부분의 사람들이 거주해온 생활 공간이었으며, 또 민속·의례·신앙 등 전통적인 문화를 만들어온 문화의 공간이었다. 조선시대 선비들이 생활하면서 정신문화를 창출해온 곳도 도시라기보다는 농촌 마을이었다. 따라서 마을이 사라진다는 것은 전통적인 한국 문화의 뿌리가 사라진다는 것을 의미한다. 이에 대한 아쉬움과 함께 전통문화 보존의 필요성이 제기되는 것은 당연하다.

그러나 마을은 전통문화의 뿌리인 것만은 아니다. 마을은 현재 한국 사회 인구의 대부분을 구성하고 있는 도시인들의 삶의 뿌리이자 성장 배경이며, 동시에 그들이 삶에 지칠 때 찾게 되는 정신적 고향이기도 하다. 나아가 마을은 성장과 개발의 이면(裏面)에 반목과 파괴를 심화시켜온 근대문명의 한계를 넘어 새로운 미래를 전망할 때 우리가 돌아보는 대안이 될 수도 있다. 그러므로 마을은 우리 선조들과 오늘을 사는 어른들에게만 중요한 것이 아니라, 자라나는 우리 아이들과 앞으로 태어날 후손들에게도 소중한 것이다. 그런 마을이 사라지고 이제는 학문적 조명에서조차 소외

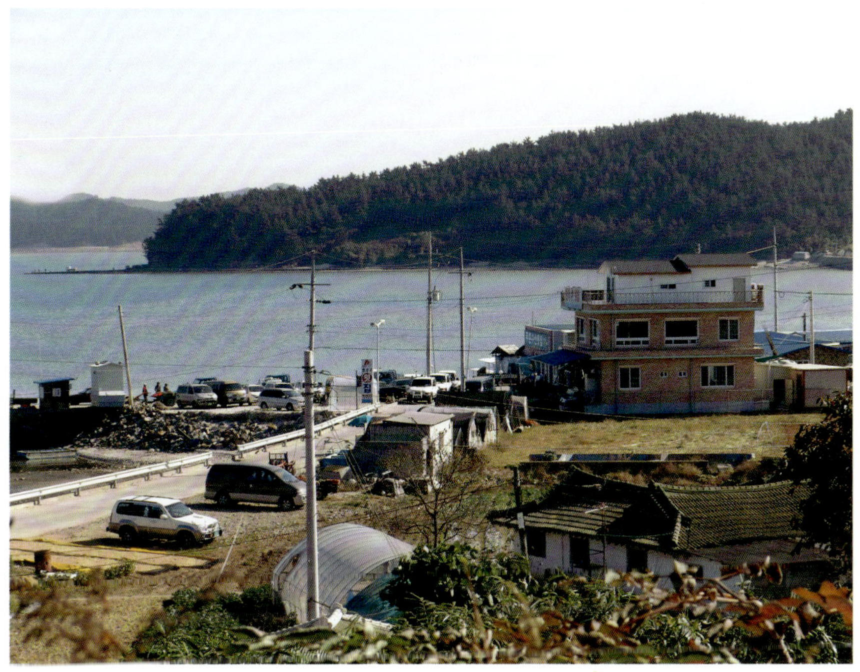

마을이 들어앉은 의항리의 동쪽 해안 모습

되고 있음은 아쉬운 일이 아닐 수 없다. '마을 연구'와 '마을 조사'의 중요성과 시급성은 여기에서 출발한다. 더구나 충남 지역의 마을 연구는 경상도나 전라도에 비해 매우 빈약한 상황이기 때문에 그 중요성은 더욱 크다고 할 수 있다.

충남대학교 충청문화연구소에서는 이런 문제의식에서 2004년 '마을연구단'을 조직하고, 한국학술진흥재단의 지원을 받아 충남 지역 마을 연구에 착수하였다. 마을연구단에서는 충남 지역에도 다양한 유형과 지역적 특징을 지닌 마을들이 많이 존재한다는 점을 감안하여, 전체적으로 충남 지역 마을들을 대표할 수 있는 9개의 마을을 선정하여 3개년에 걸쳐 매년 3개 마을씩을 공동으로 심층 조사하고, 공동연구원들이 각 마을을 주제로 한 연구 논문들과 함께 마을의 역사와 현재의 모습을 담은 '마을지'를 꾸미기로 하였다. 15명의 공동연구원들과 십수 명의 보조연구원(학

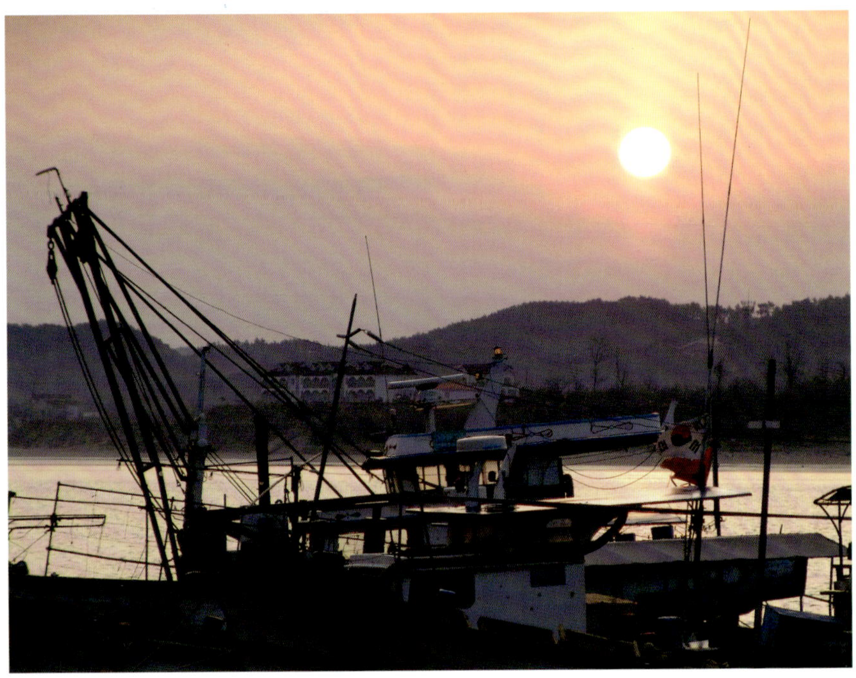

개미목의 일출

생)들은 이를 위해 각 마을을 공동 또는 개인별로 수시로 방문하면서 자료를 모으고, 수많은 마을 주민들을 만나 인터뷰를 진행했다. 연구원들은 마을의 모습을 전체적으로 조망하기 위하여, 지리, 역사, 경제, 사회, 일상생활, 민속 등 각 분야에 걸쳐 조사를 실시하였다. 또한 마을의 과거와 현재의 모습을 좀더 생생하게 전달하기 위해서 지난 시절의 기록과 사진을 모으고 오늘의 마을 경관과 주민들의 활동을 폭넓게 사진에 담아 마을지에 수록하였다. 또한 집필에 있어 필자들은 가급적 평이한 문체를 사용함으로써, 연구자나 일반인들은 물론 각 마을의 주민들도 쉽게 읽을 수 있도록 배려하였다. 이러한 작업들은 전임연구원들이 중심이 되어 이루어졌지만, 다른 공동연구원들과 학생들도 많은 힘을 보탰음은 말할 것도 없다. 의항리 마을지도 이런 과정을 통해 탄생되었다.

의항리(蟻項里)는 태안군 소원면의 북쪽 바다를 끼고 형성된 어촌이다. 의항리는 1리, 2리, 3리로 나누어져 있는데, 이 책의 주된 대상 마을은 2리로 옛날부터 '개미목' 이라 불리는 곳이다. 북쪽 바다로 돌출한 마을로 들어가는 접도가 개미목처럼 잘록하게 생겼기 때문에 붙여진 이름이다. 서해로 열려 있는 마을의 서쪽 해안은 해풍과 파도로 인해 암벽과 모래사장이 발달했고, 만을 끼고 있는 마을의 동쪽 해안은 비교적 잔잔해서 개펄이 발달한 동시에 어항의 조건을 제공했다. 이 마을은 예전부터 전주 이씨, 김해 김씨, 남평 문씨가 세거하였다. 따라서 과거에는 어촌의 종족마을로서의 면모도 갖추고 있었다. 그러나 현재는 이런 성격은 많이 약해졌고, 여러 성씨들이 함께 어울려 살아가고 있다.

개미목 사람들은 한편으로는 이러한 독특한 자연환경에 적응하고, 다른 한편으로는 한국 사회의 생활양식의 변화에 조응하여 다양한 모둠살이의 모습을 보여왔다. 일찍부터 시작된 반농반어(半農半漁)의 생활터전 위에서 한때는 조석간만의 차를 이용해서 염전을 일구었고, 제방축조사업을 통해 농토의 확장을 도모했으며, 오늘날에는 천혜의 개펄을 이용한 굴 양식이 마을의 가장 주된 생업이 되고 있다. 또한 최근에는 해수욕장과 낚싯배를 찾아오는 관광객들을 맞아 관광어촌으로의 변신도 꾀하고 있다. 의항리는 어촌이 보여줄 수 있는 모든 모습들을 파노라마처럼 펼쳐 보인다. 우리는 그 속에서 한국 어촌의 근현대 생활사가 고스란히 녹아 있음을 본다.

의항리를 조사하고 마을지를 편찬하는 과정에서 집필자들은 많은 분들로부터 도움을 받았다. 개미목의 문용배 이장님과 김석수 어촌계장님, 송영자 부녀회장님을 비롯하여 이병혁, 김형수 어른, 정인철, 김인식, 김인남 선장 등 감사의 뜻을 전해야 할 분들이 너무도 많다. 아마도 의항리 마을 사람치고 우리 마을연구단과 접촉하지 않은 사람이 거의 없을 것이다. 그분들은 바쁜 가운데에서도 항상 친절하고 성의 있게 면접에 응해주었고, 마을 이해를 위한 협조를 아끼지 않았다. 이러한 마을 분들의 도움이 없었더라면 의항리 마을지의 구성은 불가능했을 것이다. 이 자리를 빌어 의항리 마을 분들에게 깊은 감사의 뜻을 전한다.

또한 집필자들은 공동연구를 함께 해온 마을연구단의 다른 공동연구원 선생님들과 연구를 보조해준 학생들에게도 감사의 말씀을 드린다. 이 책이 부족한 가운데서도 약간의 장점이 있다면 그것은 오로지 함께 연구에 참여하신 이 분들의 도움 때문이라고 생각한다. 특히 처음부터 충남 지역 마을 연구를 기획하는 데 중심 역할을 했고, 마을연구단의 첫 번째 연구책임자로 연구의 초기 단계를 이끌어주셨던 박찬승 교수님께는 무어라 감사의 말씀을 드려야 할지 모르겠다. 한편 연구책임자의 입장에서는 의항리 마을조사팀장으로 연구단과 마을 사이의 주된 연락 창구 역할을 하면서, 수합된 마을지 원고의 편집에도 책임 있는 역할을 수행해준 박종익 박사의 노고를 특별히 기록해두고 싶다.

마지막으로 우리는 의항리 마을지의 출판이 가능하게끔 연구비를 지원해 준 한국학술진흥재단에 감사의 마음을 전한다.

2006년 여름
집필자들을 대표하여 김 필 동 적음

어촌 생활의 파노라마

의항리는 태안군 소원면의 서북단 끝자락에 위치한다. 태안읍내에서 만리포 쪽으로 진행하다 보면 만리포 2킬로미터 전방에서 송현삼거리를 만난다. 이 삼거리에서 북쪽으로 우회전하여 진행하다 보면 길의 끝 지점에 마을이 나타나는데, 이곳이 바로 의항리이다.

의항리는 모두 3개리로 이루어져 있으며, 이 가운데 1리와 2리는 오랜 역사를 가지고 있다. 1리와 2리의 구분은 건넌말 남쪽 뒷산인 수망산을 기준으로 한다. 이 산을 기점으로 남쪽 마을을 의항 1리로 보았고 북쪽 마을은 의항 2리로 정하였다. 그러다가 수망산 산자락 남쪽 일대에 마을이 형성되면서 이곳을 의항 3리라 하게 되었다. 곧, 의항 3리는 근년에 새로이 형성된 마을인 것이다.

이러한 3개 마을 가운데 연구단에서 조사 대상으로 선정한 마을은 2리이다. 이곳은 해안을 끼고 마을이 형성되어 있을 뿐 아니라 주민들의 왕성한 어로활동이 이루어지고 있다. 이런 점에서 이곳은 우리나라 충남 서해안 지역의 전형적인 어촌마을의 면모를 보여준다. 또, 이곳에는 전주 이씨, 김해 김씨, 남평 문씨가 세거성씨로 자리 잡고 있어 종족마을의 성격을 보유하기도 하였다. 따라서 어촌마을로서의 특징과 종족마을로서의 면모를 동시에 구비한 대상이라는 점에서 의항리를 연구 대상 지역으로 설정하고 조사를 실시하게 되었다.

의항 2리는 달리 개미목이라고도 한다. 이는 마을로 진입하는 접도가 개미목처럼 잘록하게 생긴 데서 나온 말이다. 곧, 마을 첫머리의 지형이 개미목을 닮은 데에서 마을 이름이 나왔다는 것이다. 이에 근거하여 한자 지명 또한 개미 의(蟻)와 목 항

(項)을 쓴다. 아울러 항(項)은 접도 내지 길목으로서의 의미를 포함하는바, 이 일대가 과거 뱃길의 길목이었던 데서 나온 지명일 수도 있다.

의항에 관한 지명이 보이는 문헌으로는 『중종실록(中宗實錄)』이 있다. 실록에 게재된 의항은 운해(運海) 굴착 대상 지역에 해당하는 지명이다. 태안반도를 거슬러 오르는 조운선이 이 일대 안흥량과 관장목 사이에서 빈번하게 침몰하자 이에 대한 해결책으로 운해를 구상하게 되었고, 그 운해의 대상지가 바로 의항이었던 것이다. 하지만 안면도와 달리 이곳의 운해 굴착은 실패로 돌아갔다. 아마도 1522년 『중종실록』의 '의항'이라는 지명은 현재 전하는 문헌상 최초의 것으로 보인다.

근현대에 이르러 의항의 역사라 할 만한 구체적인 대상이나 자료는 거의 없다. 역사에 족적을 남긴 인물이나 사건 또한 거의 없다. 따라서 이곳에서 태어나 이곳에서 삶을 일구어나가던 민중의 생애 그 자체가 개미목의 역사이다. 이런 맥락에서 이곳 사람들의 삶을 다룬 마을지는 민중의 역사서라고 하는 사적 가치를 지닌다 할 것이다.

이러함에도 굳이 의항의 현대사를 살핀다면 크게 간척사업과 도로개설 정도를 꼽을 수 있다. 그중 간척사업은 1965년도에 난민정착사업의 일환으로 시작되어 1974년에 완공되었다. 이 제방축조사업을 주도적으로 진행한 인물은 이병관으로 전주 이씨이다. 주민들은 그의 헌신적인 노력을 기려 마을 입구에 송덕비를 세웠다. 이외에 빈센트 브란트의 활동 또한 주목할 만하다. 브란트는 미국인 인류학자로 1966년 마을조사를 위해 의항리에 와 머물면서 주민들의 생활개선에도 기여한 인물로 꼽힌다. 그의 공적은 공동우물 개설과 동력선 구입을 위한 자금 알선, 마을문고 설치 후원과 같은 것이었다. 주민들은 이를 기려 마을 입구에 역시 기념비를 세웠다.

태안반도의 서쪽 해안은 전형적인 리아스식 해안이다. 크고 작은 만과 곶이 끊임없이 교차하면서 펼쳐진 해안에는 조수의 진퇴가 왕성하게 이루어진다. 이러한 조수의 왕성한 활동은 해변에 모래를 퇴적케 하고, 이렇게 퇴적된 모래 해변은 남쪽의 만리포로부터 시작해서 천리포, 백리포로 이어진다. 그리고 다시 개미목에 이르면 십리포(의항해수욕장)와 구름포(구리미, 일리포)로 연계되어 남북으로 긴 띠와 같은 모래밭을 형성하여 놓았다.

십리포와 구름포는 의항이 자랑할 만한 해변이다. 이들 해수욕장의 모래는 해안

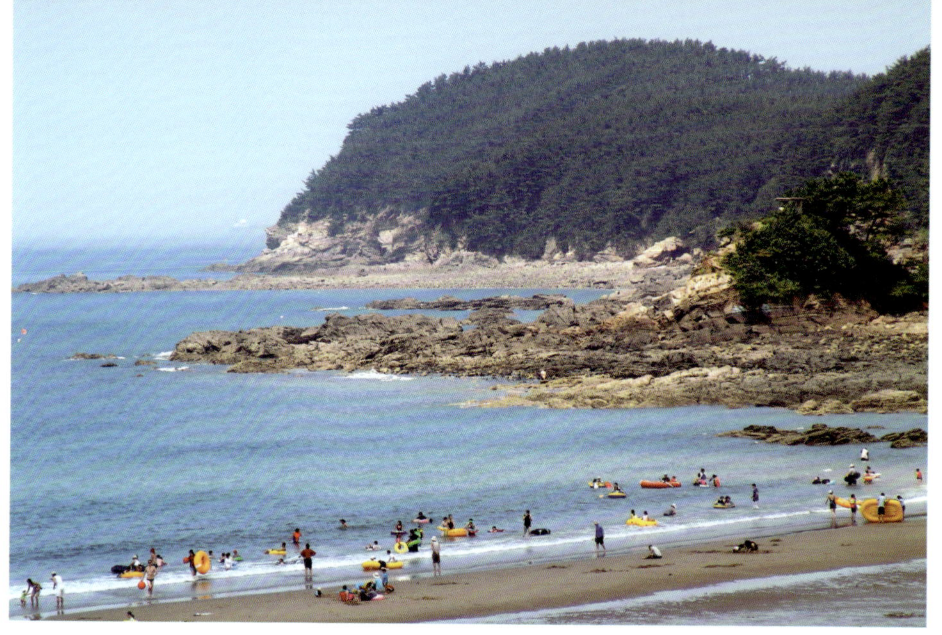

개미목의 십리포해수욕장 이 해수욕장은 과거 독살이 설치되어 있었던 곳이기도 하다. 비록 여름 한 철이지만 해수욕장에 관광객들의 발걸음이 잦아지면서 마을 경제에 활력이 붙었다

의 절벽이나 돌이 파도에 잘게 부서져서 형성된 것이며, 동시에 조개와 같은 패류의 껍질이 파도에 갈려 쌓인 것이기도 하다. 때문에 이곳 해변의 모래는 유난히 부드럽다. 모래가 운다는 명사(鳴沙)의 어휘를 이곳 해변에 적용하여도 틀리지 않을 것이다. 이런 이유로 이곳 해변에는 사시사철 사람들의 발길이 끊이지 않는다. 특히 여름이 되면 십리포에 해수욕장이 개장되고 수많은 관광객이 찾아든다. 마을에서는 이들 관광객을 대상으로 음식이나 숙소를 제공하여 수입을 올리고 있다. 이러한 면은 개미목의 점진적 관광지화라고 하는 점에서 주목되는 것이기도 하다.

앞의 서쪽 해안과 달리 마을이 들어앉은 동쪽 해안은 호수와 같이 파도의 활동이 잠잠하다. 이는 의항의 산맥이 북쪽으로 길게 뻗어나가면서 서쪽으로부터 들이치는 파도를 가로막고 있기 때문이다. 따라서 이곳은 수십만 평의 개펄이 형성되게 되었고, 이 개펄은 오늘날 굴 양식장으로서 최적의 환경을 제공하고 있다.

개미목은 큰말, 건넌말(越村), 재너머(赤峴), 말막금 등 작은 4개 마을로 이루어져 있다. 전체 가구는 112가구이며 인구는 252명이다. 이 중 106가구가 농업과 어업을 겸하고 있다. 이처럼 어촌마을에서 농업을 겸한 가구가 많은 데에는 제방 축조로 인한 농지의 확보에 근거한다. 1974년 제방이 완성되면서 큰말과 건넌말 사이에 너른 들이 형성되었다. 요컨대, 이 너른 들의 확보가 바다에 의지해오던 개미목 사람들의 삶에 변화를 가져다주었다.

그럼에도 불구하고 개미목 사람들의 삶은 농토보다 바다에 더 큰 비중을 두고 있다. 어로활동은 크게 고기잡이와 양식으로 나누어볼 수 있다. 전자는 전통적인 포획 어로로서 이미 선대로부터 거듭해온 이곳 사람들의 생업 활동이다. 반면, 후자는 채취어로이자 기르는 어로활동으로 1980년대부터 급격하게 활성화되었다. 그리고 지금에 이르러서는 전체 가구의 95퍼센트가 이 굴 양식업에 참여하고 있을 정도로 개미목의 대표적인 생업활동으로 정착하였다.

이곳 앞바다에는 다양한 어종이 서식하였다. 주민 김형수는 1960년대만 하더라도 해안에 고기가 '득시글득시글' 하였다고 한다. 멀리 갈 것도 없이 돛배로 20~30분만 나가도 저녁나절이면 만선을 해서 돌아왔다는 것이다. 어종도 다양하여 조기, 우럭, 광어부터 도다리, 숭어, 노래미, 민어, 꽃게, 간제미 등 나지 않는 고기가 없을 정도였다.

하지만 지금에 이르러서는 사정이 전과 같지 않다. 1970년대로 접어들면서 범선이 기계선으로 전환되고 현대식 어구가 도입되면서 마구잡이식의 포획이 이루어졌다. 또, 바다에 오폐수며 쓰레기를 배출하고, 해안을 막아 공장을 세우며, 개펄을 막아 농지로 전환하는 등의 일들이 이루어졌다. 나아가 싹쓸이 형태의 고기잡이나 고기들의 산란 터인 해수면의 모래채취 등과 같은 일들이 아무 거리낌 없이 자행되었다. 이런 제반 요소들이 바닷속 생태계를 파괴하게 되었고, 그러다 보니 고기를 잡으려고 해도 잡을 수 없는 지금의 현실에 이르게 된 것이다. 이곳에서 배를 부리는 김인식 선장은 "연안 고기잡이의 미래가 불투명하다"며 "출어를 하여도 기본적으로 투여되는 인건비와 유류대, 그물값을 대지 못한다"고 말한다. 그러면서 그는 고기잡이에도 선진화된 질서가 필요하다고 말한다. 이를테면 산란기에 있는 어종은 일정 기간 잡지 못하게 하고, 어종마다 크기를 지정하여 크기에 미달하는 것은 잡지 못하게 해야 한다고 주장한다. 이러한 그의 주장은 지켜질 수만 있다면 바다를 살리는 한 방법이 될 것이다. 하지만 바다를 살리기 위해서는 이보다 폭넓은 인식과 대처방안이 마련되어야 한다.

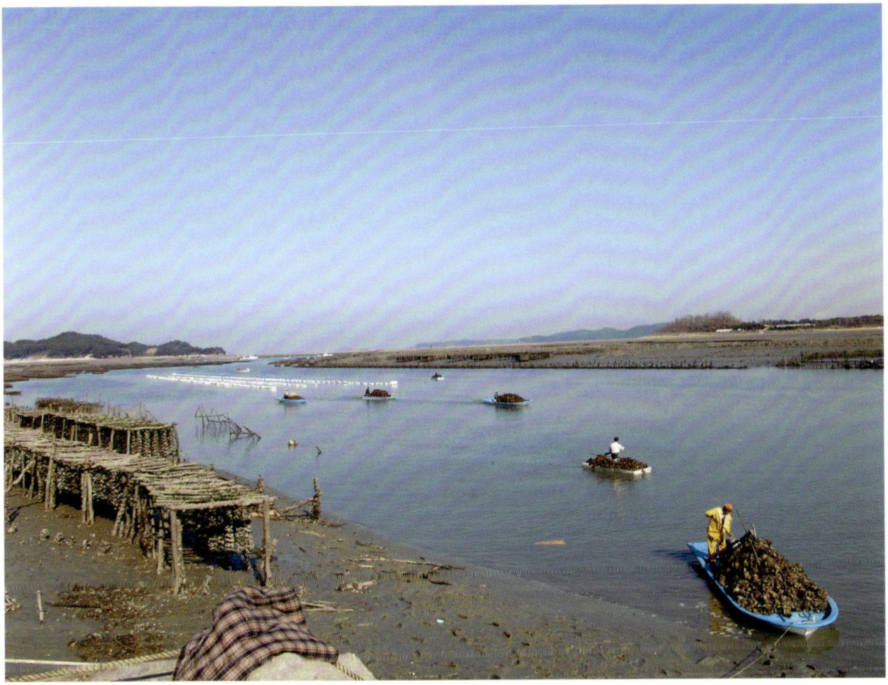

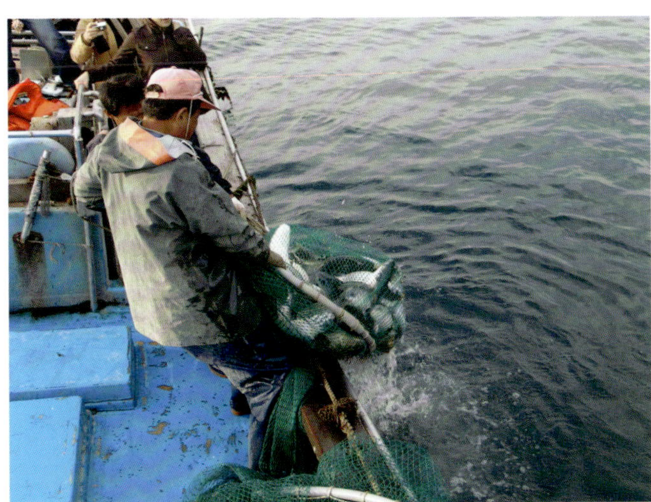

개미목 해안의 굴 양식 건넌말 주민들이 굴 양식장에서 다 자란 굴을 따 마을로 돌아오고 있다. 굴의 수확은 종패로부터 2년여의 성장을 거친 뒤 이루어진다.

선상 고기잡이 바다에서의 고기잡이도 분주하기는 마찬가지다. 사진은 청해호 강 선장이 정치망 속에 든 고기를 끌어올리고 있는 모습이다.

이처럼 개미목 어부들의 고기잡이는 근래 들어와 크게 정체되어 있다. 20척 안팎의 중선배가 할 일을 찾지 못하고 예전의 만선을 회상하고 있다. 그리고 일부는 낚싯배로 전환하여 마을을 찾는 낚시꾼들을 실어 나르고 있다.

한편, 이러한 포획의 침체와 맞물려 기르는 어업이 더욱 활성화되는 면도 확인된다. 대표적인 예가 굴 양식이다. 굴은 포자를 내려 수확하기까지 2년여의 시간이 소요되는데, 이미 1980년대 후반부터 활성화되면서 가을부터 다음 해 봄까지 개미목 사람들의 대표적인 생업활동이 되었다.

이외에도 개미목에서는 어촌계가 중심이 되어 전복과 해삼 양식이 이루어진다. 어촌계에서는 전복의 어린 종패를 구입해서 마을의 서쪽 해안에 산포한다. 그리고 일정한 시기를 기다려 성숙하도록 한다. 사실 이러한 방식은 양식이라고 하기에 적절치 않을 수도 있다. 왜냐하면 종패만을 구입해서 뿌려두었을 뿐이지 전복은 갯바위 등에서 스스로 먹이를 먹으며 성장하기 때문이다. 요컨대 전복 양식은 종패를 뿌려두고 영역을 관리한다고 하는 면에서의 양식이라 할 수 있다. 해삼 또한 마찬가지로 어린 종자를 바다에 산포한 후 성장한 뒤에 건져 올린다. 현재, 이렇게 생산된 전복과 해삼의 판매 대금은 어촌계가 계원들에게 분배하고 있다.

개미목 사람들은 1년 사계절 쉬는 날이 거의 없다. 9월부터 다음 해 4월까지 굴 까는 작업을 하고 봄에는 다시 논농사며 밭농사에 매달린다. 또, 5월에는 굴의 포자를 내리기 위해 준비작업을 한다. 한편, 배를 소유하고 있는 선주들은 비록 채산성이 없더라도 배를 놀리기 어려워 바다에 나간다. 이처럼 농지와 바다를 생업의 터로 삼고 있는 공간이 개미목이다. 이런 이유 때문인지 이곳 사람들은 과거지향적이기보다 미래지향적이다. 전통적 가치나 풍속을 과거사로 정리하여 털어내려는 경향도 쉽지 않게 볼 수 있다. 때문에 이곳에서는 이미 당제가 단절되었고, 어로와 관련된 다수의 신앙 행위가 약화되거나 소멸되어가고 있다.

그럼에도 현전하는 대표적인 어로민속 가운데 하나가 뱃고사이다. 뱃고사는 개미목 사람들의 문명화되어 가는 인식 속에서도 여전히 자생력을 보유한 채로 유지되고 있다. 이처럼 뱃고사에 대한 이곳 사람들의 관심과 표현의 근저에는 바다라고 하는 거대한 자연이 놓여 있다. 인간의 능력으로 극복할 수 없는 바다의 거대한 힘이 뱃고사의 생명력을 담보하는 근거가 되고 있는 것이다. 그리고 이곳 뱃고사의 면모는 서해안 지역 뱃고사의 형태와 크게 다르지 않다. 선상의 갑판에 뱃기인 서낭기를 세우고 제물을 차린 뒤에 제주에 의해 헌주, 배례, 소지 축원 방식으로 뱃고사를 지낸다.

어로민속 가운데 주목되는 것 중의 하나는 서낭신을 섬기는 것이다. 개미목 사람들은 서낭신을 꿈을 통하여 맞아들이고 있다. 또, 맞아들인 서낭신의 위상에 따라서 예물을 올리는 행위도 볼 수 있다. 이를테면 각시서낭에게는 꽃신, 치마저고리, 바느질 도구가 든 함, 분과 같은 화장품을 올리고 있다. 이들 물품은 하나의 함에 넣어 선장실 또는 침실의 한쪽에 놓아두었다. 이처럼 선주가 서낭신을 위하는 이유는 서낭신 자체가 배의 주인 신으로서의 위상을 갖고 있다고 보기 때문이다. 더하여 서낭신은 고기잡이의 풍흉과 뱃길의 안전을 담보하는 신명으로서의 능력을 소유한 것으로 본다.

이렇듯 개미목 사람들의 생활 속에는 자연환경에 대한 다양한 적응 전략들, 즉 어로, 농경, 제염, 간척, 양식, 관광 능이 파노라마처럼 펼쳐지고 전통과 현대가 공존한다. 그러나 그것은 단순한 공존이 아니고 지속적인 변화의 모습으로 나타난다. 또한 그것은 단지 의항리만이 아니라 한국 사회의 경제활동과 생활양식의 변화를 반영하는 것이다. 이런 역동적인 변화 속에서 개미목 사람들은 끊임없이 변신을 꾀해왔지만, 삶의 고단함은 옛날이나 지금이나 여전하다. 그러나 함께 일하면서 바다로부터 지혜를 얻어온 마을 사람들의 순수한 모습은 그 고단함조차 넘어서고 있는 것 같다.

(김 필 동)

지리적 환경과 경관 변화

자연지리적 특징과 마을의 입지

태안반도는 충청남도의 서북쪽에 위치하며 황해로 깊이 뻗어 들어가 있는 반도이다. 마치 톱날 모양과 같은 형태를 취하고 있는 이 반도는 남북으로 뻗은 수많은 작은 반도와 섬들로 이루어져 있다. 충남 서산시에서 태안읍을 연결하는 32번 국도를 타고 계속 서쪽으로 달리면 황해와 만나게 되는데, 여기가 태안반도의 서쪽 끝에 해당하며 만리포해수욕장이 이곳에 자리한다. 이곳에서부터 북쪽을 향하여 모래 해변의 규모가 점차 작아지면서 천리포, 백리포, 십리포, 일리포라는 해수욕장이 나열되며, 십리포는 곧 의항리의 의항해수욕장을, 일리포는 의항리의 구름포해수욕장을 각각 일컫는다. 행정구역으로 보면 이곳은 충남 태안군 소원면 의항리이다.

만리포에서 의항리 북단까지 이어지는 태안반도의 서북쪽 해변은 전형적인 리아스식 해안이다. 그리하여 의항리 일대의 해안선은 다양한 크기의 만과 곶들이 끊임없이 교차한다. 특히 이 지역은 지리적으로 황해 쪽으로 깊숙이 들어가 있기 때문에, 거친 파도를 직접 받게 되어 있을 뿐만 아니라 7미터 내외에 이르는 조수의 급격한 진퇴가 이루어지는 곳이다.

의항리의 입장에서 황해는 동해안 못지않은 매우 거친 바다이다. 황해 한가운데에서 밀려오는 강한 파도가 육지에 부딪쳐 의항리 서쪽 해안에는 곳곳에 암석 절벽(해식애)을 만들고 있고, 물결이 잔잔해지는 작은 곶과 곶 사이에는 인접한 암석 해변에서 만들어진 모래가 퇴적되어 모래 해변이 전개된다.

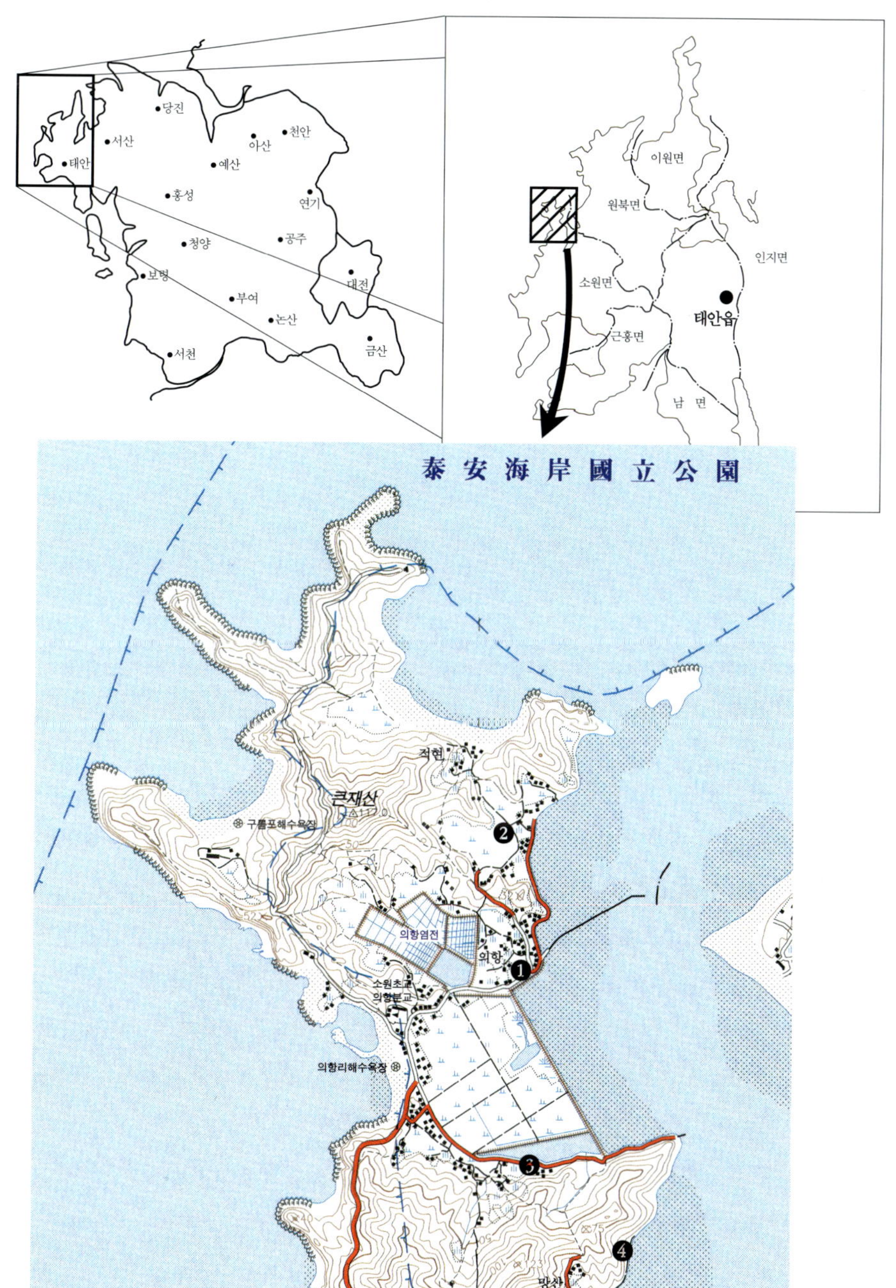

의항리 일대의 지형 환경과 자연마을들 ① 큰말 ② 재너머 ③ 건넌말(월촌) ④ 말막금

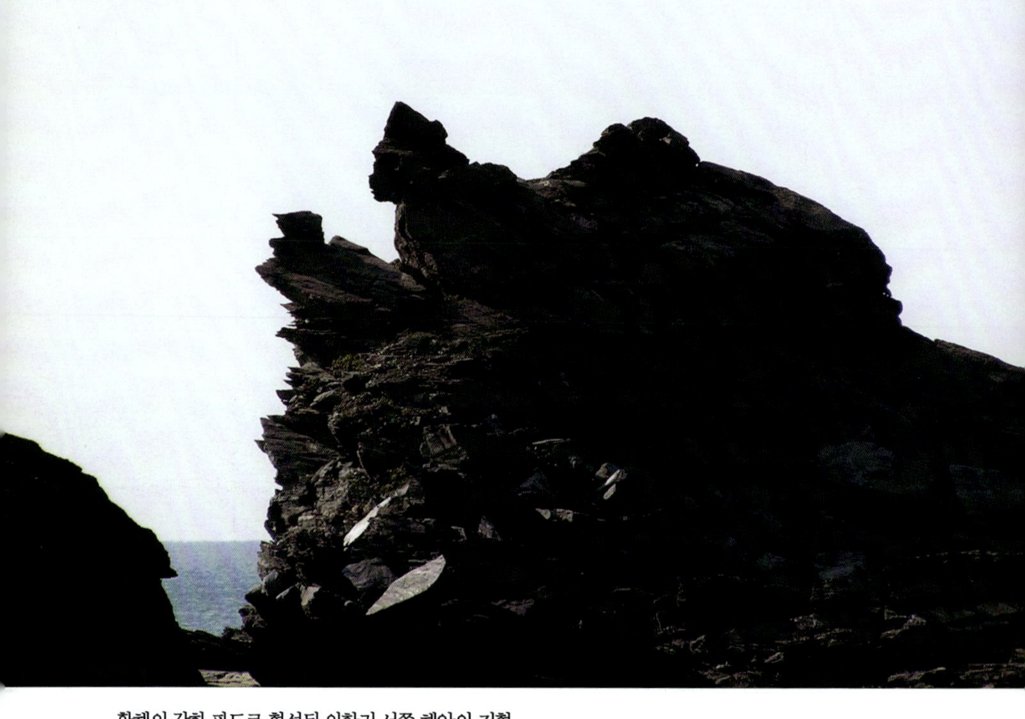

황해의 강한 파도로 형성된 의항리 서쪽 해안의 지형

　그러나 이러한 해안지형은 의항리의 서쪽 해안에 한정된 특징이고 동쪽 해변은 전혀 다른 경관을 보인다는 것에 놀라게 된다. 북쪽을 향해 뻗어나간 의항리의 지형이 서쪽에서 몰아치는 파도를 막는 동시에 강한 북서 계절풍을 차단함으로써, 동쪽 바다는 내륙의 호수와 같이 잔잔하게 된다. 여기에 7~9미터 내외에 달하는 조수간만의 차이가 합세하여 의항리의 동쪽 해안에 수십만 평 이상의 개펄(간석지)을 만들어놓고 있다. 이 마을에서 간석지는 어업 생산의 기지이고 간조시에는 이웃 마을을 오가는 길로도 이용되어 왔다. 이 같은 자연지리적 조건 때문에 큰말, 건넌말(혹은 월촌), 재너머, 말막금 등 모든 자연 촌락은 바람이 적고 간석지가 넓게 펼쳐져 있는 의항리 동쪽 해안에 집중되고 있는 것이다.

　간석지 중 모래가 적절히 섞인 곳은 전통적 소금 생산법인 자염업의 최적지로 이용되는 한편, 큰 조수간만의 차이를 이용한 대표적 어업 방식으로 태안반도의 '독살

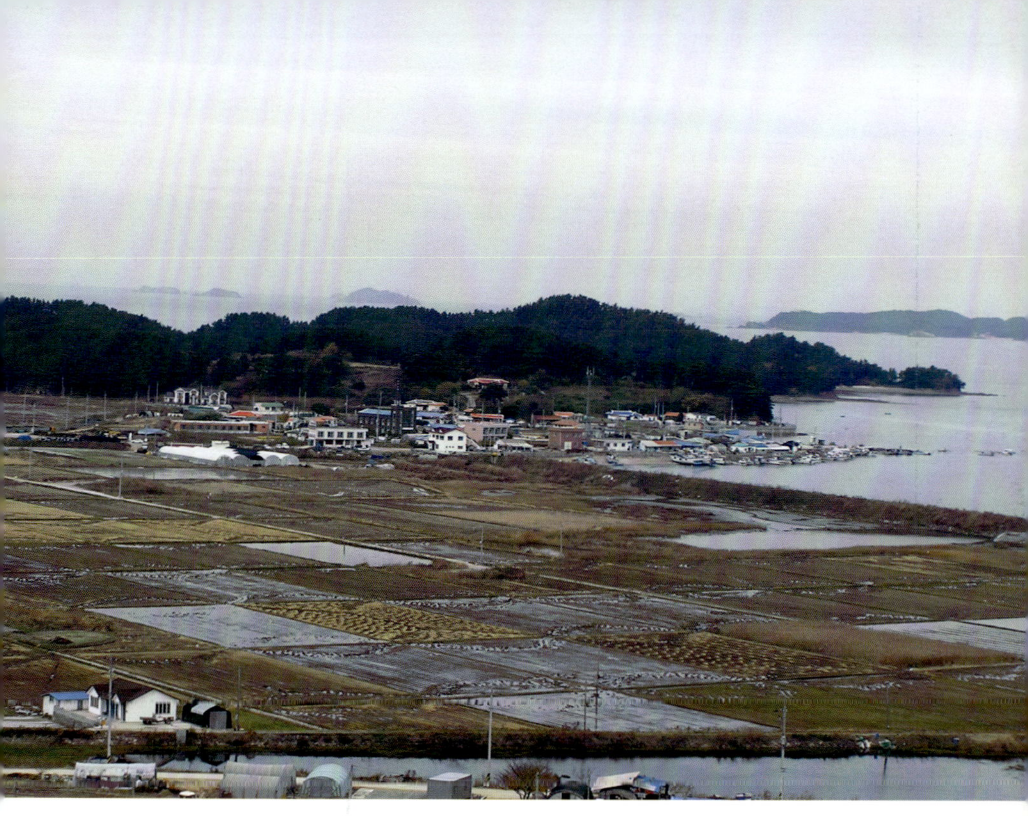

의항리 동쪽 해안에 위치한 마을(큰말)과 간척지(옛 의항염전 터)

(서해안에서 조수간만의 차이를 이용해 바닷고기를 잡는 시설의 하나)' 문화가 탄생
하였다. 촌로에 의하면 현재의 초등학교 앞이 자염업을 위한 염분(鹽盆) 터였다고 한
다. 일제 강점기 이후의 천일제염은 의항초등학교 터와 의항리 큰말 사이의 만입지
역(灣入地域)에서 이루어졌으나 현재는 간척되어 넓은 부지(일부는 논으로 이용되
고 있음)가 조성된 상태이다. 의항리의 대표적인 독살은 의항해수욕장 남쪽 백사장
끝에 활 길이 약 50미터의 'U' 자형 독살이 있고, 의항해수욕장(일명 십리포해수욕
장)과 의항초등학교 사이로 시멘트 포장길을 따라 작은 고개를 넘으면 구름포(일명
돌장벌)해수욕장에 이르는데 바로 이 구름포해수욕장에도 활 길이 약 40~50미터의
'U' 자형 독살이 만의 좌우에 각각 위치하고 있다.

　'의항(蟻項)' 이라는 지명은 육지와 연결된 부분의 모양이 개미의 목처럼 잘록하
게 생겼다 하여 붙여진 이름으로서 '개미목' , '개미기' , '개목' 등으로 불려 내려오

다가 이것이 한자 지명으로 전환된 것이다. 오늘날 의항리는 주민 대부분이 어업활동에 종사하며 사계절 일손이 부족할 정도로 전형적인 어촌마을이다. 천일제염업이 1970~80년대를 지나면서 거의 사라졌고, 그 후 1980년대까지는 김 양식업이 주류를 이루었다. 그러나 시설이 노후화되고 대일 수출이 축소됨에 따라 이 역시 쇠퇴하게 되었다. 오늘날에는 굴 양식이 중요한 생계 방식으로 부상하였는데, 특히 겨울철에는 한랭한 강풍을 피하기 위해 설치한 하우스 작업실이 이 마을의 어촌 성격을 대변하는 경관이 되고 있다. 주된 생업은 어업이지만 20세기 후반의 주변 지역 간척에 힘입어 농사를 겸업하는 세대가 많다. 주민의 성씨 중에는 전주 이씨와 김해 김씨, 남평 문씨가 다수를 차지한다. 2004년 현재 큰말, 건넌말, 재너머, 말막금을 합한 의항 2리의 주민등록 인구는 358명 129가구이며 이 중 남자가 188명, 여자가 170명이다.

교통의 근대화와 경관 변화

교통 여건과 교통로의 근대화

조선시대 고지도에서 의항리와 같이 궁벽한 지역을 확인한다는 것은 매우 어려운 일이다. 그러나 다행히도 의항리 부근에 소근포진(所斤浦鎭)이라는 중요한 군사취락이 설치되어 있었던 까닭에 당시의 소근포진 일대를 묘사한 고지도가 그려져 전해오고 있고 그것의 한 부분에 의항리가 묘사되어 있다.

18세기에 만들어진 『해동지도(海東地圖)』가 그것이다. 이 지도에는 오늘날의 의항리에 해당하는 부근에서 두 개의 지명이 확인된다. 하나는 가야항(可也項)이고 다른 하나는 운산두(雲山頭)이다. 이 중 '가야항'은 '의항(蟻項)'의 옛 지명이었을 것으로 추정되고 '운산두'는 오늘날에도 사용되는 지명으로서 현재의 구름포해수욕장 일대를 말한다. 가야항의 동쪽으로 작은 만을 건너면 소근포진이 설치되어 있었고, 태안군 치소로부터 이곳까지 육로가 연결되어 있음을 볼 수 있다. 한편 지도의 남쪽에 조선시대 조운로의 중요한 중간 기착지였던 안흥항이 보이는데 역시 이곳으로부터 가야항 남쪽 지역까지 육로가 연결되고 있었다. 따라서 조선 후기에 의항리

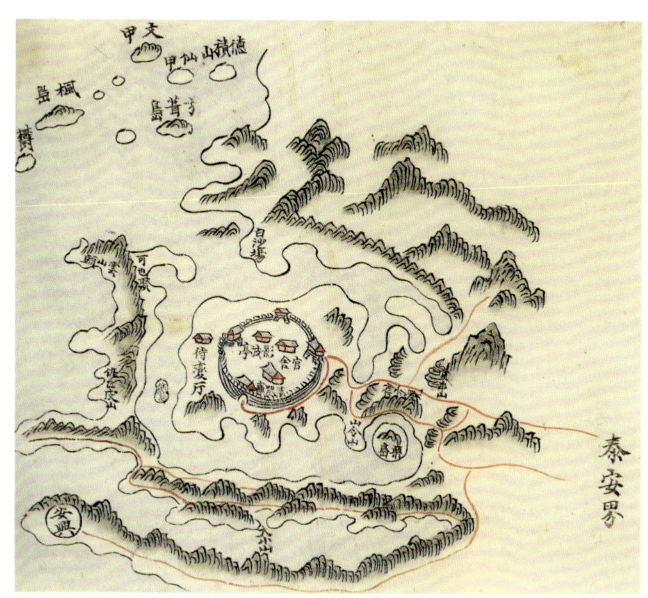

고지도에 보이는 의항리 일대 (18세기 『해동지도』)

의 교통 여건을 보면 육로의 측면에서는 태안군 치소를 경유하여 충청도 내륙 지방과 연결되었을 것으로 보이며, 해로의 측면에서는 소근포진 및 안흥항과 연계되면서 다시 황해안의 조운로에 연결되었을 것으로 추측된다.

20세기 후반까지도 이러한 의항리의 교통 여건은 그 이전과 크게 달라지지 않았던 것으로 보인다. 1960년대 의항리를 무대로 인류학 조사를 수행한 빈센트 브란트(Vincent S. R. Brandt)는 당시 외부로부터 의항리로의 접근성이 육로를 통하는 경우보다 바닷길을 이용하는 것이 훨씬 편리하다고 보고한 바 있다.

이 마을은 서울 대도시권의 관문인 인천항으로부터 해상 거리가 약 60마일에 불과하지만, 외지인에게는 너무 먼 곳이며 거의 찾지 않는 곳이다. 충청남도에서 이 지역의 육상 교통은 많은 산과 매우 불규칙한 해안선 때문에 심히 어려운 편이다. 곤궁한 해변 마을들에 이르는 도로는 거의 없거나 (설령 있더라도) 자동차는 거의 이용되지 않는다. 열악한 교통으로 인해 천일염 생산과 몇몇 큰 항구에서 온 동력 어선을 제외하면 실제로 해안 지역에는 그 어떤 산업도 발달해 있지 않다.

그러나 외부로부터 이 마을에 이르는 길은 바다를 통하면 쉽게 접근할 수 있고 천연의 피난항을 갖고 있기 때문에 종종 인천이나 군산 같은 주요 항구들로부터 온 어선들이 잠시 머물곤 한다. 여객이나 화물 수송은 주로 항구를 통하여 이루어지는데, 특히 탑승자가 그 마을 출신이거나 그 혈족에 해당한다면 더더욱 그렇다. …(중략)… (항구를 이용하지 않는 경우) 두 시간을 걸어야만 가장 가까운 버스 정류장에 도착할 수 있고, 그곳에서 덜컹거리는 좁은 비포장길을 달려야만 비로소 태안읍이나 군청 소재지인 서산읍에 이를 수 있다. 이곳에서 서울까지는 버스로 두 시간, 다시 기차로 네 시간을 달려야만 한다.

브란트의 기록에서 의항리는 해로에 의해서 인천이나 군산과 직접 연결되었으며 이곳의 여객이나 화물 수송은 주로 항구를 통해 이루어진다고 되어 있다. 반면에 태안과 서산으로 가는 육로는 매우 불편하였는데, 도보를 이용하여 망산을 넘은 다음 옛 의항운하 터를 따라 송현리를 거쳐 태안으로 가는 길과, 서쪽의 바닷가를 이용하여 천리포를 거쳐 태안으로 나가는 노선이 있었다. 전자는 크고 작은 산들을 넘어야 했기 때문에 상대적으로 힘든 노선이었고, 후자의 경우는 바닷가 평지를 걷는다는 편리함은 있었으나 만조 시에 이용할 수 없다는 단점이 있었다.

그 후 1960년에는 의항과 천리포 방면을 연결하는 도로가 착공되기에 이른다. 이 사업은 의항리 주민들의 적극적 참여로 주도되었으며 4년여의 공사 끝에 1964년 5월에 완공되었다. 도로가 개통되면서 자연스럽게 해로를 이용한 여객과 화물 수송은 크게 쇠퇴하였다. 그리고 1970년대 중반부터는 이 길을 이용하여 태안과 의항을 오가는 시내버스가 운행하기 시작하였고, 본격적으로 의항리의 교통망은 해로 중심에서 육로 중심으로 재편되기에 이른다.

간척에 따른 경관 변화

의항리는 대략 조선 후기까지 분명히 섬이었던 것 같다. 소위 '개미목'이란 의항리와 육지를 이어주는 잘록한 모래톱을 지칭하는 것이었으며 이것을 자연지리적 용어로는 육계사주(陸繫砂洲)라고 한다. 지금의 의항해수욕장의 위치가 바로 그곳이

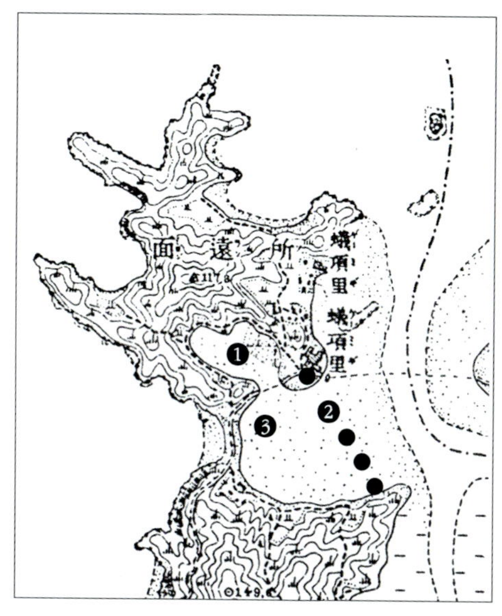
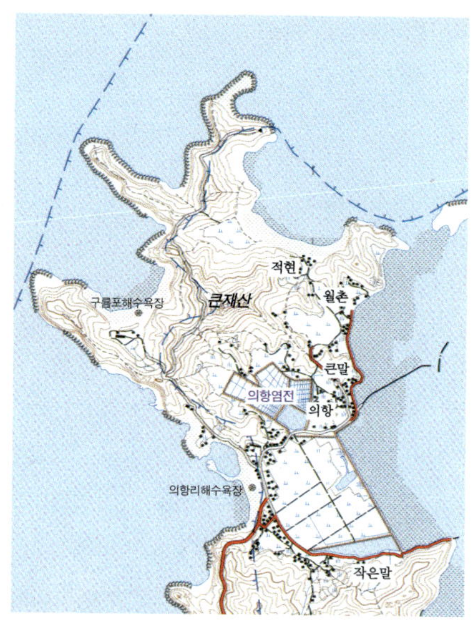

개미목에서 온전한 육지로의 경관 변화(왼쪽: 일제 강점기, 오른쪽: 2003년) 위의 왼쪽 지형도에서 ① 염전 터 ②방조제 ③ 자염 터

디. 일반적으로 알려진 것처럼 태안반도에 불어 닥치는 탁월풍은 북서 계절풍이다. 따라서 의항리의 경우 탁월풍이 부딪치는 섬의 반대쪽(남동쪽)의 잔잔한 곳에 육지 쪽을 향해서 자연스럽게 모래가 퇴적되었을 것이고, 이 부분이 육지와 의항리를 연결시켜주는 기능을 했던 것이다. 그러나 간조 시에는 일시적으로 뭍으로 드러나지만 만조 시에는 바닷물에 잠기는 지역이었기 때문에 이곳을 일컬어 사람들이 일명 '개미목'이라 지칭하게 되었을 것으로 추정한다.

의항리 육계사주는 일제 강점기까지만 하여도 조수간만의 차이에 의해 바닷물이 수시로 침범하였던 것으로 보인다. 주민들에 의하면 마을 동남쪽의 방조제(큰말과 건넌말을 잇는)가 건설되기 이전인 20세기 중반까지도 대조(大潮, 한사리) 때와 같은 경우에 바닷물이 이 육계사주(개미목)를 넘나들었다고 한다. 그 후 1965년부터 1974년까지 의항방조제가 완공되었는데, 이때부터 방조제 및 그 안쪽에 조성된 간척지가 동쪽으로부터 밀려오는 조수의 침입을 막아주었다. 이를 계기로 의항리 육계사주를 따라 아스콘 포장도로가 개설되었다는 점을 생각하면, 의항리가 하나의 섬에서 육지로 편입된 것은 20세기 중반 이후의 일임을 알 수 있다.

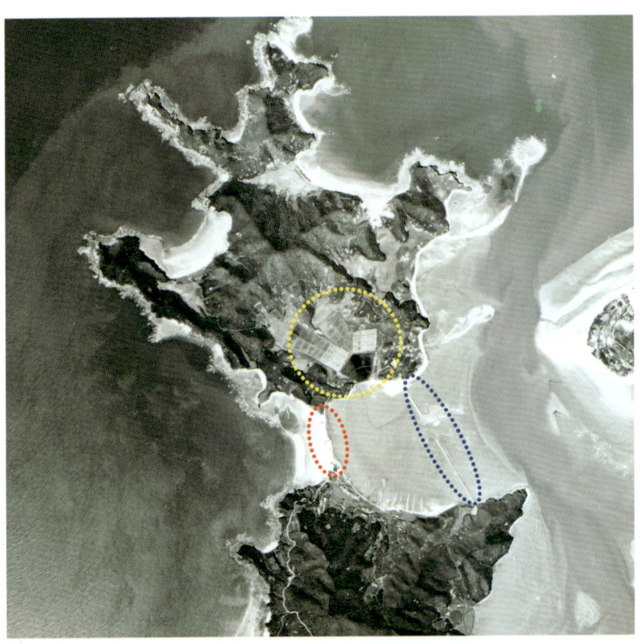

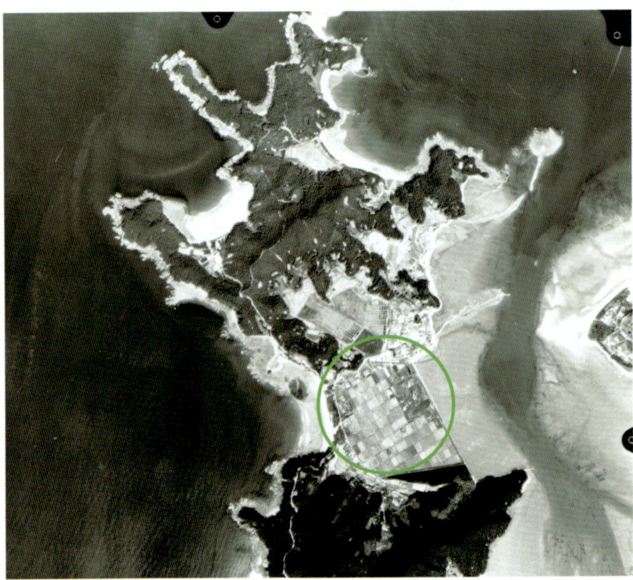

1968년과 1998년 사이의 경관 변화 위의 항공 사진(1968년 촬영)에서 노란색은 의항염전, 빨간색은 의항해수욕장(육계사주—개미목), 파란색은 방조제 공사 현장이다. 그 후 아래 사진(1998년 촬영)에서 녹색 원으로 표시된 부분은 방조제 안쪽이 농경지로 개간되었음을 보여준다.

이와 같이 20세기 후반을 지나면서 방조제 축조 및 그에 따른 간척사업으로 인해 개미목 부분은 자취를 감추었고 의항리는 온전한 육지의 일부가 되었다. 한편 1950년대 이후 큰말에 인접한 간석지에는 의항염전이 조성되었지만 1990년대 말까지 운영되다가 폐쇄되었다. 그 후 1년간의 대하 양식장을 거쳐 현재는 부분적으로 매립된 상태에서 대부분 습지로 방치되고 있다. 오늘날의 의항리(2리)는 큰말, 건넌말, 재너머, 말막금 등 네 개의 자연마을, 큰말과 건넌말을 연결하는 의항방조제와 그 안쪽에 조성된 간척지, 큰말에 방치된 옛 염전 터, 그리고 관광지로 변하는 모습을 반영하는 식당과 민박집 등의 경관들이 혼재하고 있다.

가옥 구조의 특색과 지명

가옥 구조의 특색

자연환경에 적응한 사람들의 대응방식은 일차적으로 가옥 구조에 반영된다. 의항리의 가옥 형태는 'ㄷ'자 내지 'ㅁ'자형이다. 'ㄷ'자의 경우에도 건물과 직접 이은 담벼락이 주위를 둘러치고 있기 때문에 사실상 'ㅁ'자형이나 다름없다. 이러한 평면 형태는 'ㅡ'자나 'ㄱ'자형을 보이는 비슷한 위도의 내륙 지방 및 동해안 지역과는 전혀 다른 것이다. 이것은 의항리 건너편의 신두리 사구를 만들어낸 거센 바닷바람과 겨울철의 한랭한 북서풍에 반응한 것으로서 열효율을 극대화하려는 적응 전략으로 볼 수 있다.

현재 가옥의 전통적인 형태를 확인할 수 있는 가장 오래된 가옥은 건넌말에 거주하는 강일성 씨 가옥이다. 가옥 내에는 방과 부엌은 물론이고 외양간까지 갖추어 작은 공간에서 소와 함께 살았다고 한다. 지금 과거의 외양간은 거실 및 창고로 용도 전환하여 사용한다. 큰말의 김용진 씨 가옥(의항리 67번지)의 경우도 다소 변형이 가해지긴 했지만 가옥의 평면 원형을 어느 정도 확인할 수 있다. 특이한 것은, 최근에 지어지는 양옥집의 경우에도 처마 밑 부분에 문틀을 설치하여 난방비를 줄일 뿐만 아니라 작업 공간을 확보하고 있는데, 이것은 본질적으로 과거의 'ㅁ'자 집이 진화

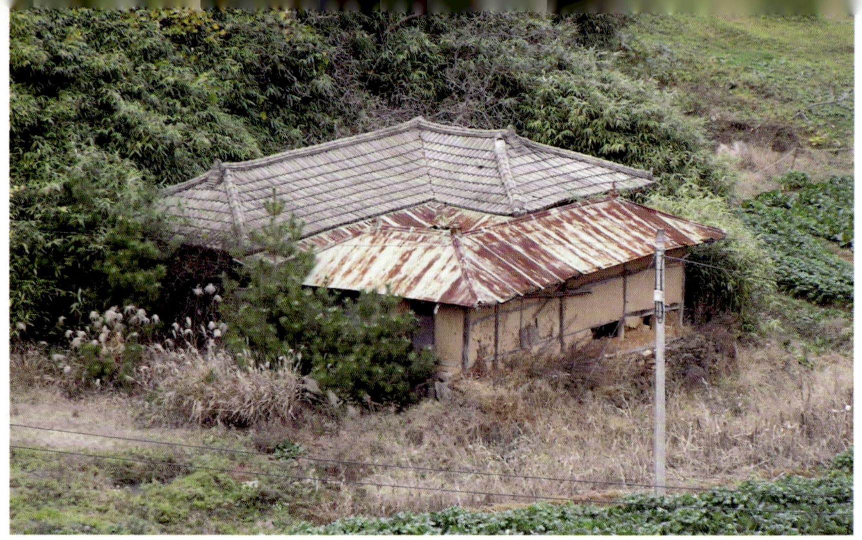

의항리 전통 가옥의 'ㅁ'자 평면 구조(재너머 두멍재 마을)

된 형태에 다름 아닐 것이다.

이러한 가옥 구조의 대부분은 어업 및 농업과 관련된 소소한 일들을 처리하기 위해 실내 작업실을 갖추고 있다. 가옥 외부에 격리되어 있는 것은 단지 화장실뿐이었다. 오늘날에는 화장실 외에 가옥 바깥에 설치된 또 하나의 시설로서 비닐하우스 작업실이 있다. 비닐하우스 작업실은 많은 부피의 굴 작업을 위해서 마련한 것으로 다소 무게가 나가는 굴 껍질을 쉽게 버리기 위해 바닷가 가까운 곳에 설치한 경우가 많다.

마을 지명

큰말과 재너머 큰말은 의항리에서 가장 큰 자연촌락이자 어업과 관련된 활동이 가장 발달한 지역이다. 큰말에는 부두 시설이 갖추어져 있고 외부인을 대상으로 한 식당과 민박집이 많다. 또한 학교, 식당, 경찰 초소, 교회 등이 입지하고 있어서 오늘날 의항리의 중심지로 기능하고 있다. 큰말에 인접해 있는 과거의 의항염전 터는 간척되어 저습지로 방치되어 있으며, 최근에는 이 가장자리에 외지인의 별장이 몇 채 들어와 있다.

큰말의 북쪽에는 과거에 당산이 있었는데 이 당산 고개 너머의 마을이 재너머 마을이다. 재너머는 당집이 있던 고개, 즉 '당고개 너머' 혹은 '당재 너머'의 마을이라는 의미에서 유래한 지명임을 알 수 있다. 이 지역은 농업과 어업을 겸하는 지역이지

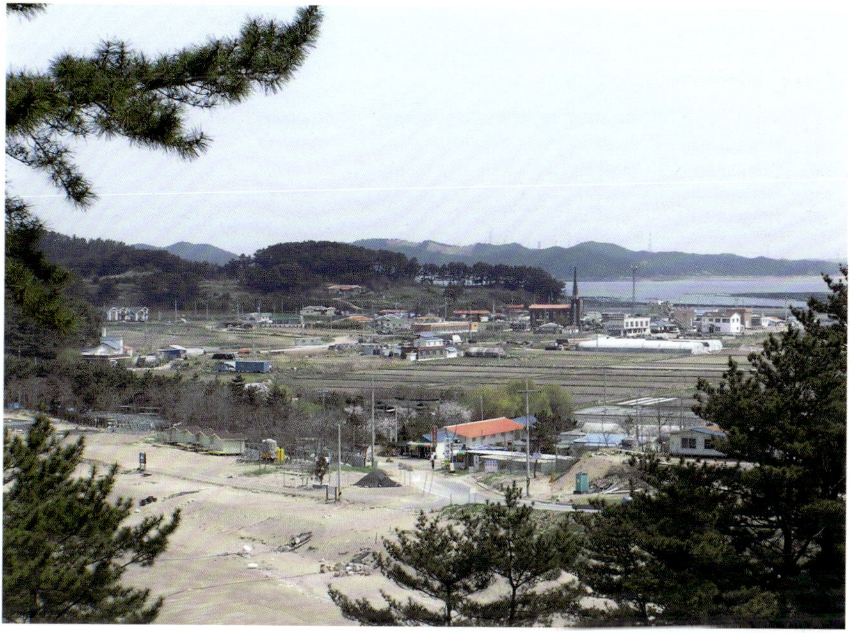

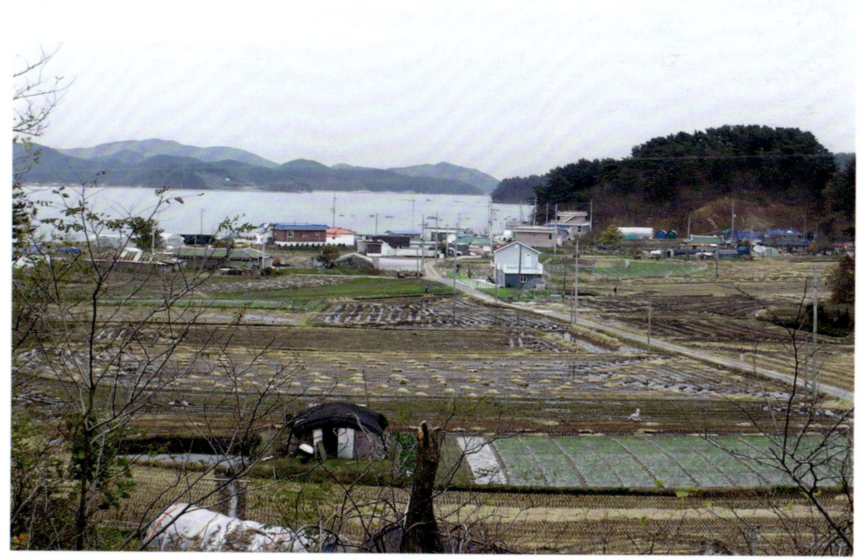

큰말(위)과 재너머 전경(아래)

만 해안에서 떨어진 곳에는 몇 채의 폐가도 확인되는 것으로 보아 농업 기능이 크게 쇠퇴하고 있음을 보여준다. 재너머는 다시 적현, 육골(육귈) 등의 소촌들과, 작은 고개를 넘어서 위치한 두멍재 마을들로 이루어져 있다.

　건넌말과 말막금　건넌말은 의항간척지를 사이에 두고 큰말의 반대편에 위치한다. 건넌말은 전주 이씨 20여 호가 거주하는데 태종의 12번째 아들의 후손이라 전하며, 이 점을 들어 전주 이씨는 자신들을 양반으로 인식해왔다. 전주 이씨들은 종회(宗會)를 조직하고 있고 조상의 묘소를 관리하기 위한 위토답 6마지기와 임야 4,000평을 갖고 있다. 주로 어업에 종사하는 큰말 주민들과 달리 이곳의 전주 이씨는 농토를 많

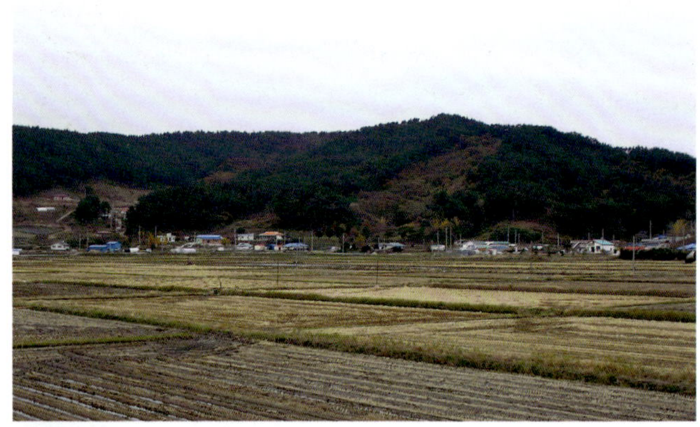

큰말에서 본 건넌말

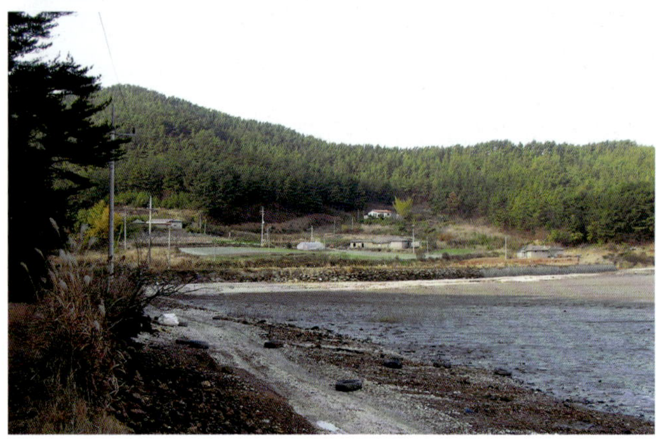

말막금 전경

이 소유한 편이고 전통적으로도 농업에 종사한 것으로 보인다. 이곳 출신의 이병관이라는 인물은 의항리 제방 축조를 통해 건넌말 앞의 간척사업을 주도한 바 있고, 의항리의 역대 이장 중 약 절반을 전주 이씨가 맡아왔다.

말막금은 일명 소둘(소둘이)이라고도 불렸다. 소 두 마리 값만 있으면 다른 곳으로 이사가야 할 정도로 가난한 곳이었다는 뜻이다. 현재 의항리에서 가장 작은 자연촌락에 해당한다. 그러나 만약 『여지도서(輿地圖書)』(1757년)에 기록된 태안군(泰安郡) 원일도면(遠一導面) 막동리(幕洞里)라는 지명이 바로 이곳을 의미한다면 당시에는 25호 규모의 마을로서 작은 마을은 아니었다.

박쥐굴과 태배 박쥐굴은 의항리 서쪽 해안에 나타나는 다양한 암석해안 경관 중 하나이다. 박쥐굴은 구름포해수욕장에 위치해 있으며 지형학적으로는 파도에 의해 침식된 동굴, 즉 해식동굴이다. 입구는 작지만 그 안쪽에 한 평 이상 되는 넓이의 공간이 있어 한국전쟁 때 피난처로 이용되었던 곳이다.

태배는 이대백이 이곳의 절경에 노취하여 잠시 머물러 시를 쓰고 간 곳이라는 유래를 가진 지명이다. 현재도 먹물로 쓴 글씨 흔적이 확인된다. 바위 위의 흰 무늬에는 시를 쓴 자리에 막걸리를 부어 생긴 자국이라는 전설이 있다. 태배의 암벽 아래 부분에서는 지하수가 용출하였고 과거에는 이를 식수로도 이용했다고 한다.

(전종한)

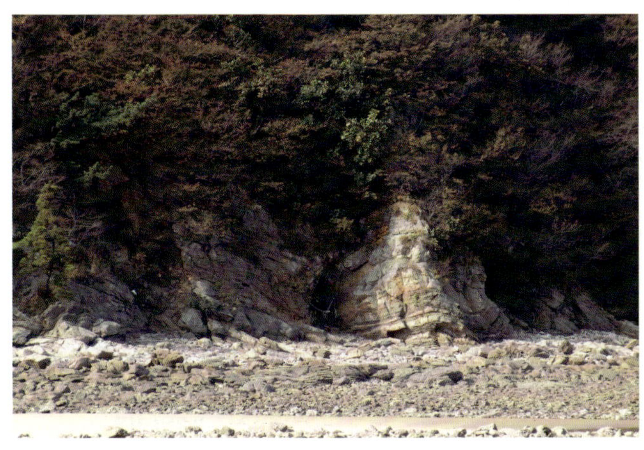

태배 전경 오른쪽에 보이는 굴이 박쥐굴이다.

마을의 형성과 변천

행정 변천

백제시대의 태안군(泰安郡)은 성대혜현(省大兮縣)으로 불교문화가 발달하였고 군사적 요새였다. 현재의 태안군에는 6세기 초에 조각된 것으로 알려진 태안마애삼 존불상과 남면 몽산리의 석가여래좌상이 있고, 주변에 있는 서산 운산의 마애삼존 불과 예산 덕산의 사면석불은 태안반도가 불교문화의 전래 통로였다는 사실을 보여 준다.

그 후 신라 경덕왕 때 소태(蘇泰) 또는 소주(蘇州)로 고쳐 부성군(富城郡)의 영현 (領縣)이 되었다. 고려시대 1018년(현종 9)에 운주(運州)에 붙였으며, 충렬왕 때 이 고을 사람 이대순(李大順)이 원나라의 총애를 받았으므로 태안(泰安)으로 고쳐서 지 군사(知郡事)로 승격하면서 현재의 이름 '태안(泰安)'이 만들어졌다. 조선시대 1416 년(태종 16) 도로 군(郡)이 되었다.

조선 후기의 자료인 『여지도서』에 현재의 의항리가 속해 있던 소원면은 태안군의 관할 하에 '원일도면(遠一導面)'과 '원이도면(遠二導面)'으로 나뉘어 있었다. 원이 도면은 일명 오근이포(汚斤伊浦)라고도 불리는 소근포진(所斤浦鎭)에 1514년(중종 9) 성을 쌓고 좌도수군첨절제사(종3품)를 주둔시켜 당진포(唐津浦), 파지도(波知島), 안흥량(安興梁)을 관할하였는데, 그 후 소근면(所斤面)이 되었다. 공식적으로 의항 리(蟻項里)는 원일도면 '막동리(幕洞里)'에 속해 있었다. 의항리가 포함되어 있던 조선 후기 원일도면의 리명(里名)과 인구를 살펴보면 다음의 〈표 1〉과 같다.

표 1. 조선시대 원일도면의 인구 현황

리	거리(관문)	인구					현재 지명
		편호	남	여	합계	인구/편호	
正伊里	서5리	52	95	93	188	3.61	원북면 양산리
法山里	서5리	52	95	18	113	2.17	소원면 법산리
高佐頭里	서20리	44	91	91	182	4.14	
登垈山里	서20리	16	38	27	65	4.06	
中方里	서20리	30	59	57	136	4.53	소원면 신덕리
新德里	서20리	37	66	64	130	3.51	
三間里	서30리	21	39	39	138	6.57	
波濤只里	서40리	66	147	145	292	4.42	소원면 파도리
大小山里	서30리	26	42	40	82	3.15	소원면 송현리
松峴里	서25리	22	36	35	71	3.23	
水踰洞里	서30리	19	24	23	47	2.47	
幕洞里	서40리	25	48	47	135	5.40	소원면 의항리
茅項里	서30리	62	99	97	196	3.16	소원면 모항리
합계		472	879	776	1,775	3.76	

*자료 :『輿地圖書』

그러나 조선시대 후기까지의 읍지(邑誌)나 지리지(地理誌)에 현재 불리는 소원면 행정리의 명칭으로 법산리, 신덕리, 송현리, 파도리, 모항리 등과 현재 행정리의 명칭으로 사용되지 않는 '막동리(幕洞里)'가 확인되지만 '의항(蟻項)'이라는 명칭은 확인되지 않는다. 『한국지명총람 4』(충남편 하, 1974년)에 '막동'이라는 지명이 '개목 남쪽에 있는 마을'로 되어 있고, 현재 의항리의 남쪽 마을이 '말막금'이라는 명칭으로 사용되고 있다. 따라서 조선시대의 '막동리'는 현재의 의항을 포함하여 그 일대의 공식적인 지명이었을 것으로 추정된다.

다만 『중종실록』에서 태안반도의 안흥량과 관장목에서 조운선이 자주 패몰(敗沒)하면서 보다 안전한 조운로를 확보하기 위한 여러 가지 방안을 시도하던 중, 1522년(중종 17) 고형산(高荊山)의 건의로 이 지역에 운하를 굴착하는 과정에서 '의항'이라는 지명이 사용된 것이 맨 처음으로 확인되었다.[1] '의항'이라는 지명은 '지형이 개미(蟻)의 목(項)처럼 생겼다' 하여 붙여졌으며, '개미목', '개목', '개미기' 와 함께 불려졌다. 따라서 지형의 특징에 따라서 이 지역 일대를 가리키는 속칭을 한자로 표기했던 것으로 생각된다.

전근대시대에는 군역(軍役) 등 각종 역역(力役) 해당자를 파악하기 위해 인위적으로 편호(編戶)를 하였다. 현재의 의항리에 해당하는 조선 후기 원일도면 막동리는 위의 〈표 1〉에서 나타난 바와 같이 편호가 25호에 인구는 135명으로 원일도면에서 중간 정도에 해당된다고 볼 수 있다. 특히 막동리의 호당 인구는 5.4로 삼간리의 6.57에 이어서 두 번째로 높은 편에 해당한다.

그 후 1871년(고종 8)에 편찬된 『태안군지(泰安郡誌)』의 「소근진진지(所斤鎭鎭誌)」에서 성(城)을 관리하는 지역으로 율도리·중미리·막동리·의항리·진내리의 5개리의 명칭을 표시함으로써, 이곳에서 마을 이름 '의항리' 의 명칭이 처음 확인된다.

1914년 군면 폐합에 따라 소근면과 원일면(遠一面), 원이면(遠二面)의 일부를 병합하여 '소근(所斤)' 과 '원일(遠一)' 의 이름을 따서 면의 이름을 '소원면' 이라 하고, 태안군을 서산군에 편입시켰다. 이때 막동리를 병합하여 '의항리' 라 하였다.

1989년에는 서산군에 포함되어 있던 태안군이 다시 분군(分郡)되었고, 의항리는 소원면에 포함되어 의항 1리, 2리, 3리의 3개리로 나뉘었다.

대규모 토목공사

의항에 운하 굴착을 시도하다

조선 중종 때 의항리에서는 천수만(淺水灣)과 가로림만(加露林灣)을 연결하는 운하 굴착을 시도한 적이 있었다. 현재 태안에서 만리포로 들어가는 32번 지방도에서 갈라져 의항리로 들어가는 11번 도로상의 송현리 '무너미재(水踰洞)' 라고 불리는 곳으로, 송현리 벗앞들에서 무너미재를 넘어 의항리로 물길을 뚫으려고 했던 곳이 운하 굴착의 현장이었다. 이 시도는 『중종실록』에서 '의항굴포(蟻項堀浦)' 라는 기사가 여러 번 확인되므로 대략적인 내막을 알 수 있다.

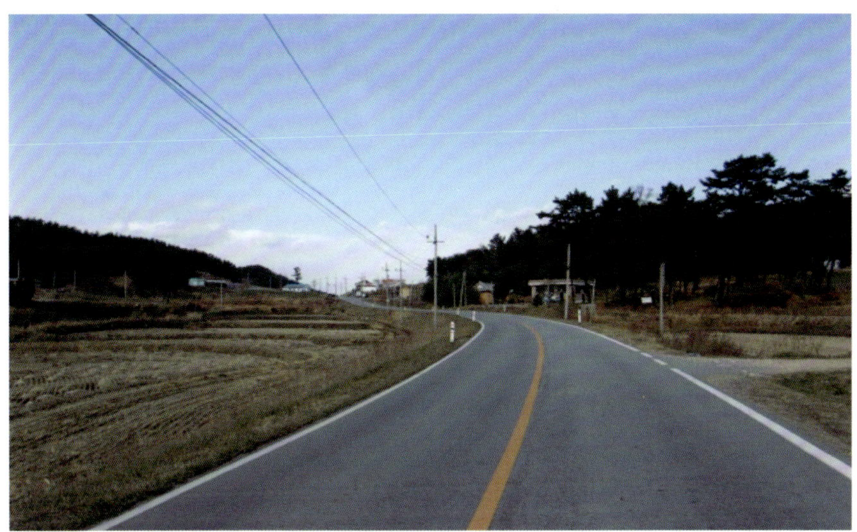

무너미재

태안반도의 안흥항과 신진도 사이의 안흥량과 소원면 파도리 끝의 관장목에는 선박의 항로상에 바위가 물속에 감춰져 있으므로, 고려시대에 이어 조선시대에도 삼남(三南)에서 한양으로 세곡(稅穀)을 운반하던 조운선이 파선되는 일이 자주 발생하였다. 조운선의 패몰에 관한 자료는 『조선왕조실록(朝鮮王朝實錄)』에서 여러 차례 발견할 수 있으며, 18세기에 저술된 이중환의 『택리지(擇里志)』에서도 "관장항(冠丈項)과 가의도 사이의 좁은 수로(水路)를 벗어나면 암초에 부딪쳐 수많은 해난사고가 발생하였다"는 기록을 확인할 수 있다.

조운선의 침몰은 인명과 세미(稅米)의 손실은 물론 이에 따르는 조역(漕役)의 기피현상, 새로운 조운선의 제작에 따르는 재정 소비의 증가, 손실된 세미의 환징(換徵) 등 갖가지 피해를 초래하였다. 따라서 조운선이 위험지역인 관장목의 통과를 피하거나 통과구간의 거리를 줄이기 위해 여러 가지 방책을 강구할 수밖에 없었다.

『신증동국여지승람(新增東國輿地勝覽)』「산천조(山川條)」에 의하면 원래 이 위험지역이 통과하기 어렵다는 뜻으로 '난행량(難行梁)' 이라고 불렀지만, 안전을 기원하는 뜻으로 '안흥량(安興梁)' 으로 고쳤다고 한다. 또한 같은 책 「불우조(佛宇

條)」에 따르면, 안흥 지령산(知靈山)의 안파사(安波寺)는 고려 때 수로가 험악하여 조운선(漕運船)이 여러 차례 난파되어 안전한 항해를 위해 파도를 가라앉힌다는 의도로 건립하였음을 알 수 있다.

또한 안전한 조운로를 확보하기 위해 태안반도에 운하를 굴착하려는 논의와 시도가 여러 차례 있었다. 현재의 태안읍 인평리, 도내리의 천수만에서 팔봉면 진장리, 어송리의 가로림만으로 뱃길이 연결되면 거리상으로 400여 리를 단축하고 또한 안전하게 운항할 수 있었다. 맨 처음으로 고려 인종 때 정습명(鄭襲明)을 보내어 굴착이 시도되었으나 조수가 밀려들어 실패하면서 중지된 이후, 조선 세조 때에도 안철손(安哲孫)을 보내어 다시 시도하였으나 역시 실패를 거듭하였다. 아래 지도에서 태안반도의 운하 굴착 시도들이 보기의 순서대로 진행되었던 사실을 확인할 수 있다.

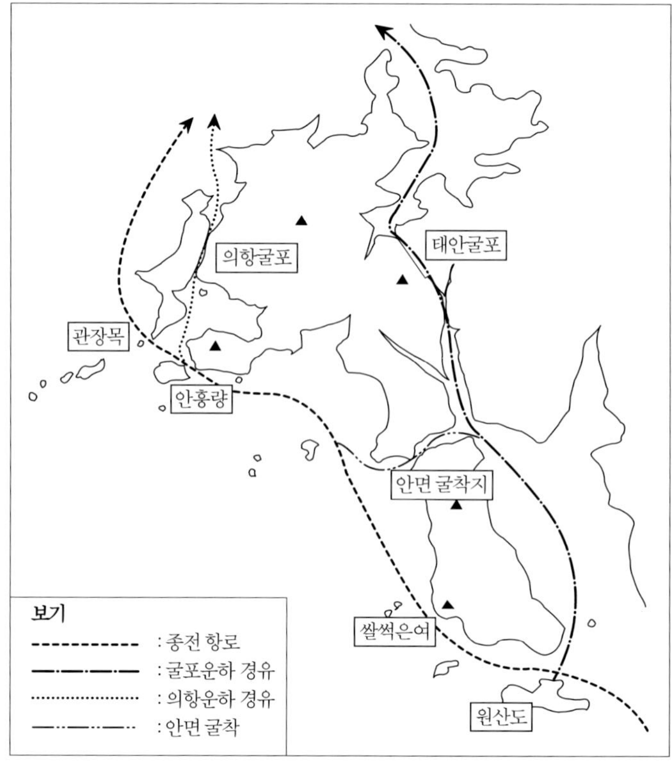

태안반도의 조운로
변경 계획

태안과 서산의 경계에 운하를 굴착하려던 시도가 실패로 돌아가자 중종 때에는 의항이 운하 굴착의 대상지로 지목되었다. 1522년(중종 17) 호조판서 고형산(高荊山)이 의항의 형세를 살펴본 후 건의하였고, 15년 후인 1536년(중종 31) 11월 안흥량에서 송현리 수유동(水踰洞)을 거쳐 의항리로 연결되는 무너미재 운하 굴착공사가 시작되어 승려 5,000여 명을 동원하여 진행되었다. 이듬해 7월 공사를 완공하였다 하여 조종조(祖宗朝)에서 숙원을 달성케 한 공을 치하하는 전지(傳旨)와 숙마(熟馬)를 하사하였으나, 실제로는 확인하지 않고 내린 조처였다.

다시 이듬해인 1538년(중종 33) 의항의 굴착이 메워졌다는 보고와 현재 무너미재의 모습을 보면, 비록 메워졌다고 하여도 이곳에 운하가 굴착되었다고 볼 수는 없다. 그러나 의항에 운하를 굴착하려 했던 시도는, '의항' 이라는 지명이 중앙에서 집정자들의 관심의 대상이 되었음을 확인하는 계기가 되었다.

최근의 토목공사와 마을의 변화

도로 개설 의항리는 남쪽이 수망산에 의해 막혔으므로, 육상으로 외부와의 통행이 불편한 위치에 있었다. 도로가 개설되기 이전에 의항리에서 다른 지역으로 왕래할 수 있는 유일한 교통수단은 배를 이용하는 것이었다. 의항리 주민들이 장을 보려면 원북장(5·10일)과 태안장(3·8일)을 이용하였는데, 장날에만 나룻배가 운항하였다. 큰말 나루터식당 앞에 선착장이 있었고, 신두리로 가는 배는 상시 운항하였다. 뱃삯은 모조제로 봄과 가을에 보리와 벼를 주었다.

1950년에 들어와서 육상으로 인근 지역과 연결되는 도로가 개설되기 시작하였다. 의항리에서 백리포와 천리포를 거쳐 만리포에 이르는 도로를 개설하는데, 가구당 1명씩 의무적으로 나온 주민들의 인력으로 작업하였다. 이때 개설된 도로는 사람이 통행할 수 있는 산길을 내어 도보로 왕래하는 정도에 불과했다. 이 공사에서 베어낸 통나무로 1951년 9월 모항초등학교 의항분실을 지었다고 한다.

1963년에는 의항에서 수망산의 부엉이재를 넘어 망산에 이르는 약 4킬로미터의 고갯길을 개설하였다. 그 후 한 달에 평균 2회씩 자체적인 보수작업을 하였다. 이때에는 자주근로사업의 일환으로 간척지의 매립공사 참여자에게 지급할 양곡과 소맥분을 운반하는 트럭이 통행할 수 있게 하기 위해 계속 보수작업을 해야만 하였다. 이 공사에 참여한 사람에게는 하루에 양곡과 소맥분 3.6킬로그램씩을 정부가 지원하였다.

망산의 간척지가 미국 공병대에 의해 완성되고 개미목의 모래산이 바람으로 쌓였다가 터지기도 하여 이를 매립하고 꽃동산을 조성하였다. 그 후 군(郡)의 지원과 정주권 사업으로 도로포장을 하였는데, 1차로 의항리 입구의 삼거리에서 간척지까지, 2차로 간척지에서 꽃동산까지 시멘트로 도로를 포장하였다. 도로를 포장한 이후 1976년경부터 대중교통인 버스가 통행하게 되었다.

제방 축조　의항리의 지형은 굴곡이 심한 리아스식 해안선으로 이루어졌다. 따라서 깊숙이 들어온 바다를 막아서 농경지를 조성하기 위해 제방을 축조하였다.

제방 축조가 시작된 것은 1963년에 이 마을 출신인 이영환(李英煥, 일명 李炳瓘, 1922년~현재)의 주도로 시작되었다. 미국에서 지원하는 구호물자와 정부의 지원을 받아 공사를 시작하였으나, 정부의 지원이 중간에 중단되면서 이영환의 처남 신범제가 사재(私財)로 제방을 완공하였다. 따라서 정부지원 기준으로 토지를 분배하지 못하고, 제방 축조와 간척지 조성에 참여한 사람에게 토지를 분배하고 나머지는 준공한 대표자의 소유로 하였다. 이영환의 공로에 마을 주민들은 1988년에 의항 2리 마을 입구 왼편에 공덕비를 건립해주었다.

염전 개발　태안반도에서는 일제 강점기까지 전통적인 소금생산방법으로 자염이 생산되고 있었다. 자염의 생산지는 현재의 의항초등학교 자리였다. 의항리의 천일염전은 1950년대부터 의항초등학교에서 큰말에 이르는 만입지역에 조성되었다.

마을 주민의 제보에 따르면, 이 땅은 염전으로 개발되기 전에는 태안에 거주하던 사람의 소유로 마을 사람들이 빌려서 경작하였던 곳이다. 염전 개발은 의항 2리 개발위원들의 승인하에 시작되어 1990년대 후반까지 염전 관리인을 두고 운영하였다. 주인은 태안읍 거주자였고, 염부(鹽夫)로는 이 동네 주민 또는 외지인을 고용하였다.

그러나 염전 개발로 인하여 경제적 이익을 얻지 못하였으므로, 염전에서 대하 양식장으로 전환하여 1년 정도를 운영하였지만 역시 실패하였다. 그 후 이 땅의 소유자가 서울 거주자를 거쳐 원북면 대기리에 거주하는 조씨로 바뀌었고, 조씨는 매립하여 대지로 형질 변경할 계획으로 개인에게 인터넷을 이용하여 분양하였다. 조씨

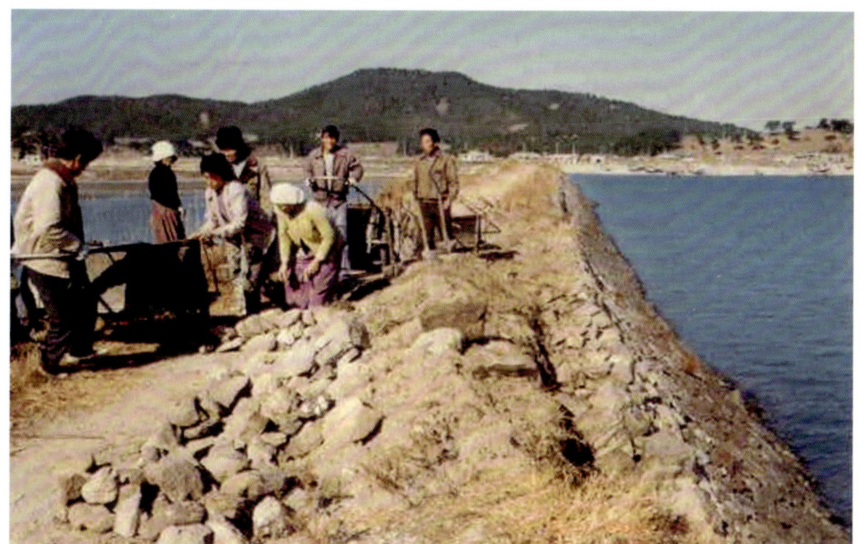

제방 축조 작업 모습(건넌맘에서 큰말 방향)

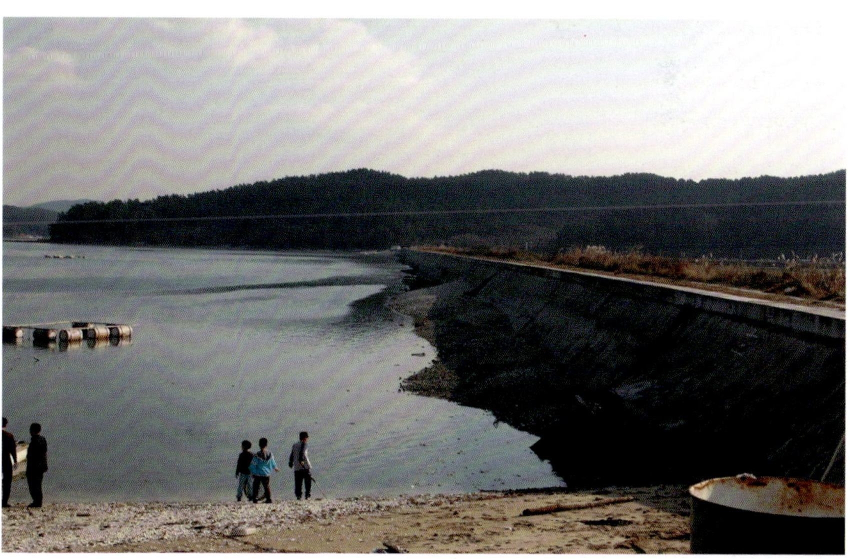

현재의 의항리 제방(큰말에서 건넌말 방향)

는 마을에 마을복지센터 부지로 300평을 주기로 했다고 한다. 그러나 대지를 분양받은 사람들이 실제로 의항리에 와서 보니 대지로 쓸 수 없는 현재의 상태이므로 조씨를 고소하여 감옥에 수감시켰다. 마을 주민들은 염전의 매립지가 개발되기를 기대하지만 가까운 기간 내에 해결되기는 어렵다고 보고 있다.

해수욕장 개장과 마을의 변화   의항리가 관광지화한 것은 해수욕장이 개장된 이후부터이다. 의항리의 해수욕장은 약 6~7년 전에 개장된 의항(일명 십리포)해수욕장과 약 5년 전에 개장된 구름포해수욕장이 있다. 해수욕장에는 주로 가족 단위 관광객이 찾아서 마을에 민박과 횟집이 생기기 시작하였고, 또한 낚시터도 알려지기 시작하였다.

의항리 마을의 도로가 포장되고 관광지로 알려지면서, 마을에 외지인의 별장이 생기기 시작하였다. 외지인의 별장은 건넌말에 7개, 큰말에 1개, 재너머에 3개가 있는데, 별장의 주인들은 대개 의항리에 주민등록만 두고 실제로 거주하지는 않고 있다. 별장은 대개 조립식으로 지어 여름철 또는 주말에만 이용할 뿐이다.

성씨 및 촌락 형성

『소원면지』에 따르면 의항 2리 주민 138세대 중 성씨 및 본관별 세대수에서 다수

표 2. 의항리의 성씨·본관별 세대수

성씨	세대수	성씨	세대수
진주 강씨	5	창녕 성씨	2
소주 가씨	1	평산 신씨	1
안동 김씨	3	강릉 유씨	2
김해 김씨	41	전주 이씨	21
광산 김씨	2	온양 정씨	2
금녕 김씨	1	경주 최씨	1
남평 문씨	12	신창 표씨	1
밀양 박씨	3	*자료:『所遠面誌』	

인 순서는 김해 김씨(41세대, 29.7퍼센트), 전주 이씨(21세대, 15.2퍼센트) 그리고 남평 문씨(12세대, 8.7퍼센트)이고, 의항리에 입향한 시기는 전주 이씨, 김해 김씨, 남평 문씨의 순으로 확인된다. 따라서 의항 2리의 주요 성씨인 이 세 성씨를 중심으로 입향하여 촌락이 형성되는 과정을 시대순으로 살펴보고자 한다.

건넌말의 전주 이씨

현재 전주 이씨는 주로 의항리의 남쪽인 건넌말에 집중되어 거주하고 있다. 의항리에 거주하는 전주 이씨는 태종의 12번째 아들인 24세 익녕군(益寧君) 치(袳)의 후손이며, 27세 숭천도정(崇川都正) 억령(億齡, 1514~1596년)으로부터 분파하였으므로 익녕군파(益寧君派) 중 숭천도정공파(崇川都正公派)라고 일컫는다.

전주 이씨의 의항리 입향은 17세기 후반 무렵 익형(翼馨, 1646~1677년)이 원북면 동해리에서 의항으로 옮긴 것이 계기가 되었을 것으로 생각된다. 원래 전주 이씨 익

큰말에서 바라본 제방 안의 논과 건넌말

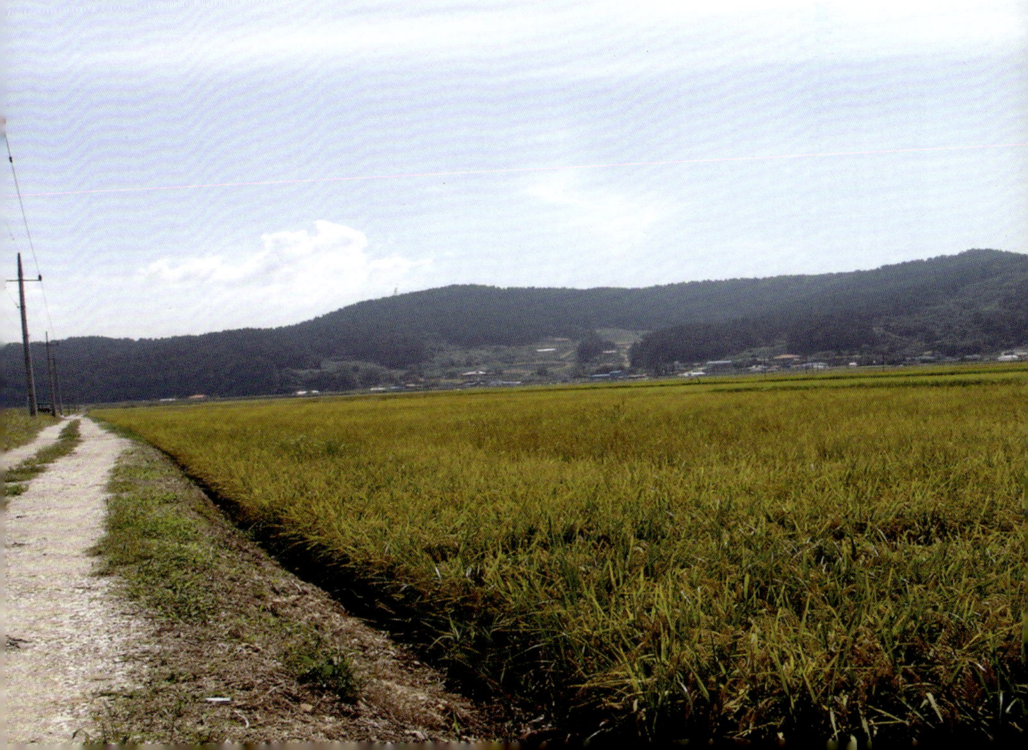

녕군의 후손들은 숭천도정 억령의 묘소가 경기도 시흥군 소하리에 있는 것으로 보아 임진왜란 이전까지는 서울 주변에서 거주했던 것으로 보인다. 임진왜란 때 억령의 아들 원좌(元佐)가 피난하여 태안으로 들어왔고, 원좌의 아들 수전(粹傳)이 현재의 태안군 원북면 동해리(東海里)로 이거하였다. 다시 수전의 아들 6명 중 둘째인 신완(藎完)은 태안 산후리(山後里)로 옮겼고, 다섯째 충완(忠完)의 아들 익형(翼馨)이 의항리로 입향한 이후 그의 자손들이 의항을 비롯하여 파도리(波濤里) 등지에 거주하고 있다.

『전주이씨익녕군파보(全州李氏益寧君派譜)』를 근거로 의항리 전주 이씨의 계보(系譜)를 간략하게 오른쪽의 〈표 3〉으로 정리하였다

익형이 의항리에 입향한 이후 그의 현손(玄孫)인 일환(日煥, 1745~1803년), 군환(君煥, 1747~1803년), 의환(義煥, 1751~1821년) 때에 3형제로 나뉘어 이들이 모두 의항에 거주하면서 전주 이씨 집성촌이 형성된 것으로 보인다. 그러나 이들 3형제의 자손들 중 일환의 자손들이 의항리에 계속 거주하였고, 군환과 의환의 자손들은 다시 태안의 산후리로 이거하였다. 의항리에 남아 거주하던 일환의 아들 시만(時滿, 1802~1869년)이 다시 대진(大鎭, 1825~1889년), 석진(錫鎭, 1827~1882년), 해진(海鎭, 1830~1907년)의 3형제를 두었다. 이들 3명이 다시 연(淵) 자 항렬의 8명의 아들을 두었고, 대진의 장남 연라(淵羅)만이 파도리로 이거하였고 나머지 7명의 자손들은 계속 의항리에 거주하였다.

현재 의항리의 전주 이씨는 모두 7명의 자손과 군환 및 의환의 자손 중 일부로, 입향조 익형으로부터 9대손인 병(炳) 자 항렬의 후손들이 주로 마을의 남쪽 수망산의 북쪽 기슭인 작은말(또는 건넌말)에 모두 36세대가 모여 살고 있다.

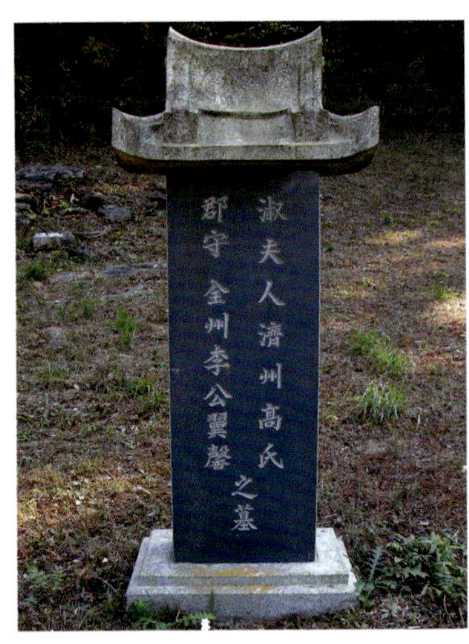

전주 이씨 입향조 이익형 묘비

표 3. 의항리 전주 이씨 세계도

참고
1. 『全州李氏益寧君派譜』를 근거로 작성.
2. 16세 이하는 다수이기에 서술에 언급되는 자와 면담자만을 수록.

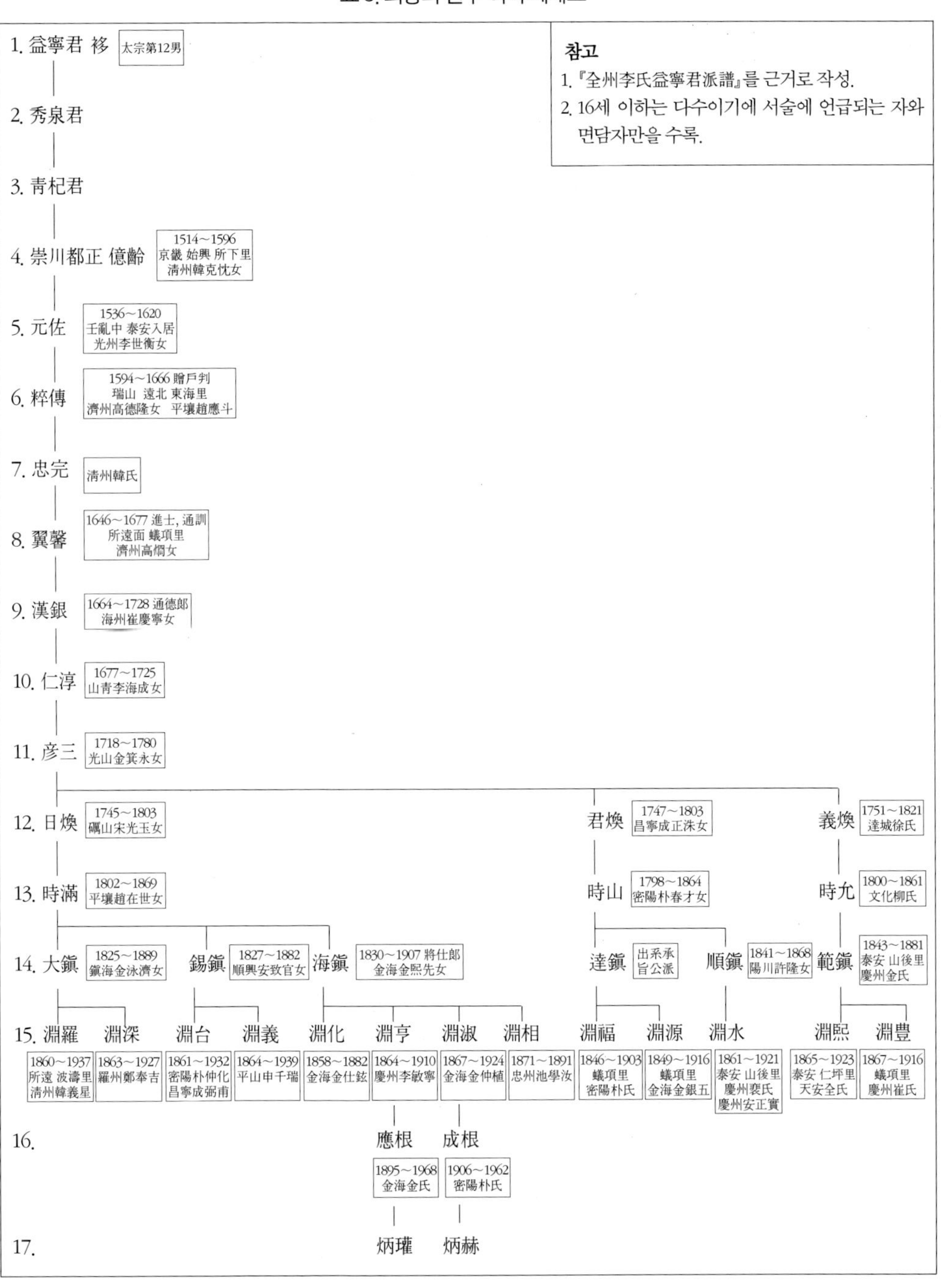

큰말의 김해 김씨

의항리 김해 김씨는 이 마을에서 가장 많은 성씨에 해당하고, 이들은 대부분 의항리의 중심부인 큰말에 모여 살고 있다. 이들은 원래 고려 충렬왕 때 판도판서(版圖判書)를 지낸 김관(金管)을 중시조로 삼아 판도판서공(諱管)파라고 하였으나, 세종 때 한림(翰林)과 단종 때 이조판서를 지낸 6대 김용(金勇, 1413~1457년, 호: 南軒)을 파조(派祖)로 한림공(諱勇)파로 분파되었다. 의항리 김해 김씨의 세계도를 〈표 4〉로 정리하였다.

김해 김씨가 의항리에 입향한 것도 전주 이씨와 비슷한 시기인 17세기 후반 정도로 추정된다. 『김해김씨대동보 신편(金海金氏大同譜 辛編)』(金亨洙 氏 所藏)에 의하면, 김해 김씨가 의항리에 입향한 것은 13세 김선학(金善鶴)으로부터 비롯되었다. 대동보에 연대표기가 김선학의 증조 김축(金軸, 1544~1593년)까지와 19세 이후만 확인될 뿐, 그 중간의 시기를 알 수 있는 단서가 없으므로 김선학이 김축으로부터 대략 90년 이후의 인물로 추정할 수 밖에 없다.

김선학의 7세조 김용이 청도(淸道)에서 홍주 운남리(洪州 雲南里, 현재 갈산면 운곡리로 추정)로 이거하였다. 11세 김기남(金起南)이 한때 부안 북일도면으로 옮겼으나 다시 그의 손자인 김선학이 의항리로 입향하게 된 것이다.

김해 김씨가 입향하게 된 동기를 찾을 수는 없다. 다만 대동보에 의하면 2세 김문숙(金文淑, 1293~1348년)의 처(妻)가 서산 유씨 유만선(柳萬善)의 딸이라는 사실과 김선학의 당질(堂姪)인 김천장(金天章)의 묘소가 서산 지곡(地谷)에 있으나, 이것도 김해 김씨가 태안 지역과 연계될 수 있는 직접적인 관련성이 있을지는 미지수다. 또한 김선학 이후 전주 이씨와의 연혼이 자주 보이는데, 김해 김씨와 혼인한 전주 이씨가 비슷한 시기에 입향한 의항리의 전주 이씨인지는 확인할 수 없다.

의항리의 김해 김씨가 번성하게 되는 시기는 입향조 김선학의 6세손 창(昌) 자 항렬대가 활동하던 19세기 중엽 이후이다. 김선학의 현손(玄孫) 김진성(金振星)이 김덕룡(金德龍)과 김순룡(金舜龍)의 두 아들을 두었고, 두 아들들이 다시 네 명씩 8명의 아들을 두면서 의항리 김해 김씨는 그 수가 급증하게 되었다. 이 시기는 전주 이씨의 수가 급증했던 시기와 거의 비슷하다.

표 4. 의항리 김해 김씨 세계도

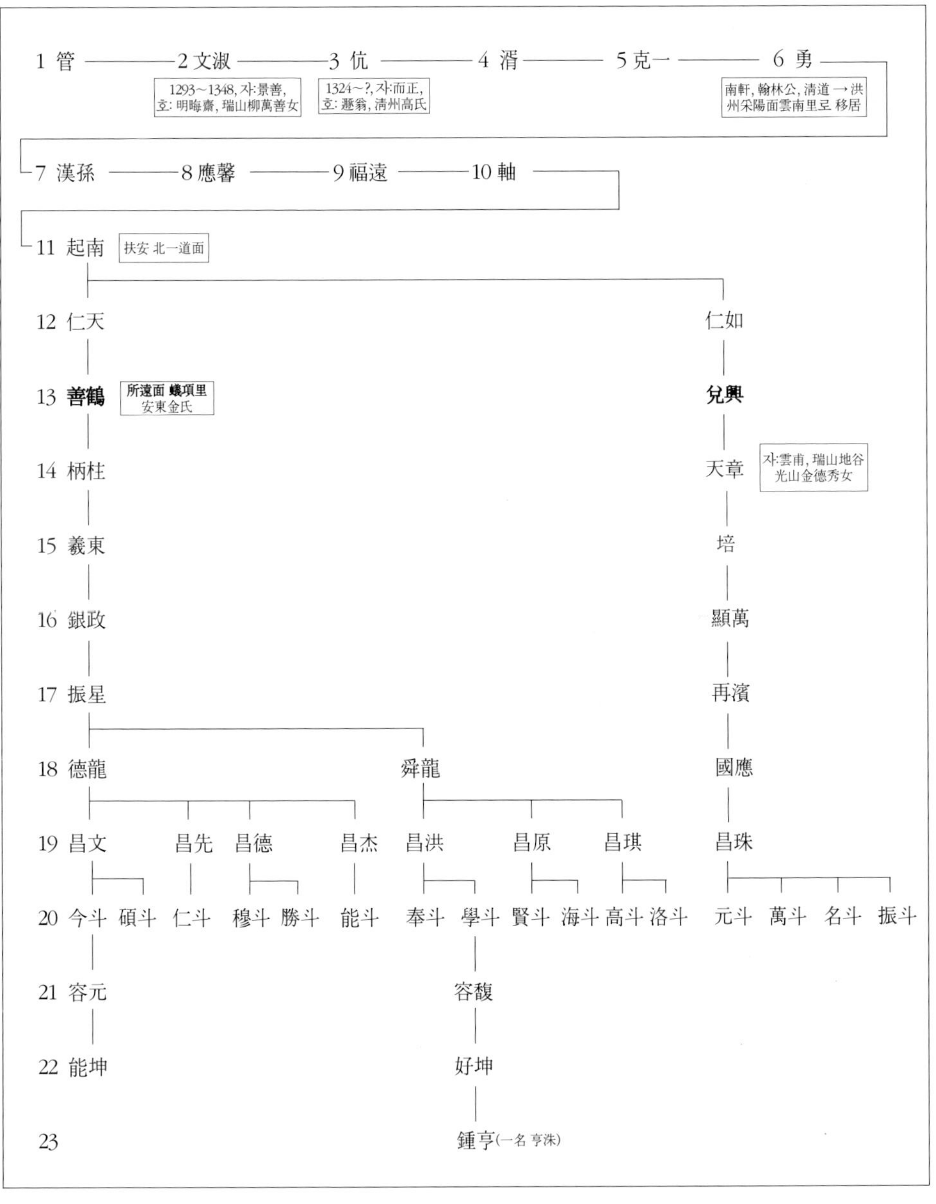

남평 문씨

현재 남평 문씨는 의항리에서 세 번째로 많은 세대를 형성하고 있다. 의항리의 남평 문씨는 문익점(文益漸, 1329~1398년, 호: 三憂堂)의 15세손 문억귀(文億貴)가 입향한 이후 자손들이 세거하기 시작하였다. 입향조 문억귀는 현재 의항리에 세거하는 31세 혁(爀) 자 항렬의 5세조가 된다.

『남평문씨대동보(南平文氏大同譜)』에 의하면 이들은 문익점의 다섯 아들 중 다섯째인 문중계(文中啓, 호:滄洲, 시호:成淑)의 후손으로, 그의 시호에서 비롯된 성숙공파로 일컫는다. 대동보에 근거하여 의항리 남평 문씨의 가계도를 작성하면 〈표 5〉와 같다.

선대의 묘소가 확인되는 것으로 17세 문식(文軾)의 묘소가 전라북도 옥구군 침하산에 있으나, 그의 증손인 20세 문기(文琦)의 묘소가 홍성군 홍북면 봉신리에 소재한 것으로 보아 문기부터 이 지역에 이거한 사실을 추정할 수 있다. 문기의 아들 문계장(文戒章)의 묘소도 부(父)의 묘소 아래에 소재하고 있으나, 그의 처(妻) 제주 고씨(濟州高氏)의 묘소는 태안군 남면 몽대(현재 몽산리) 망미산(望美山)에 소재하고 있다. 제주 고씨의 아들 문시동(文時同)은 어려서부터 몸소 부모를 극진히 모셨는데, 국난을 당하여 태안 몽대로 피난하였고 그 후 자손들이 이곳에서 세거하게 되었다.

문시동의 4세손 문억귀가 의항리로 입향하면서 남평 문씨의 의항리 입향조가 되었다. 문억귀의 손자 문필원(文弼元)과 문필형(文弼亨) 2명이 도(道) 자 항렬 7명의 아들을 두었고, 다시 이들이 목(穆) 자 항렬 13명의 아들을 두었다. 특히 의항리 남평 문씨는 문필형의 손자 목(穆) 자 항렬 10명의 자손들이 번성하였다.

따라서 의항리 남평 문씨는 약 150년 전 이곳에 입향하였고, 한말에서 20세기 초에 의항리에 집성촌을 형성하기 시작하였음을 추정할 수밖에 없다. 그리고 〈표 5〉에서와 같이 이들은 이미 17세기 후반 의항리에 입향하여 19세기 초에 번성하였던 전주 이씨, 김해 김씨와 혼인관계를 형성한 사실을 확인할 수 있다.

표 5. 의항리 남평 문씨 세계도

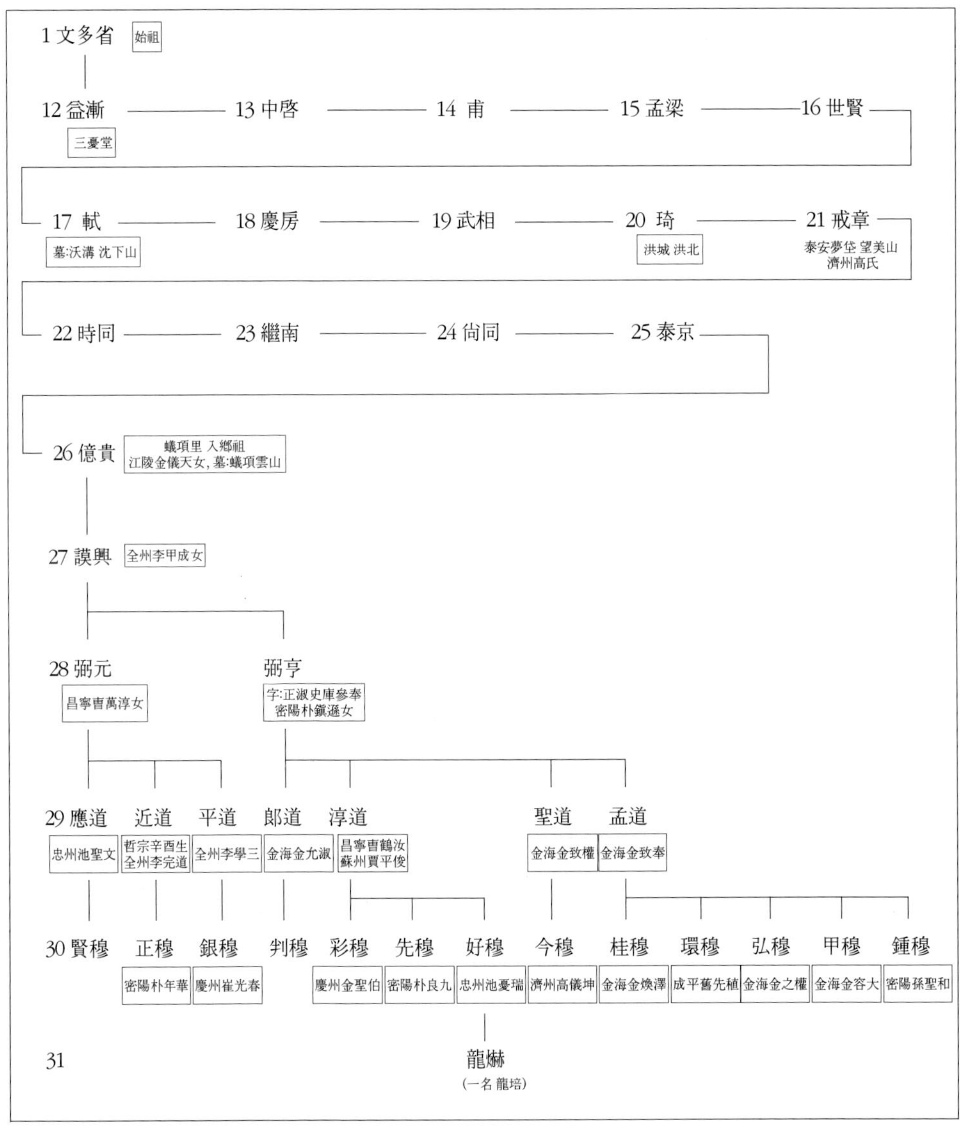

문화유적

이병관 공덕비

이병관(李炳瓘, 1922년~현재)은 의항리 제방 축조를 위해 헌신 노력한 인물이다. 자(字)가 영환(英煥)이고, 호(號)는 추강(秋崗)이며, 전주 이씨 이응근(李應根)의 아들로 이 마을 출신이다. 어머니도 이 마을 출신으로 김해 김씨 김사성(金仕成)의 딸이다.

이병관 공덕비는 의항 2리의 마을입구 도로변 왼쪽에 서 있다. 비문의 내용은 아래와 같다.

빈센트 공적비

빈센트 브란트(Vincent S. R. Brandt) 공적비는 의항 2리의 초등학교에서 큰말로 들어가는 도로변 왼쪽 산기슭에 서 있다. 브란트는 미국인 인류학자로 1966년에 의항

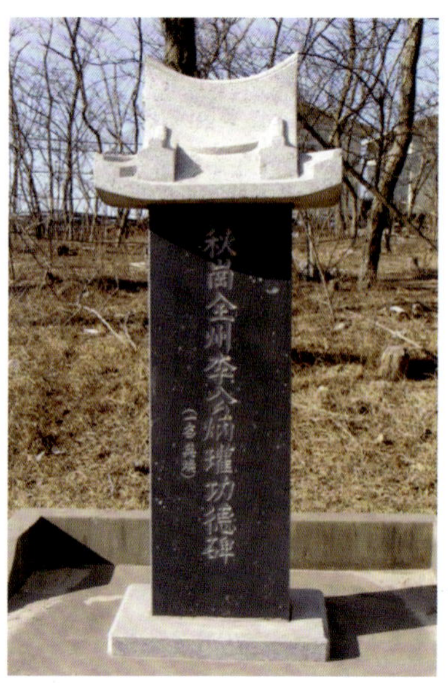

이병관 공덕비

秋崗全州李公炳瓘功德碑

이분은 평소 어려운 여건 속에서도 남다른 애향심으로 낙후된 향리발전에 노력하셨으며, 특히 교통난과 식량난에 시달리던 중 부락민의 고통을 덜기 위해 교통난 해소에 앞장섰으며 식량의 자급자족을 위해 입지조건이 매우 곤란한 이곳 해안에 간척사업을 착수하므로서 식량난을 해소케 하는 등 향리발전에 숨은 공적이 현저하므로 이에 그 공을 기리고자 이 비를 세워드립니다.

서기 1988년 5월 16일

소원면 의항리 2구 부락민 일동

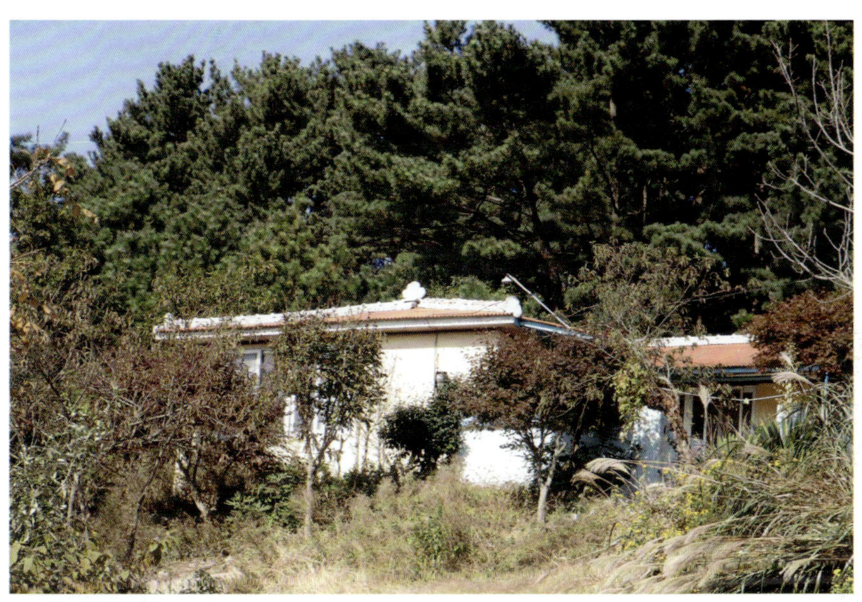

빈센트 브란트가 살았던 집

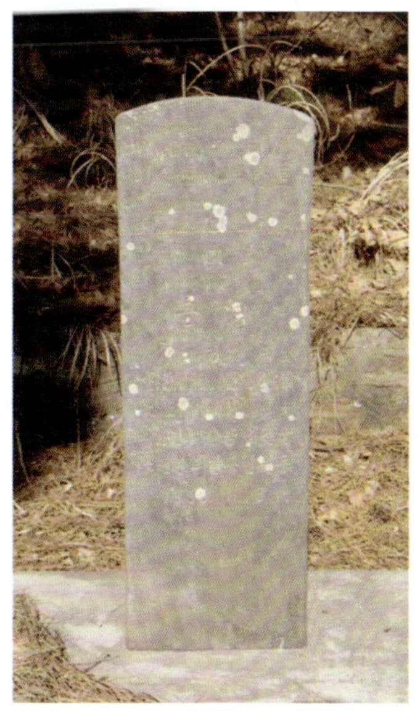

빈센트 공적비

1. 1966. 7. 의항분교 인근마을 20호의 식수난을 해소시키기 위하여 우물 1개소를 신설하는데 적극 후원 준공케 함.
2. 1966. 2. 당시의 낙후된 어업과 지역발전을 위하여 미국 아시아 재단으로부터 개발기금으로 원화 54만원을 알선 동력선 5척을 구입하도록 하였으며 당시 자조근로사업장의 사업추진을 위하여 물심양면으로 후원함으로서 전 주민들에게 유일한 희망과 개척정신을 불어넣음.
3. 1966. 10. 농어촌 개발에 필요한 마을문고를 설치토록 후원함.

1966년 11월 3일 소원면 의항리 2구 주민 일동

리에 조사차 와 머물면서 마을 주민들의 낙후된 생활을 개선하기 위해 노력하였다.

브란트는 의항리의 낙후된 어업과 지역발전을 위하여 미국 아시아 재단으로부터 개발기금으로 원화 54만 원을 알선하고 동력선 5척을 구입하도록 하였으며 당시 자주근로사업장의 사업추진을 위하여 물심양면으로 후원함으로써 전 주민들에게 희망과 개척정신을 불어넣었다. 또한 마을의 식수난을 해결하기 위해 우물을 개설하였고, 농어촌 개발에 필요한 마을문고를 설치토록 후원하였다. 의항리 마을 주민들이 브란트의 공적에 대한 감사의 표시로 비를 건립하였다.

태배

의항리의 뒷산 서북쪽으로 약 400~500미터 지점에 있는 아늑하고 경치 좋은 해안을 속칭 '태배'라고 부른다.

이 해안가의 산 밑에 자연석이 우람하게 서 있는데, 이 돌의 크기는 가로 3.2미터, 세로 2.3미터로 수직에 가깝게 서 있다. 전면에 한시(漢詩)가 쓰여 있으나, 현재 글자를 알아보기 어려울 정도로 희미해진 상태이다. 현재로서는 시를 지은 이와 글씨를

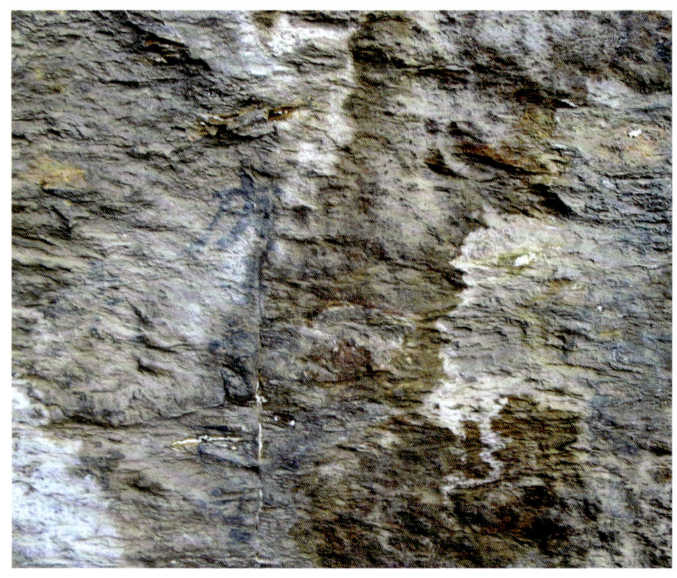

태배

등왕고각임강저(滕王高閣臨江渚)/ 북정람안소객유(北汀嵐岸騷客遊)

강남풍월재고주(江南風月載孤舟)/ 춘일이기종과차(春日李起宗過此)

하년절창심양가(下年絶唱尋陽歌)/ 후학문풍래차지(後學聞風來此地)

산천초목상응처(山川草木相應處)/ 소객시인수여치(騷客詩人誰與致)

선생하일거(先生何日去)/ 후배탐경환(後輩探景還)

삼월견화소(三月鵑花笑)/ 춘풍만운산(春風滿雲山)

쓴 이를 전혀 알 수 없는 상태이다.

전하는 이야기로 이 한시는 중국의 시선(詩仙) 이백(李白, 자 : 太白)이 이곳에 와서 아름다운 절경에 도취되어 암벽에 써놓은 것이라고 한다. 그리하여 그곳의 지명이 '태백'의 이름을 따서 지어졌지만, 'ㄱ'이 탈락되면서 '태배'라고 일컬었다는 것이다.

태안여자상업고등학교 교장을 지낸 박춘석이 판독한 시 3편이 『태안군지』와 『소원면지』에 수록되어 있다. 위에 박춘석 교장이 판독한 이 시의 전문(全文)을 밝혀 두었다.

(곽호제)

주(註)

1) 『중종실록(中宗實錄)』 중종(中宗) 17년 1월 8일 병진(丙辰).

생산활동과 노동

변화무쌍한 생산활동의 흐름

서해안 끝자락에 위치해 있는 이 마을에 들어서면 아름다운 바다의 경관과 함께 해변에 빼곡하게 들어서 있는 굴막, 제방 안쪽으로는 논과 밭들이 시야에 들어온다. 의항리는 어업과 농업을 동시에 하는 전형적인 반농반어촌이다.

주민들의 이야기에 따르면, 이곳은 1969~74년 무렵 마을의 동남쪽이 방조제로 연결되기 전에는 마을이 수시로 물에 잠겨 여느 해안마을과 마찬가지로 항상 식량 부족에 허덕이던 빈곤한 마을이었다. 의항 2리 안의 제방과 의항 2리와 3리를 잇는 4킬로미터 길이의 제방이 축조됨에 따라 비로소 이 마을은 반농반어 형태의 마을로 변화되었다. 1970~80년대 천일제염업, 1980년 무렵까지 김 양식이 이 마을에서 이루어졌으나 대일 수출이 축소되고 어장이 노후화되면서 이들 생산은 점차 쇠퇴하게 되었다고 한다.

의항 2리에 거주하고 있는 전체 112가구의 현재의 직업 구성을 살펴보면 전업농가는 0가구, 전업어가는 6가구, 106가구는 농어업을 겸하고 있어 농업에 비해 어업 의존도가 큰 편이다. 의항 2리는 '큰마을', '건넌마을(월촌)', '재너머(적현)', '말막금' 등 4개의 자연마을로 이루어져 있는데, 건넌말에 거주하는 가구들은 큰말에 비해 농지 규모가 큰 편이다. 건넌말에 거주하는 총 26가구 중 어로활동을 하는 가구는 1가구뿐이고 25가구는 농업과 굴 양식을 하면서 생계를 유지하고 있다. 해변 쪽에 위치한 '큰말'과 '재너머'에 거주하는 가구 중에는 어선어업에 종사하는 가구가 많

표 1. 가구별 직업 구성

구분	전업농가	농·어업겸업	전업어가	합계
가구 수	0	106	6	112

지만, 이들도 대부분은 농업과 굴 양식을 겸업하면서 생계를 유지하고 있다.

1980년대부터 이 마을에 굴 양식이 시작되었고 1980년대 후반에 이르면서 점차 확대되어, 현재 전체 가구의 95퍼센트가 굴 양식에 참여하고 있을 정도로 굴 양식은 이 마을의 중요한 생산활동이다.

마을 인근(안흥)에 낚시터와 백사장으로 유명한 천리포, 백리포 해수욕장이 있고, 최근 마을 안에 위치한 의항해수욕장과 구름포해수욕장이 잇달아 개장을 하면서 이 마을은 관광어촌으로 변화하고 있다. 서해안고속도로 개통 이후에 관광객들의 발길은 더욱 잦아지고 있고 이에 따라 낚시꾼들을 대상으로 하는 낚싯배 운영, 그 밖에 숙박업, 횟집 등이 점차 늘어나고 있다.

이처럼 의항마을은 여느 해안마을과 마찬가지로 1970년대 이전까지는 연안에서 풍선을 가지고 고기잡이에 의존하여 생계를 유지하다가 1970년대 중반 방조제를 쌓은 후에는 어업과 농업을 병행하게 되었고, 1970~80년대 천일제염업과 김 양식, 1980년대 이후로는 굴 양식, 2000년 이후부터는 관광객들을 대상으로 하는 상업이 확대되는 변화무쌍한 생산활동의 변화를 경험하여왔다. 이 장에서는 의항마을에서 행해지고 있는 현재의 생산활동에 초점을 두어 마을의 특성을 살펴보고자 한다.

어장에서의 생산과 노동

이 마을의 어업은 어선어업, 채취어업, 양식어업이 있다. 특히, 오랜 기간 동안 갯벌에서 이루어지던 아낙들에 의한 굴 채취는 경지를 소유하지 못한, 혹은 적은 규모의 경지를 소유한 마을 사람들의 생계를 가능하게 해주었다. 1980년 후반 굴 양식이 확대되면서 굴 채취는 줄어들고 있다. 그 밖의 채취어업으로는 해삼과 전복 채취가 있는데, 지금은 어촌계에서 전복의 종패를 구입해서 해안에 산포(散布)하고 해녀들과의 계약 하에 공동채취를 한다.

고기잡이배

어선 규모 1960년대 이전, 이 마을에서는 최소한의 장비와 기술을 가지고 일상적으로 생계형 어업이 이루어졌다고 전한다(브란트, 1971년). 1960년대 후반경 마을에 동력장치를 한 기계배들이 처음 도입되었고, 그 이후 어선의 기술수준은 지속적으로 향상되고 있다. 예전에는 어선의 기계화라고 해야 기껏 동력장치와 나침반 정도가 고작이었지만 현재는 프로타, 어군탐지기 등의 장비[1]가 일반화되었다. 이제 이러한 장비를 갖추지 않고는 본격적인 어로를 하기 어렵다고 한다. 동력선의 확대와 어구의 발달로 이 마을의 연안어업(coastal fishery)은 활기를 얻게 되었다.[2]

마을의 어선 수는 총 62척에 이르며, 고기잡이를 하는 가구는 총 26가구에 이른다. 어로에 주력하는 가구에서는 대개 2~3척의 배를 소유하고 있다. 소유한 어선의 규모를 살펴보면, 마을의 전체 어선 중 7톤 이상은 3척에 불과한 반면 5톤 이하는 54척이나 되어, 5톤 미만의 소형 어선이 주류를 이루고 있다.(〈표 2〉 참조) 0.5톤 이하 규모의 어선들은 대개 굴 양식에 활용되며, 이는 일명 '뗏마'라고 불리는데, 뗏마는 노를 저어 운전한다. 그러나 최근에는 뗏마에 동력장치를 달아 편리하게 이용하는 경우가 많다.

표 2. 어선 규모

규모	0.5톤 미만	0.5~2톤 미만	2~3톤 미만	3~5톤 미만	5~7톤 미만	7톤 이상	계
어선 수	8	33	0	13	5	3	62

*자료: 해양경찰서 의항출장소(2004.12)

어장에서 고기를 잡기 위해서는 군(郡)에서 허가권을 얻어야 한다. 이러한 허가권은 2가지 종류가 있는데, '근해어업허가권'과 '연안어업허가권'이 그것이다. 허가권에 따라 어로를 할 수 있는 영역이 달리 허용된다. 근해어업허가권 소지자는 근해

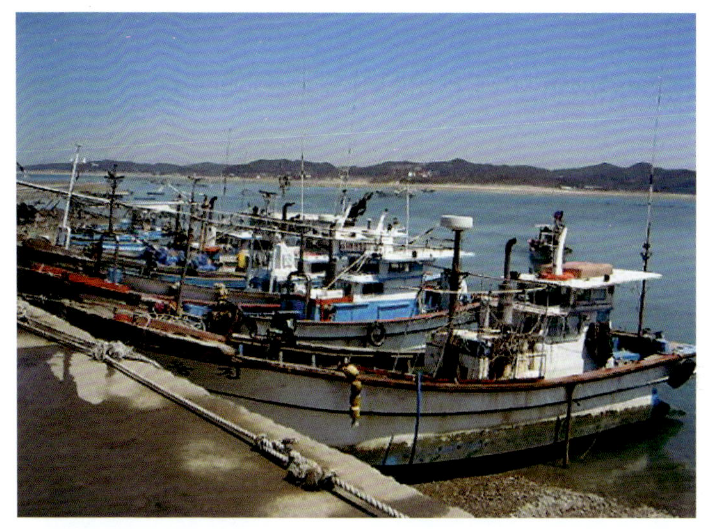

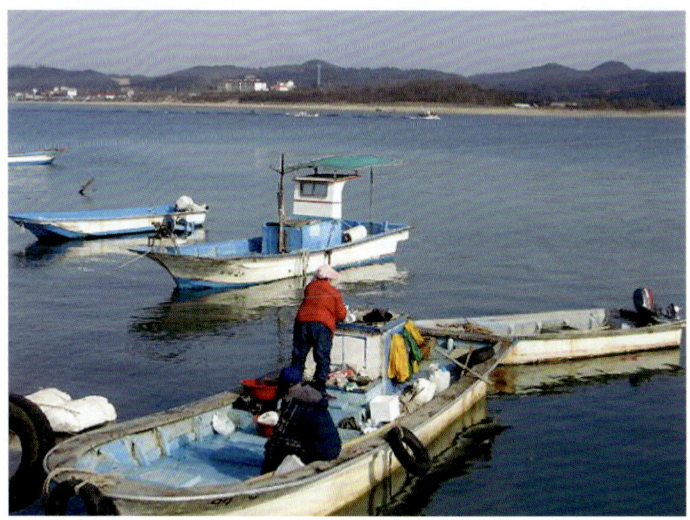

4~5톤급 중형 선박(위)과 0.5톤 미만 소형 선박(아래)

에서, 연안어업허가권 소지자는 연안에서 고기잡이를 할 수 있다. 근해어업허가권은 어선 규모가 8톤 이상 되어야 허가를 낼 수 있으며[3] 선주가 어업을 중단하게 될 경우 허가권을 타인에게 팔 수 있다. 이 마을에서 근해어업허가권을 소유하여 고기잡이를 하는 가구는 2가구에 불과하고 나머지 어가들은 연안에서 고기를 잡는다. 근해어업허가권을 소유하고 있는 한 가구는 19톤 급의 배로 덕적도 및 연평도 등지에서 멸치잡이를 주로 하며, 다른 한 가구는 12톤 배로 흑산도에서 대하잡이를 하고 있다. 이처럼 큰 배로 어로를 하는 선주들일수록 어획하는 어종도 다양하고, 어획고도 높은 편이다. 연안에서 하는 고기잡이는 선주의 판단력에 따라 어획고에 차이를 보이나 대개 근해에서 어획하는 어선에 비하면 어획고가 적고 어종도 제한된다.

어구 어선의 세력 및 기술 향상으로 어로의 영역이 확장됨에 따라 어구도 다양해졌다. 1970년대 중반까지만 해도 노 젓는 배로 '낚시나 주낙'을 이용하여 고기를 잡았다고 한다. 1970년대 후반~1980년대에 이르면 통발, 이각망, 낭장망, 안강망 등 다양한 어구를 활용하게 된다.[4] 대개 3톤 이상의 배들은 통발이나 채낚기, 주낙으로, 5톤 이상의 배는 통발이나 안강망을 활용하여 고기잡이를 하나 어구는 대개 어종에 따라, 선주의 기술과 의지에 따라 달리 사용되는 편이다. 가령, 멸치잡이를 위해서는 낭장망이나 안강망을 사용하고, 꽃게잡이에는 통발을, 일반 어종들을 어획할 때는 통발과 그물 등을 사용한다. 어구는 종류에 따라 가격대도 다양하고 사용가능 기간, 손질방식에서 각각 다르다. 예를 들면 정치성 구획어업에 이용되는 이각망의 경우 한 개의 그물제작에 1,000만 원 정도의 비용이 소요되며 그물손질 방식도 다른 그물과는 다르다고 한다. 이 마을의 어가들은 정치망, 안강망, 낭장망, 통발과 자망(刺網)[5], 낚시 등의 어구로 조업하고 있다.

어종 및 어획량 이 마을에서 잡히는 어종은 매우 다양하다. 1960~70년대는 조기와 민어의 풍어기였으나 이들 어종은 시간이 지남에 따라 고갈되었다. 한 선주는 그당시 고기잡이를 이렇게 회고하고 있다.

그때는 가까운 바다 나가서 낚시질해도 고기가 엄청 많았어. 한번 나가면 조기니 민어니, 무지무지 했어. 지금은 새끼도 안 잡혀. 씨가 말랐어. 그때 고기 잡아서 마을에 들어온 상인들에게 일부 팔기도 하고, 안 되면 시장까지는 너무 멀어 생선들을 염장하고, 10개씩 엮어서, 물이 빠진 상태로 시장 댕기러 가는 길에 시장에 팔었어. 이놈들 시장에 판 돈으로 쌀이랑 필요한 것들 사가지구 돌아왔지. ─문용배(남, 64)

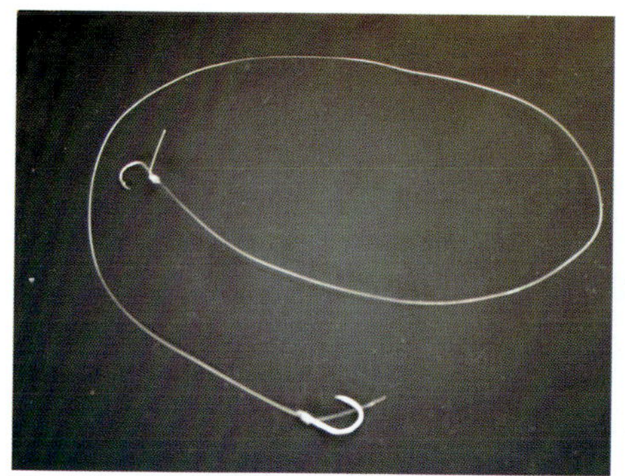

낚싯바늘

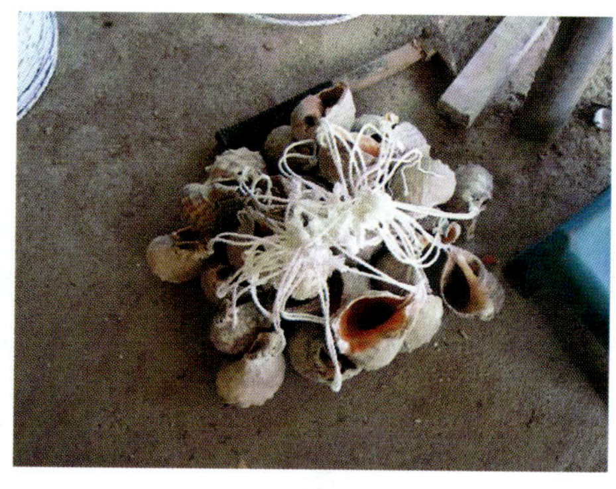

주꾸미 잡는 도구(소라껍질을 이용한다.)

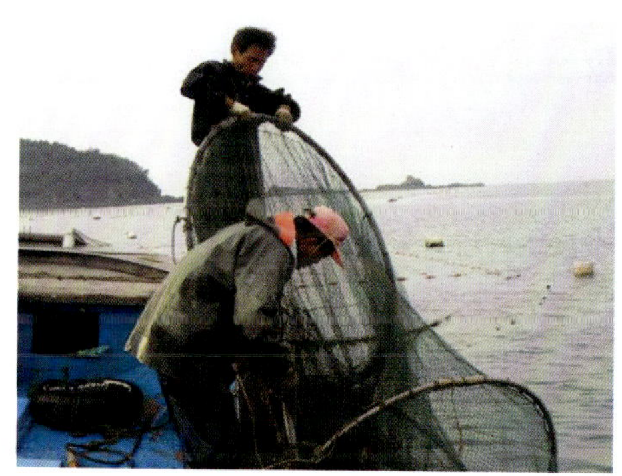

정치망 어업

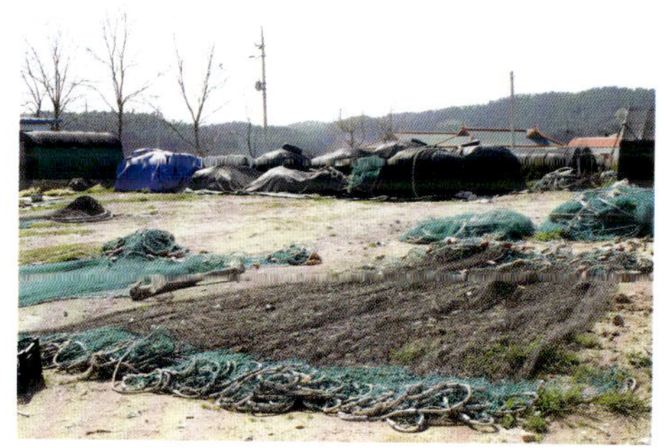

손질한 그물

　최근 이 마을의 연안에서 많이 잡히는 어종은 계절에 따라 차이를 보이지만 우럭, 대하, 갈치, 꽃게, 노래미, 농어, 광어, 붕장어, 주꾸미, 간제미 등이다. 근해에서 조업하는 선주들은 이러한 어종 외에 멸치나 대하를 잡는다. 2002년은 꽃게의 유래 없는 풍어기였다. 이 마을의 어부들은 이때 많은 돈을 벌었다고 한다. 꽃게잡이 배가 한철 조업을 하면 한 번에 약 1,000킬로그램 정도의 꽃게를 잡을 수 있었다. 이때는 경비를 제외하고도 연간 1억 이상의 소득을 올릴 수 있었다고 한다. 어가들은 너도나도 땅, 집을 팔아 어선 규모를 늘려 꽃게잡이(통발 어업)를 하였다. 그러나 2003년 이후부터 꽃게가 급격히 줄어 현재는 하루 2~3킬로그램 정도의 꽃게도 잡기 어려운 실정이다. 설상가상으로 유가도 상승하여 어선어업에 종사하는 어가의 어려움이 악화

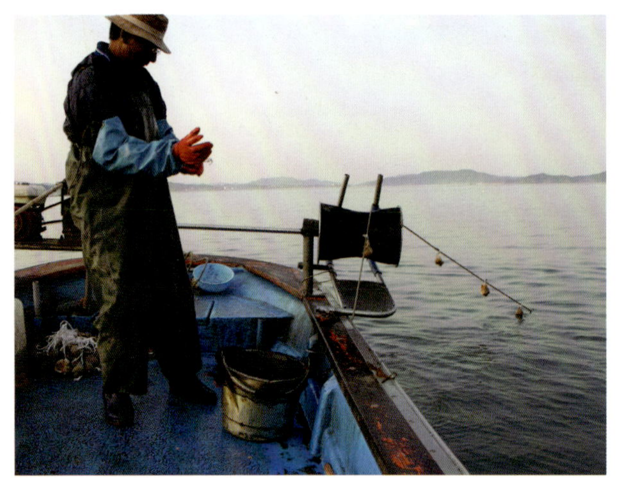
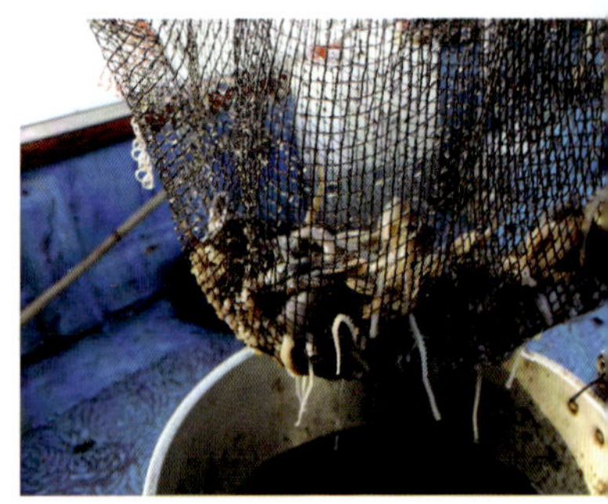

주꾸미를 잡는 모습(왼쪽)과 어획한 주
꾸미(오른쪽)

되고 있다.

어획량도 감소하고 있다. 어선어업을 하는 여성에 따르면, 1994~95년경까지만
해도 비수기에는 어로활동을 하지 않았다고 한다. 현재의 어획고를 과거 10여 년 전
과 비교하면 거의 1/3 수준에도 미치지 못한다고 한다. 전국적으로 고기 양식업이 확
대되면서 고기 값이 폭락했고 오히려 어획량은 급격히 줄었기 때문에 6~7년 전부
터는 비수기에도 조업을 하고 있다고 한다. 비수기에는 작업인부(선원)를 쓰지 않고
부부가 조업하는 방식으로 자구책을 모색하고 있다.

어종과 어획량이 줄어들고 있는 현상에 대해 주민들은 몇 가지 요인을 지적하고
있다. 우선, 학암포발전소의 건설과 인근에 위치해 있는 대산공단의 건설이다. 학암
포발전소로 가는 화물선의 왕래가 잦아지면서 선박에서 유출되는 기름이 굴 및 바
다자원을 고갈시키고 있다는 것이다. 이 밖에 환경오염, 무분별한 어획을 지적한다.
최근 태안군의 해사채취에 대한 허가의 남발도 특수 어종을 고갈시킨 원인으로 지
적된다. 예컨대, 넙치나 꽃게, 까나리 등은 모래에서 사는데 무분별한 해사채취가 꽃
게, 까나리 등의 어종을 고갈시켜 3년 전부터 이러한 어종들이 멸종단계에 있다는
것이다. 또한 저인망 고대구리 어로방식이 어종을 감소시켰다는 지적도 있다.

어선어업의 계절성과 노동력　어로는 다른 직업(농업 등)에 비해 일기 및 계절의 영

향을 많이 받는 것으로 알려져 있다. 봄·여름(4~7월)과 가을(11~12월)을 성수기로 볼 수 있다. 성수기라 하더라도 어로는 일기의 영향을 받기 때문에 실제 고기잡이를 할 수 있는 날은 한 달에 20일 정도 된다. 1960년대, 1970년대와 비교하면 현재의 노동일수는 매우 증가한 것이다. 이는 부분적으로 어선이 기계화되고 어로기술이 발전한데 기인한다. 선주들에 따르면 어로기술이 향상됨에 따라 자주 작업을 나가도 육체적으로 크게 힘들지 않기 때문에 자주 일을 할 수 있게 되었다는 것이다. 또한 최근에는 어획고가 감소하여 비수기에도 일을 해야 어느 정도의 소득을 유지할 수 있기 때문에 일기만 허락하면 사계절 내내 조업을 하는 가구가 많다.

1970년대 초·중반 무렵까지 어로를 하는 가구에서 선원을 두어 고기를 잡는 경우가 일반적이었다. 그러나 최근에는 비교적 큰 어선으로 조업을 하는 어가에서만 선원을 고용한다. 6톤급의 어선으로 조업을 하기 위해서는 대개 4명 정도의 노동력이 필요하다. 그러나 어획량이 많은 성수기에만 한시적으로 1~2명의 선원들을 고용하는 경우가 많다.

현재 마을에서 선원을 상시 고용하고 있는 어가는 3가구에 불과하다. 이각망으로 어로를 하는 가구(2명)와 멸치낭장을 하는 가구(4명), 어류 양식을 하는 가구(2명)이다. 이들도 성수기에는 2~3명의 선원을 두지만 비수기에는 선원 수를 줄이거나 아예 선원을 두지 않는 경우도 있다.

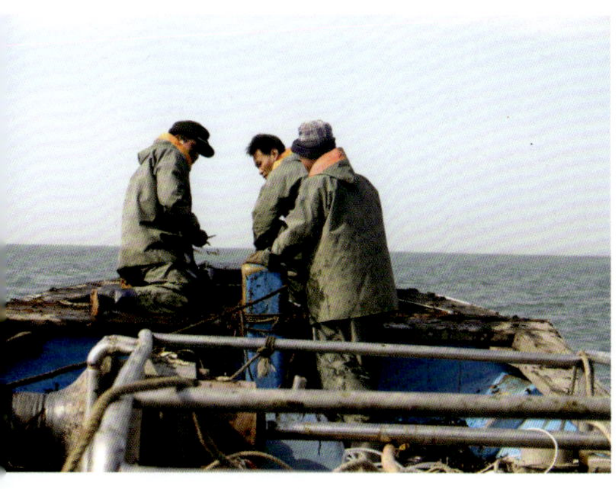

어로작업중인 선원들

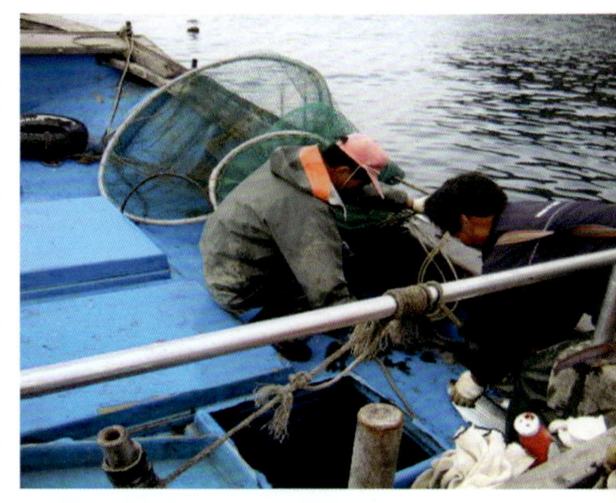

정치망을 끌어올려 고기를 꺼내고 있다.

선원들(일명: 도사)은 대개 인천 및 서울 등의 직업소개소를 통해 조달 받으며 이들의 임금은 기술수준에 따라 70~200만 원까지 다양하다. 그러나 이들의 잦은 이직은 선주들이 겪는 또 다른 어려움이다.

고기잡이를 하는 어가에서 여성은 중요한 노동력이다. 고기잡이를 하는 대다수의 어가에서는 선원을 고용하기보다는 부부끼리 조업을 한다. 경우에 따라서는 가족구성원(동생, 아들 등)이 동원되어 조업을 하기도 한다. 고기잡이 어가의 여성들은 선원을 고용하는 데 드는 비용을 줄이고 어획고의 감소에 따른 소득감소를 벌충하기 위해 남편과 함께 배를 타는 경우가 많다. 마을 여성들에 따르면, 1970년대 중반 이후부터 여성들이 배를 타기 시작하였다고 한다. 그들은 "예전에는 여자가 배 타는 것을 금기로 여겼으나 이제 여성들이 배를 타고 고기를 잡는 일은 마을의 전반적인 상황"이라고 한다.

마을 여성들이 어로노동에 참여하게 된 동기로는 첫째, 1970년대 초·중반까지만 해도 선원을 두어 고기잡이를 하는 경우가 일반적이었으나 토지가 없는 가난한 가구들이 이촌(移村)하고, 자녀들이 도시로 진출함에 따라 가용노동력이 부족하게 되었고, 이에 따라 노동력 비용이 상승했다는 것이다. 둘째, 어선의 기계화와 어구의 발달로 어로활동은 육체적인 힘을 절약하게 되었고, 이에 따라 여성들도 어로를 할 수 있게 되었다는 것이다. 셋째, 어획고의 감소로 연안어업이 어려움에 봉착하게 되면서 선원을 고용하는 데 드는 비용을 줄이기 위해 여성들이 직접 배를 타기 시작하였다는 것이다.

배 위에서 여성들은 직접적인 어로노동을 하거나, 혹은 어로작업을 보조하는 노동을 수행한다. 여성들이 하는 보조노동으로는 그물 및 어구 손질, 어획물에 대한 가공과 처리, 유통, 선원들의 뒷바라지 등의 노동 등이 포함될 수 있다. 배 위에서 여성들이 수행하는 역할은 어선 규모, 선원 수, 어구에 따라 다양하게 나타난다. 통발어업을 하는 어가에서 여성은 주로 입감을 준비하여 통발에 끼우고, 이를 바다에 던지는 일, 통발을 손질하고 정리하는 작업을 하고 있다. 이각망 어업을 하는 어가의 여성은 배 위에서 고기를 거두고 그물 놓는(치는) 일을 보조하며, 어망 손질을 하고, 어획물에 대한 유통까지 직접 하고 있다. 소형 어선에서 그물로 고기를 잡는 어가의 여

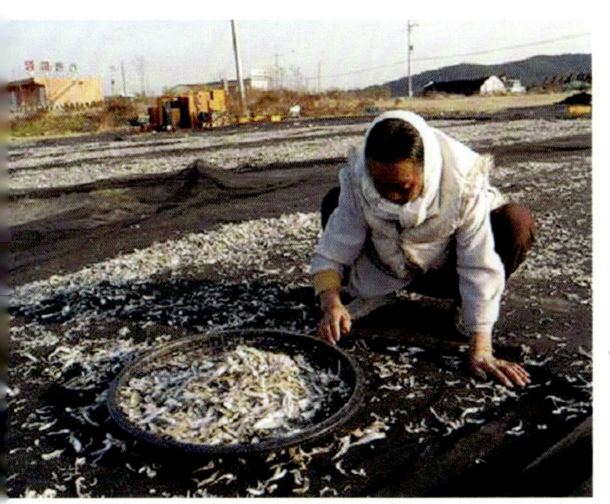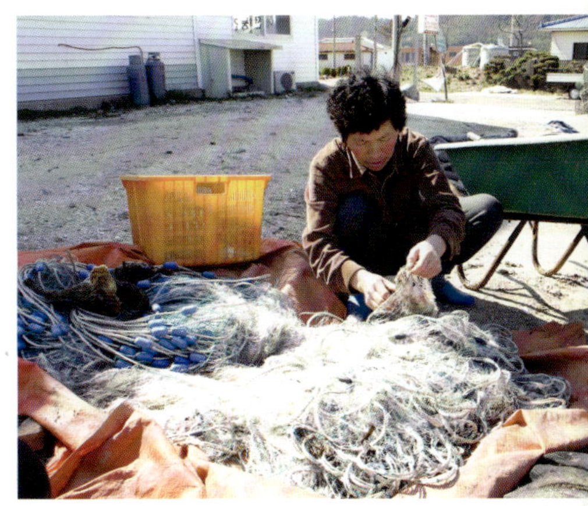

건조된 멸치를 선별하고(왼쪽) 그물을 손질하는(오른쪽) 여성들

성은 그물을 치거나 그물을 뽑는 일을 한다.

선원을 고용하고 있는 가구(총 3가구)에서 선원들은 선주의 집에서 숙식을 하는 현상이 보편적이기 때문에 이들의 뒷바라지는 여성 몫이다. 또 까나리와 멸치, 실치 등의 어종을 포획하는 어가에서 어획물을 삶고 말리고 저장하는 단순 가공작업들은 주로 여성에 의해 수행된다. 또 어가의 여성들은 가구주(선주)가 어획한 해산물들을 인근시장에 나가 직접 유통하는 역할을 수행하기도 한다. 최근 관광객들의 출입이 잦아지고 서해안고속도로의 개통으로 인해 이 마을에는 수족관이 확대되고 있고, 서울—인천 간 직거래가 증가하여 어획물의 유통방식이 다양화되고 있으나, 인근마을의 장(場)에서 어획물을 유통하는 여성들이 일부 있다. 그러나 이 마을에서 여성이 선주로서 어로활동을 하는 사례는 발견되지 않으며, 여성이 선원으로 고용되는 경우 역시 발견되지 않는다.

판로 어획물의 처리방식도 어가에 따라 다양한 모습을 보여준다. 마을 주민들은 대개 대천, 서산, 인천에서 들어오는 상인들에게 잡은 고기들을 판매하지만 횟집이나 '수산'을 운영하는 경우 상인들에게 전량을 팔기보다는 소비자에게 소매하거나 서울, 인천으로 직접 가서 고기를 파는 가구가 늘고 있다. 서해안고속도로의 개통으로 도심지와의 직접 유통이 확대되고 있다. 도심지에 직접 유통하는 것이 마을에 들

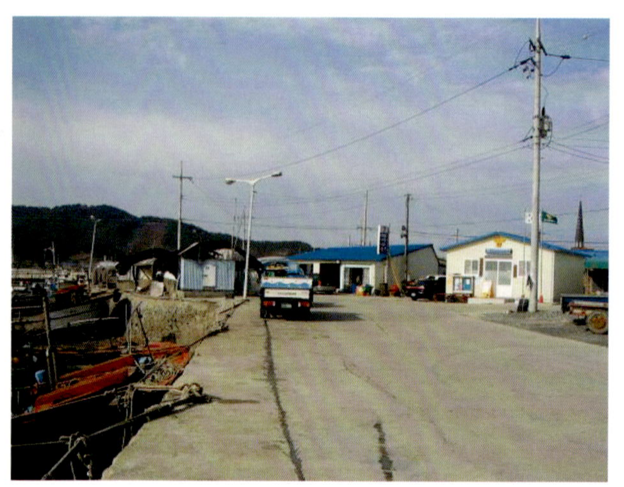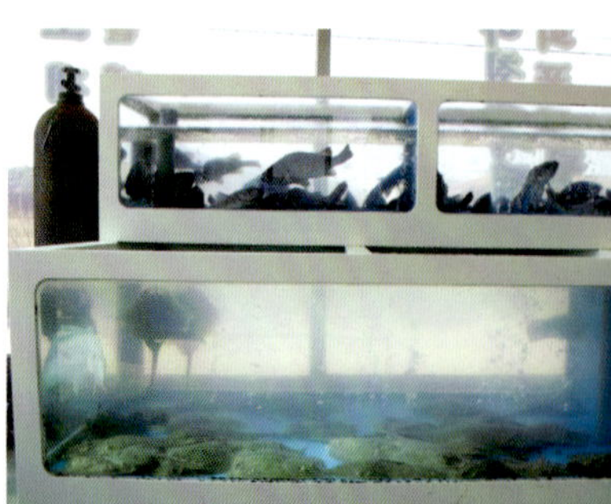

수산물차(왼쪽)
횟집 내의 수족관(오른쪽)

어오는 상인들에게 고기를 파는 것보다 이익이 되기 때문이다.

　한편, 수족관을 운영하거나 고기를 사기 위해 외지에서 들어오는 상인들은 마을의 영세 어부들에게 '전도금'을 주어 고기물량을 확보하고자 한다. 배에 따라 1,000~2,000만 원, 많게는 3,000~4,000만 원의 돈을 어부에게 미리 주어 고기잡이 경비로 쓰게 하고 대신 어부들이 잡은 고기들을 받아가는 것을 일명 '전도'라 하는데 대다수의 선주들이 이러한 전도금을 쓴다고 한다. 전도금은 영세 어가에서 어로활동을 하는 데 필요한 운영비를 제공해주지만, 어획한 고기들을 마음대로 팔 수 없어 소위 '시가(時價)에 따른 이득'을 취하는 것을 어렵게 한다. 그러나 최근 어업이 침체되면서 전도금을 상환하지 못하고 허덕이는 어가가 늘어나 전도금의 거래는 줄고 있다고 한다.

　최근까지 3~5톤의 배를 가지고 부부가 조업하는 어가는 돈을 모을 수 있었다고 한다. 그러나 배 제조에 드는 자본과 비용(유가, 선원임금) 상승, 어종 및 어획고의 감소로 고기잡이 어가들의 어려움은 전체적으로 가중되고 있다.

　어가가 당면한 어려움을 줄여보고자 마을 어촌계는 2005년 '인공어초사업'을 추진 중인데, 이는 고기들이 서식할 수 있도록 수심 30미터 지점에 210헥타르 규모의 집을 설치해주는 것이다. 이 사업이 곤경에 처한 어가보다는 낚시꾼들을 위한 것이라는 주장도 제기되고 있지만 이 마을 사람들은 인공어초사업이 어가의 어획고를 다소나마 향상시켜줄 것으로 기대하고 있다.

고기잡이 어가의 여성들은 소득 감소 때문에 비수기에는 임금노동자로 취업하여 생계를 벌충하고 있다. 여름철에는 횟집이나 민박집에서, 겨울철에는 굴을 까는 임금노동자로 취업하여 가계소득을 보조하고 있다.

채취어업

마을의 갯벌에서 이루어지는 채취어업은 굴과 바지락, 해삼과 전복 등이 주류를 이루고 있고 이는 대개 여성들에 의해 수행되고 있다. 그러나 현재 전복과 해삼의 채취는 공식적으로 금지된 상태이다.

천연굴 채취 마을을 돌아다니다 보면 전역에서 굴 껍질 더미들을 발견할 수 있고, 갯벌의 크고 작은 바위들 틈에는 검은색 굴들이 다닥다닥 붙어 있는 모습을 볼 수 있다. 예전부터 이 마을의 여성들에게 바위굴을 채취하는 일은 매우 중요한 일상이었다. 이 마을에는 지금까지 '부지런하기만 하면 밥을 먹는다' 라는 말이 있을 정도로 갯벌에 가면 채취할 수 있는 것들(굴, 조개 등)이 무궁무진하였다. 봄과 여름에 채취한 굴은 소금에 재워 굴젓을 담아 팔고, 가을·겨울에 채취한 굴은 생굴로 팔았다. 남편과 일찍 사별하고 30여 년을 여성 가장으로 살아왔던 권○○ 씨는 "평생 굴 까서 먹고살고, 아이들 다 가르치고, 시집장가 보냈다"고 회고한다.

1980년대 후반 무렵 대다수의 마을 주민들이 굴 양식을 하게 되면서 이제 천연굴 채취는 굴 양식지가 없거나 양식장을 적게 소유하고 있는 주민들에 의해 이루어지고 있다. 천연굴을 채취하는 주민들이 일부 있으나 여건상 적은 규모의 굴 어장을 소유하였거나 타지에서 이 마을로 전입한 지 오래되지 않은 외지인들에 의해 주로 이루어지고 있다. 천연굴 채취는 하루 종일 작업해야 기껏 3킬로그램 정도 채취할 수 있다. 최근 바다오염으로 바위에 붙은 굴의 양이 점차 줄어들고 있고, 채취 작업이 바닷가에서 이루어져야 하므로 일기, 조수간만의 제약을 받을 수밖에 없기 때문이다. 뿐만 아니라, 천연굴은 양식 굴에 비해 크기가 작아 무게로 달게 되면 소득이 덜된다.

전복, 석화, 바지락 채취   과거에는 주민들이 갯벌에서 전복을 채취했으나 현재는 어촌계에서 전복의 종패를 구입해서 산포하고 이를 공동으로 채취하여 수익금을 공동으로 분배하고 있다. 마을 어촌계는 전복 양식장 100헥타르를 관리하고 있는데, 매년 1월에 전복 양식과 관련한 사업을 결정하여 어촌계원인 98가구에게 수익금을 배분하고 있다.[6]

어촌계는 해녀들과 공동으로 전복과 관련한 사업을 추진해왔고 수익금을 이들과 반반씩 배분한다. 2003년에는 제주도 해녀들과 공동사업을 하였고, 2004년에는 모항리 해녀들과 공동사업을 하고 있다. 해녀들은 1년 1회씩 1,500~2,000만 원 수준의 전복 종패를 뿌리고, 이를 1년 동안 키워 전복이 9×10제곱센티미터 정도의 크기로 자라나면 전복을 따기 시작한다. 2004년에는 전복 1킬로그램에 10만 원에 판매되었다. 2005년 초 어촌계는 수익금으로 2억 3,000만 원을 벌었고, 어촌계의 일부 경비를 제외한 나머지 수익금을 어촌계원들에게 공평하게 배분하였다.

또한, 어촌계에서는 석화 양식장 15헥타르를 관리하고 있다. 이 석화 양식장은 일정 구역의 경계를 정해놓고 평소에는 그 안에서 채취하는 것을 일체 금지함으로써 자연적으로 굴이 자라도록 한 후, 굴의 수요가 늘어나는 가을과 겨울 사이 지정된 기간 동안 채취를 허용한다. 허채 기간에는 1가구당 1인으로 채취인원을 제한하며 마을어촌계는 채취자에게 일정한 수준의 수수료를 뗀다(15만 원 정도). 2003년에는 추석을 전후하여 2~3일간 어촌계원 30~50여 명이 나와서 굴을 채취하였는데, 주로 굴 양식어장이 적거나 없는 할머니와 여성 가장이 주로 참여하였다. 그러나 2005년에는 석화 양식장 모두를 개인에게 임대했다. 따라서 이제 주민들의 석화채취는 중단된 상태이다.

5월 중순~10월 말까지는 마을의 공동어장에서 바지락을 채취한다. 그러나 2000년부터 바지락의 양이 급격히 줄어들어 마을 어촌계는 이 기간 동안 1가구 1인이 나와 바지락을 채취할 수 있도록 했는데, 개인별로 채취한 전량의 5퍼센트를 수수료로 떼고(2000~2003년까지) 나머지는 채취자가 갖도록 하고 있다. 2000년 이래 채취되는 바지락 양이 감소하였고 가격도 굴보다 싸기 때문에 바지락 채취는 이 마을의 가구경제에 큰 역할을 하지는 못한다.

굴 양식

현재 의항마을에서 가장 중요한 가구소득원 중의 하나는 굴 양식업이다. 굴 양식이 자연조건의 영향에서 완전히 자유로운 것은 아니나 일정한 자본투자를 필요로하며 지속적인 노동과 안정적인 소득을 보장해준다는 점에서 이 마을에서 가장 중요한 생산활동 중 하나이다. 1980년대 초 마을에 굴 양식 기술이 도입되어 일부 주민들에 의해 이루어지다가 1980년대 후반경에는 대다수의 마을 주민들(95퍼센트)이 굴 양식을 하고 있다. 1980년대 초기에는 투석식, 송하식의 방법으로 양식을 하다가 1980년대 후반부터는 지주식과 부유식으로 양식을 하고 있다. 투석식은 갯벌에 돌을 집어넣어 직접 돌에 붙은 굴을 채취하는 방식이다. 송하식은 소나무, 참나무 나뭇가

지주식(사진 아래)과 부유식(중간)의 굴 어장

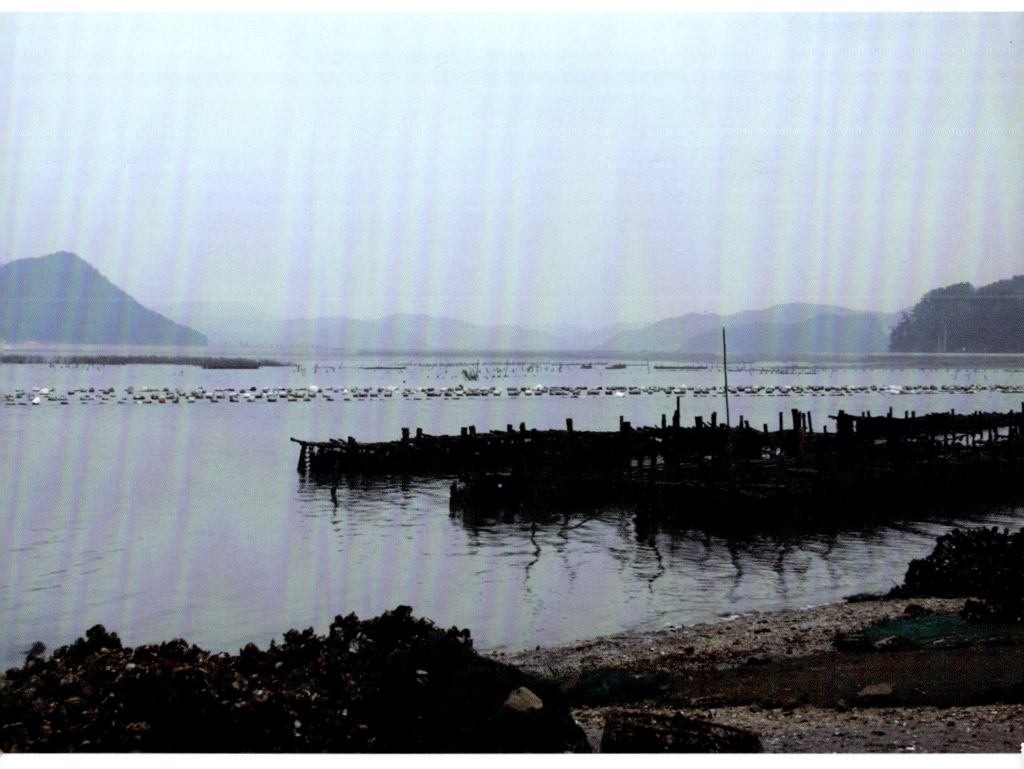

지를 갯벌에 꽂아 굴 양식을 하는 방법이다. 이는 조류의 흐름을 느리게 하고 토사를 쌓이게 해 오래 지속되지는 않았다. 반면 지주식은 어장에 지주목을 박아 줄을 늘어뜨리고 패각에 포자를 붙여 양식을 하는 방법이며, 부유식은 스티로폼을 부표로 이용한다. 투석식으로 양식을 하던 시기에는 어촌계에서 공동시설을 하고 공동관리를 하였으나 지주식과 부유식으로 양식이 전환되면서 어촌계의 규제가 사라지고 시설과 보수, 채취가 모두 개인별로 이루어지고 있다.

굴 양식어장의 허가면적은 총 70헥타르 규모에 이르고 있다. 마을어촌계에서는 어장을 1가구당 1인 기준으로, 가구의 수요에 따라 배분했기 때문에 여건만 허락하면 마음껏 많은 어장을 소유할 수 있었다. 그러나 지주식, 부유식으로 굴 양식을 하기 위해서는 무엇보다 어장의 설비를 위한 일정한 자본과 노동력이 필요하다. 가구별 어장의 규모를 살펴보면, 많게는 500칸(3가구), 적게는 50칸 미만(10가구), 대다수의 가구는 100~200여 칸 규모를 소유하고 있어 가구별 어장 규모 차이가 그리 크지는 않다. 어장의 규모는 자본, 가족 수와 연령(노동력), 가구주의 주업 등에 따라서 차이를 보인다. 가령, 고기잡이를 하는 가구에서는 여분의 인력이 부족하므로 비교적 적게, 농업이 주업인 가구에서는 비교적 어장을 크게 소유하는 경향이 있다. 어장은 엄격한 의미에서 개인의 배타적 소유가 아니기 때문에 거래되는 것 자체가 불법이지만 어장설비에 소요된 비용 및 규모 등을 고려하여 주민들 사이에서 판매되기도 한다. 그러나 어촌계는 외지인에 대해서는 어장의 거래를 금하고 있다.

굴의 생산과정　굴 양식은 일반적으로 1년~1년 6개월의 생산주기를 가진다. 대개 8~9월 초에 바다에서 포자를 붙여, 이듬해 4월 말~7월에 바다에 이를 넣어 굴을 키운 뒤, 같은 해 9월 말~10월 초에 굴을 수확하게 된다.

굴 생산과정은 작업순서에 따라 1) 채묘준비작업, 2) 채묘 및 단련·억제작업, 3) 수하작업(굴 걸기작업), 4) 수확작업, 5) 판매작업으로 구분할 수 있다.

첫째, 채묘준비작업은 굴을 키울 공각(굴 및 홍합 껍데기)을 준비하는 작업으로, 굴을 까낸(박신) 후 재활용할 수 있는 공각을 골라 다듬고, 일부의 공각(홍합 및 굴 껍데기)을 구매하여 이에 구멍을 뚫고 일정한 길이로 줄을 연결하는 작업이다. 이러한 작업은 굴 까는 작업이 끝나는 3월 이후에 주로 이루어진다.

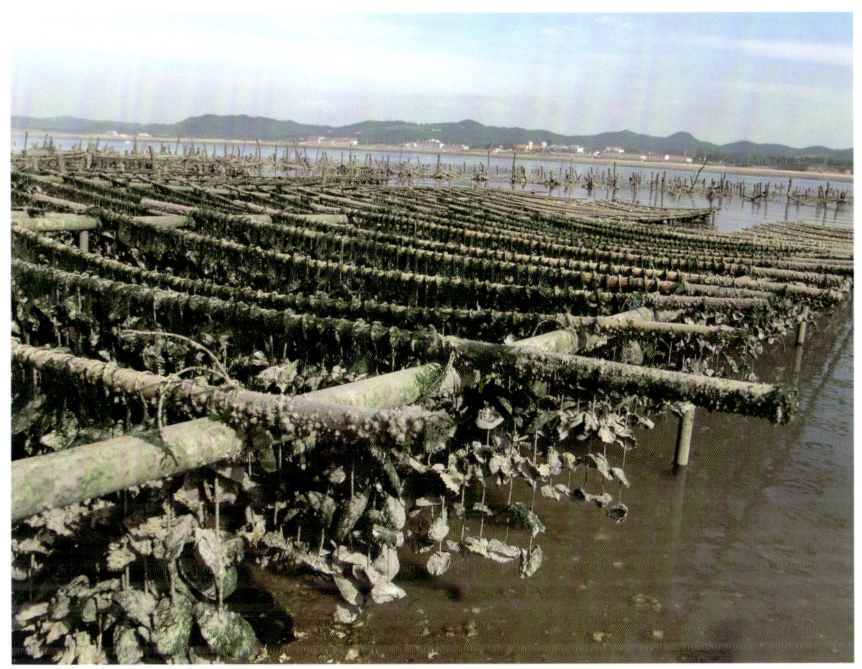

포자가 붙은 굴줄

둘째, 채묘 및 단련·억제작업은 미리 준비해놓은 공각에 포자를 붙여, 이를 포자 틀에 걸어 포자가 양호한 상태로 살아 있도록 하는 작업이다. 포자 틀은 일반적으로 적당한 간석지에 나무나 파이프 등으로 만들어 포자를 붙인 굴줄들을 걸어놓는 일종의 단련대로, 만조 시에 바닷물이 드나드는 지점에 설치되는데, 만조 시에 바닷물에 잠김으로써 포자의 동사를 예방하고, 간조 시에는 햇빛에 적당하게 노출되게 하기 위함이다. 이러한 작업은 9월부터 다음 해 4월까지 이루어진다.

셋째, 수하작업은 어장에 굴을 거는 작업 과정으로, 포자 틀에서 일정기간 동안 단련 억제된 굴을 어장에 옮기는 작업이다. 이 작업은 12월부터 시작하여 이듬해 4월에 걸쳐 이루어지는데, 물이 많이 빠지는 사리 때를 이용하여 주로 작업이 이루어진다. 수하작업을 하기 위해서는 먼저 어장의 설비 혹은 재설비가 필요하다. 일정한 간격으로 쇠파이프를 박고 그 사이에 여러 개의 지주목을 박은 후 줄로 연결하여 어장을 설비한다. 설비가 끝난 어장에 포자 틀에서 떼내어온 굴을 거는 작업이 진행된다. 어장의 설비에 필요한 쇠파이프와 지주목은 일정한 시간이 지나면 보수해야 하며 매년 수하작업을 할 때마다 간단한 재설비가 요구된다.

넷째, 수확작업은 어장에서 1~2년 정도 키운 굴을 수확하여 상품화하는 작업으로, 굴 수확작업과 박신작업으로 다시 구분할 수 있다. 수확작업은 대개 음력 8월부터 이듬해 3월 사이에 지속적으로 이루어지며 물이 많이 빠지는 '사리' 때를 이용하여 이루어진다. 대규모 어장을 소유하고 있는 주민은 한 사리에 3~4회씩 수확을 하기도 한다. 지역에 따라 굴 수확작업은 기계화가 된 곳도 있는 것으로 보고되고 있으나 이 마을에서는 거의 손작업으로 굴 수확을 하고 있다. 어장에서 일정하게 자란 굴을 '낫' 으로 베어, '배' 와 '경운기' 로 실어온다.

수확한 굴을 '조새(굴을 까는 기구)' 를 이용하여 까는, 박신작업은 굴을 수확하는 기간 내내 이루어진다. 이 작업은 집에서도 이루어지지만 대개는 굴막[7]에서 이루어지며, 많은 가구들이 어둡기 전까지, 혹은 굴막에 전기를 연결하여 새벽과 늦은 밤까지 작업을 하기도 한다. 굴막에서 박신작업이 이루어지기 때문에 마을 여성들은 추위나 일기에 큰 영향을 받지 않고 지속적으로 많은 굴을 깔 수 있게 되었다.[8] 가구별 일일 굴 채취량은 대개 하루 5~25킬로그램 정도 수준이나 일일 70~80킬로그램을 채취하는 가구도 2~3가구 있다.

다섯째, 판매작업은 굴을 까는 기간 동안 매일, 그리고 개별적으로 이루어진다. 주민들은 굴을 사러 마을에 들어오는 상인들에게 박신한 굴을 판매하기도 하지만, 외부에서 들어오는 낚시꾼, 관광객들에게 굴을 파는 경우도 많다. 특히, 주말에는 이들에 대한 판매가 많은 편이다. 또, 태안장에 직접 나가 굴을 파는 사람들도 있다.

마을에 드나드는 상인들에게 굴을 판매하는 것보다는 관광객이나 외지인에게 소매할 경우 가격을 더 받을 수 있다. 굴은 시기에 따라 가격의 등락이 있지만, 2004년 외지인들에게는 1킬로그램당 7,000원, 마을에 출입하는 단골 상인들에게는 5,000~5,500원에 판매되었다. 어떤 가구에서는 아예 고객들을 대상으로 주문배달을 하기도 하는데, 고객의 주문일정에 맞추어 깐 굴을 세척하고 포장하여 택배로 배달한다. 고객층은 서울 등 전국 각지에 퍼져 있다.

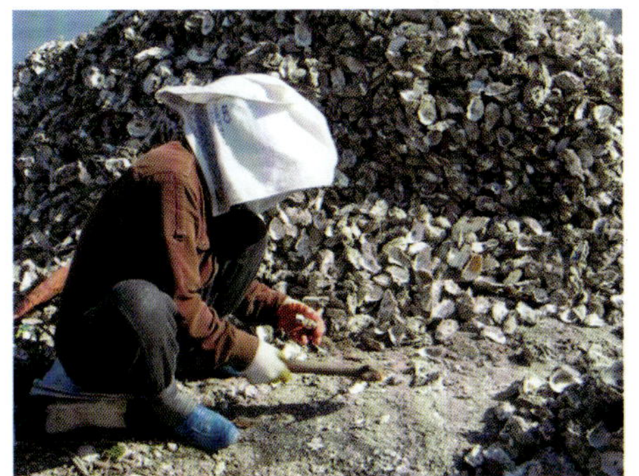

공각 준비작업

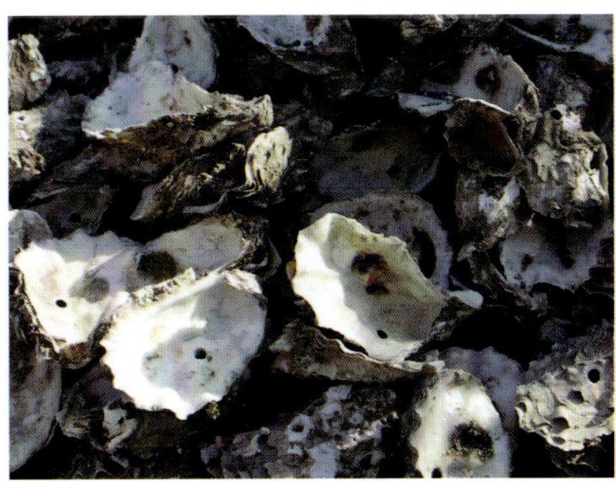

구멍 뚫린 공각

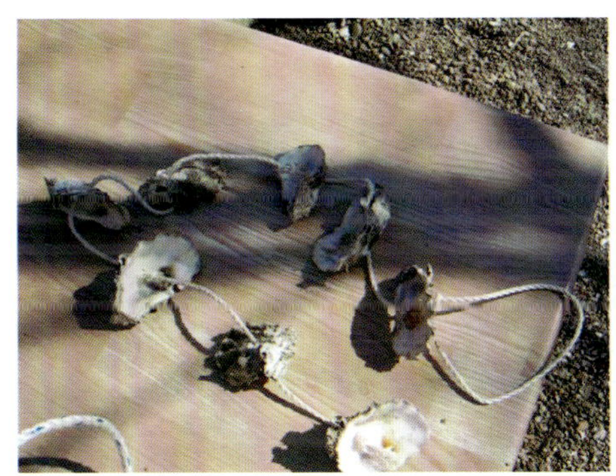

줄로 연결된 공각

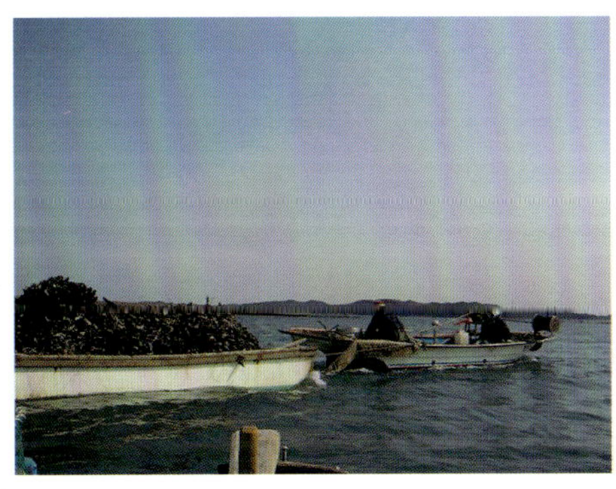

수하작업을 위해 어장으로 이동

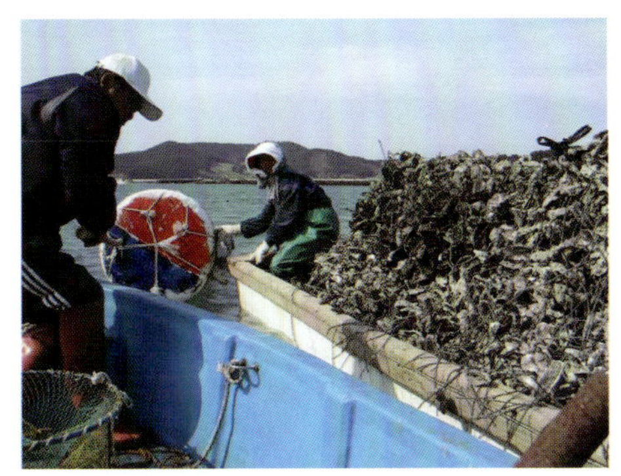

어장에 걸기 전의 굴

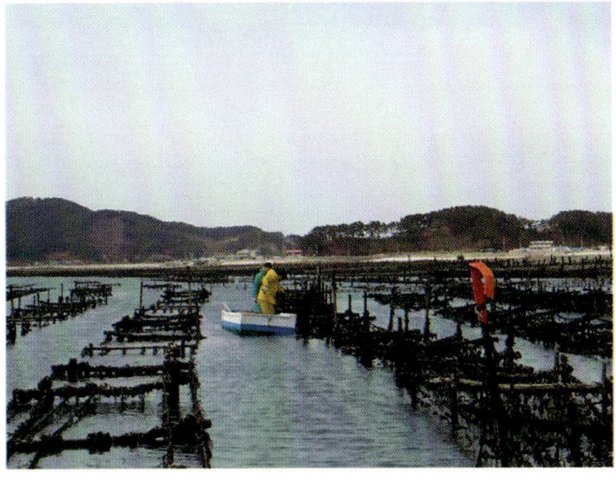

수확작업

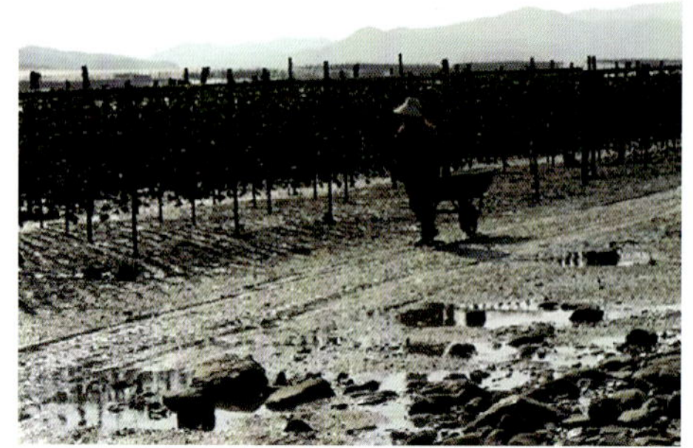

수레와 경운기를 이용하여 굴을 나르는 모습

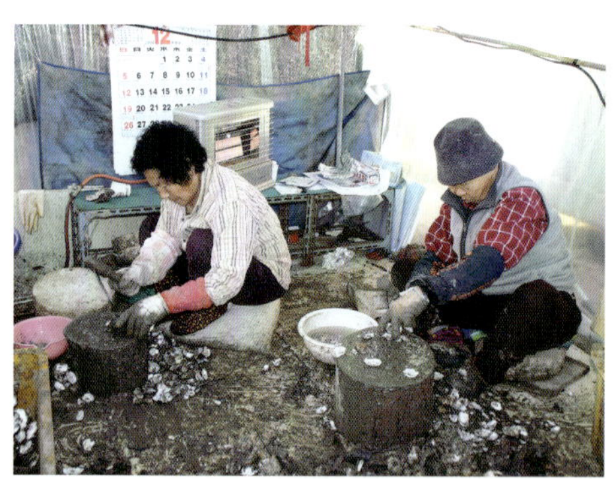

굴 박신작업(왼쪽)과 굴막(오른쪽)

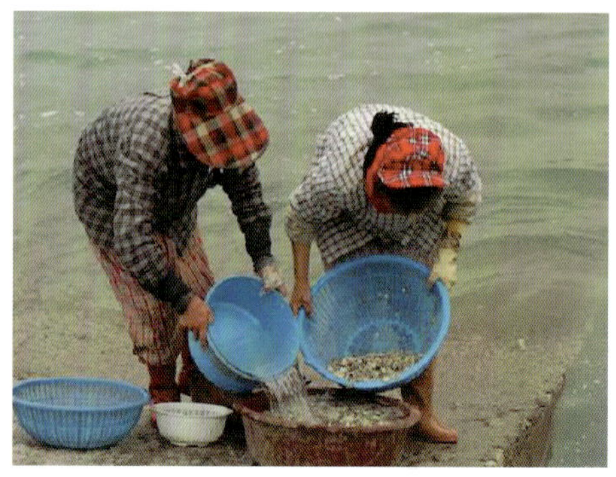

박신한 굴의 세척작업

　　노동력　굴 양식 노동이 수행되는 과정을 살펴보면, 전체 노동과정은 대체로 육상 노동과 해상노동의 분화, 그리고 남성노동과 여성노동이 분화되어 있다. 어장의 설비, 수하작업 및 수확 등 해상에서 이루어지는 노동은 주로 남성이 담당하고 있고, 공각 준비, 박신 및 판매작업 등 육상에서 이루어지는 노동은 주로 여성들이 담당하고 있다. 이 마을에서는 굴을 수하하거나 수확하는 작업이 기계화되지 않아, 남성들은 경운기와 0.5톤 미만의 무동력선을 가지고 노를 저어 바다로 가서, 직접 굴을 걸고 수확하는 노동을 수행하고 있다. 굴을 걸어주는 인부들이 있으나 매우 제한적으로 활용되고 있고 대개는 가족들이 이 일들을 수행한다. 일부 젊은 여성들은 남성들이 주로 하고 있는 수하 및 수확작업을 도와 경운기를 운전하고 굴을 실어 나르는 노동을 수행하는 경우도 종종 있으나 배를 필요로 하는(뗏마는 노를 저어야 함) 노동들은 거의 남성들이 담당한다.

　　따라서 채취업과는 달리 지주식 및 부유식의 굴 양식은 남성노동력의 도움 없이 여성이 홀로 하기는 매우 어렵다. 남성 가구주가 없는 가구의 여성은 해상노동 시 인부(주로 남성)들을 동원하거나, 마을 내 친척이나 타지에 거주하는 자녀(아들이나 사위)의 도움을 받는다. 이들은 어장의 규모를 줄이거나 어장을 방치해두고 천연굴을 따기도 한다.

　　반면 공각 준비, 박신, 판매작업은 주로 여성들 중심으로 이루어지고 있다. 박신작업은 조새를 이용하여 하나씩 섬세한 작업이 이루어져야 하기 때문에 바다에서 이루어지는 노동에 비해 많은 시간을 요구하며 노동집약적이다. 공각 준비도 여성들에 의해 주로 이루어진다. 공각을 다듬고, 드릴로 구멍을 뚫어 줄을 연결하는 작업 역시 단순하고 많은 노동투입을 요한다. 이러한 작업에 젊은 여성들은 물론 70~80세의 여성노인들까지 참여하고 있다.

　　박신작업도 주로 여성들이 수행한다. 또한 여성인부들이 동원되기도 하는데, 이들은 적은 규모의 어장을 소유하고 있는 가구의 여성들로 전문적인 임노동자라기보다는 대개 인근 마을 및 마을 내의 친척이나 친분 있는 사람들이다. 이들은 그들이 작업한 전체량의 1/3 정도를 임금으로 받는다. 그러나 이 마을에서는 대규모로 굴 어장을 소유하고 있는 가구가 많지 않기 때문에 임금노동자를 고용하는 가구는 많지 않다. 임노동자를 고용하여 굴을 까는 가구는 5~6가구에 불과하다.[9] 어떤 가구에서는 박신작업에 남성들이 참여하는 경우가 있다. 부부가 함께 혹은 모자가 함께 작업을 하기도 한다. 상대적으로 굴 값이 좋은 추석 때, 김장철에는 박신작업이 더욱 분주하게 이루어지는데 이때 남성의 참여가 활발한 편이

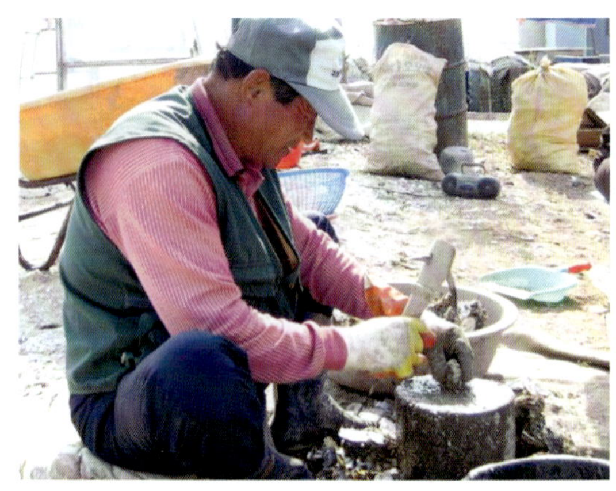

박신작업을 하는 남성

다. 이 시기는 굴의 수요가 많기도 하지만 가격이 가장 좋은 시기로 가능한 많은 굴을 판매하는 것이 가구소득을 극대화할 수 있기 때문에 가용한 가족노동력이 총동원되는 것이다.

깐 굴의 판매도 거의 여성에 의해 이루어지는데 이는 굴막에서 주로 판매가 이루어지는 것과 관련이 있다. 고객주문에 따라 박신한 굴을 세척하여 박스에 포장하는 일도 여성들이 한다.

농업생산과 노동

간척 이전

브란트에 따르면 1960년대 중반까지 이 마을은 항상적인 식량부족상태였고 마을 사람들은 이러한 부족분을 소비를 줄이거나 어획물을 판매하고 빚을 얻고 하는 다양한 형태의 구제[10] 등을 통해 보충하였다고 한다. 이 마을의 토지점유 규모, 농업생산성, 그리고 생활수준은 전국 및 지방(도) 평균과 비교할 때 모두 낮았다고 기술하고 있다. 또한 마을에 대지주가 거의 없고 불충분한 토지를 가진 사람들의 대안적 생

계수단으로 어로가 있기 때문에 마을 내 빈부의 차이가 그리 심하지 않았던 것으로 기술하고 있다.(브란트, 1971년)

이 시기에 벼농사는 이 마을에서 가장 중요한 위치를 차지하는 생계수단이었는데, 그 당시 논농사를 하는 가구가 많지 않았으며, 논농사를 한다 하더라도 경작 규모(1~2마지기)가 작고 가족 수가 많았기 때문에 주로 남성들이 논농사를 담당하였고, 여성들은 가사노동을 수행하면서 갯벌에서 굴과 바지락을 채취하여 생계를 보조하였다. 이 밖에 자급을 위한 수준의 밭농사를 담당하였던 것 같다. 이 시기 밭에서는 주로 춘궁기에 먹을 식량으로 겨울철에는 보리를 심었고 이를 수확한 이후에는 마늘, 콩, 깨, 고추 등을 재배하였다.

간척 이후의 농업

의항 2리의 '큰말' 과 '건넌말(월촌)' 을 잇는 제방공사는 1965년 난민정착사업의 일환으로 시삭되어 1974년에야 완성되었다. 제방 축조를 총괄한 마을 책임자가 여러 차례 바뀌고, 쌓아놓은 둑이 부실공사로 터지면서 제방이 완성되기까지는 매우 긴 시간이 소요되었다. 제방을 쌓는 작업은 마을 사람들의 공동작업으로 이루어졌다. 농지가 적어 만성적인 식량부족에 시달리고 고용기회가 적었던 이 마을에서 제방을 쌓는 노동은 마을 사람들에게는 큰 유인이 되었다. 노임으로 밀가루나 보리쌀이 제공되었기 때문이다. 따라서 이 노동에 남성뿐 아니라 여성들과 어린이, 노인들까지 참여하였고, 이 일을 하기 위해 다른 마을에서 이주해온 가구가 있을 정도였다.

제방을 쌓은 후 생겨난 간척지는 우선적으로 영세민 약 20명에게 100평씩 불하되었다고 한다. 영세민에 해당되지 않았던 주민들은 자신의 경제력에 따라 간척지를 구매하였는데, 그 당시 1배미(595평)를 구매하는 데 기백 원 정도의 저렴한 비용이 들었다고 한다. 주민들은 재력에 따라 적게는 1배미, 많게는 4~5배미의 땅을 구매했다.

이렇게 마을 공동으로 이용하던 어장의 일부가 간척지로 되면서 마을 사람들 대다수는 기존의 공동어업과 농업을 병행할 수 있게 되었다. 마을 주민들은 1970년대 중반까지 식량을 구입하였으나 1970년대 중반 이후에 이르러서는 쌀을 자급자족하게 되었고 1990년대 중반부터 최근까지 약 10여 년 동안 간척지의 염해가 줄어들고 쌀 소출이 급격히 증가하면서 이제는 쌀을 파는 마을이 되었다. 그러나 이 마을의 간척지는 아직 경지정리가 되지 않아 경작을 하는 데 매우 불편을 겪는다. 더욱이 저수지의 물이 부족하여 다른 마을과 비교하면 아직도 쌀 소출이 좋은 편은 아니다.

1980년대 중반 이후부터 이 마을에도 농업의 기계화가 시작되었다. 기계화에 따라 기존의 노동력 배분에도 변화가 나타나게 되었다. 논농사에 기계를 활용함에 따라 그동안 벼농사에 필요했던 품앗이 조직과 농업노동력의 동원이 불필요하게 되었고[11] 대신 농기계를 소유한 농가에 대한 의존이 높아지게 되었다. 경지 규모가 영세한 농가들은 이제 농기계를 소유한 가구에게 작업과정의 일부를 위탁하고 부분적인 노동만을 직접 수행한다. 예컨대, 논 갈고, 모 심고, 수확하는 과정을 기계에 의존함으로써 대부분의 농가에서는 제초와 방제 작업, 비료와 물 관리 작업만을 하고 있다. 위탁경작에 의존하는 정도는 가구에 따라 다양하나 현재 95개 가구가 일부의 경작과정을 위탁하고 있고, 농기계를 소유하여 위탁경작을 하는 가구는 마을 내에 3가구가 있다. 이들은 마을에서 비교적 대규모 영농을 하는 계층에 속하지만 위탁경작을 전문으로 하는 사람들은 농업을 전업으로 하고 있는 이웃마을(망산)에 많다.

마을의 농기계 보유현황을 살펴보면 트랙터는 3가구, 콤바인은 2가구가 소유하고

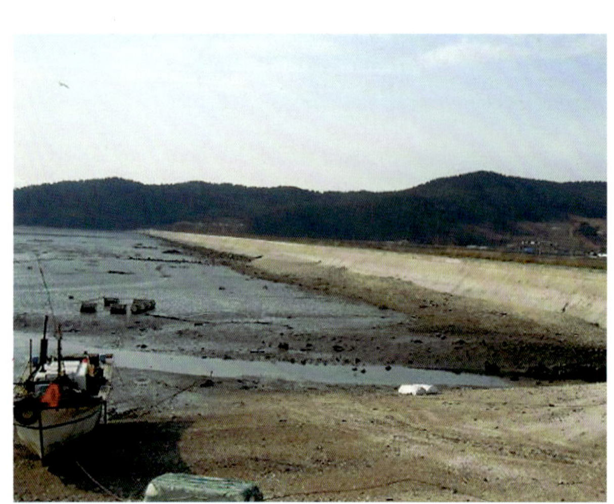

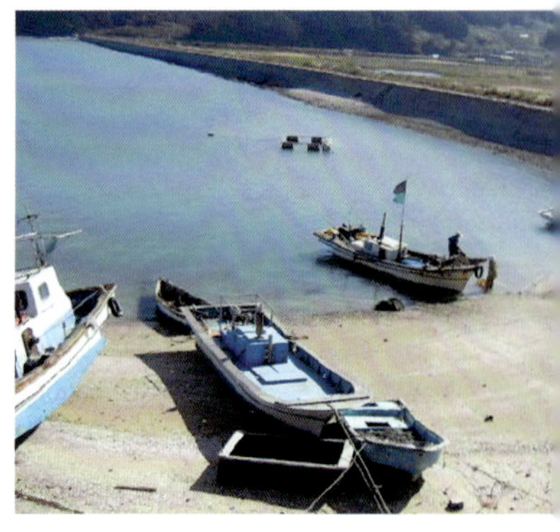

큰말과 건넌말 사이의 제방 물이 빠진 상태(왼쪽)와 물이 들어온 상태(아래)

있으며 이앙기는 30가구에서 소유하고 있다. 트랙터나 콤바인을 소유하고 있는 가구가 다른 농촌마을에 비해 매우 적은 편이나 이앙기는 비교적 많은 가구에서 소유하고 있다. 이는 이 마을에서 이앙기를 이용하는 '모심기 작업'이 위탁으로 이루어지기보다는 농가에서 직접 수행하는 경우가 많음을 말해준다.

마을의 전체 경지면적은 80헥타르에 이르고 있으나 휴경지가 50헥타르 정도나 되

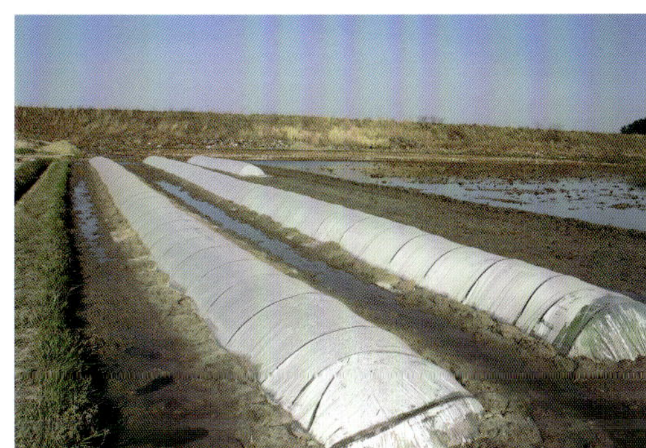

제방 안쪽의 간척지들

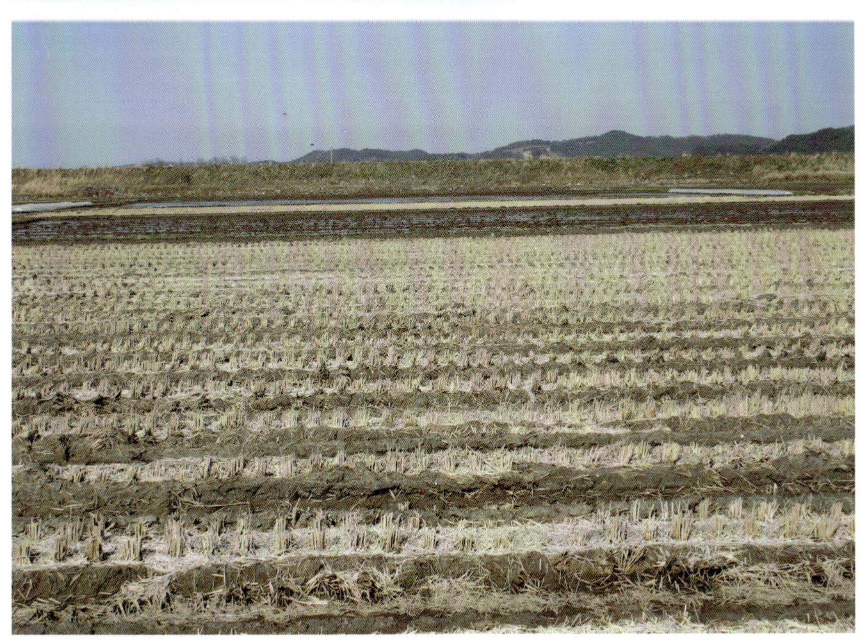

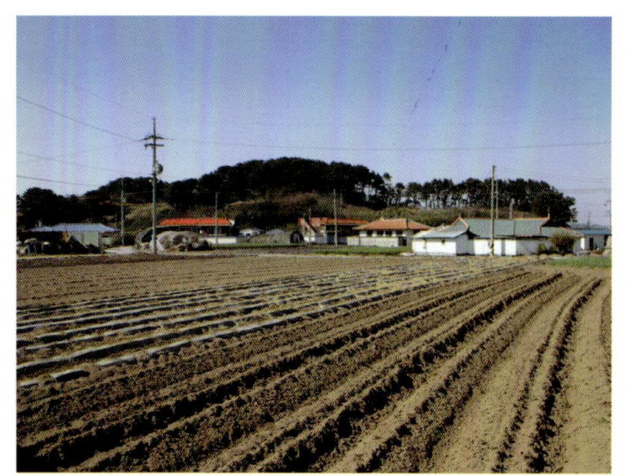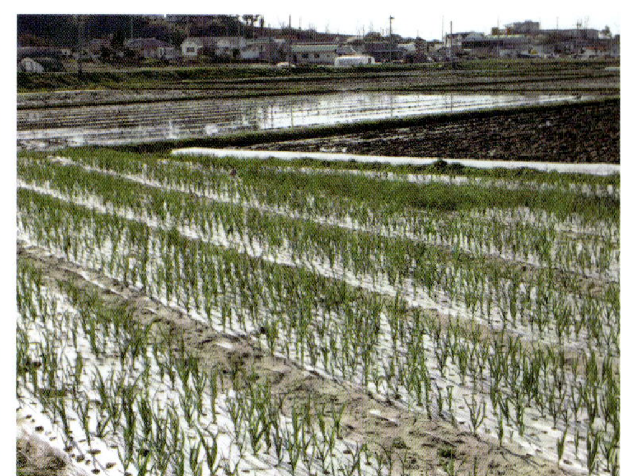

마을의 밭과 작물

어 사실상의 경지면적은 30헥타르 수준에 불과하다. 그러나 '망산(의항 3리)' 간척지에서 경작을 하는 마을 주민들이 일부 있기 때문에 실제 경작 규모는 이를 상회한다. 가구별 경작 규모를 살펴보면, 최저 규모가 400평 수준이고 최대 규모가 2만 4,000평 수준이다. 경작지에서는 미작 중심의 농업이 여전히 주를 이루고 있고, 자가소비를 위한 밭작물 재배도 소규모로 이루어지고 있다. 밭작물로는 깨, 고추, 마늘, 파, 콩 등이 주로 생산되며, 시설(하우스)을 이용하여 특수작물을 재배하는 농가는 전혀 없다. 밭작물의 소출량 역시 일정하지 않으며 주로 자가소비 혹은 도시에 거주하는 가족들의 소비를 충족하는 수준에서 경작이 이루어지고 있다.

한편, 농기계를 소유한 가구의 젊은 여성들은 트랙터와 경운기를 운전할 수 있는 능력을 갖추고 남성과 함께 일을 한다. 농업에 기계화가 이루어지고 농기계를 소유한 가구의 위탁경작 추세로 미작농업에서 남성노동력은 더 이상 중심이 아니며, 소농가에서는 더욱 그러하다. 농업의 기계화에 따라 농사에 필요한 육체적 노동량이 감소하고, 농업소득이 주 소득원으로서의 위치를 상실함에 따라 벼농사는 이제 우선적인 생계수단으로써 그 위치를 잃어가고 있다.

최근 어촌의 경제는 대체적으로 농업 의존도가 감소하며 어업 의존도가 증가하는 방향으로 변동하고 있다. 이 마을에서도 어선어업이나 굴 양식을 통한 소득이 농업소득을 상회하고 있다. 그러나 2~3년 전부터 관광객들의 출입이 잦아지면서 논, 밭,

집 등이 주로 외지인들에게 거래되고, 마을 내의 간척지에서 외지인이 소유하는 비율이 증가하였다. 이에 따라 마을의 지가는 상당한 정도로 상승하였다. 논보다는 해변에 위치해 있는 밭의 지가 상승폭이 크다.[12)]

관광어촌과 생산활동의 변화

이 마을에는 이름난 낚시터(안흥)와 백사장으로 유명한 만리포, 천리포, 백리포 해수욕장 등 아름다운 경관의 관광자원들이 인접하여 있다. 2002년 충청남도에서 주최한 안면도꽃박람회 이후 이 마을은 외부에 알려지기 시작하였다. 최근 서해안고속도로의 개통으로 이 마을을 출입하는 관광객들은 더욱 늘고 있다. 특히, 주말과 여름철에는 관광객들의 인파로 마을이 북적이고 있다. 이에 따라 마을의 생산활동에도 서서히 변화가 나타나고 있다. 민박, 횟집과 식당, 낚싯배 조업 등 관광객을 대상으로 하는 상업이 증가하고 있고, 많지는 않지만 인근마을과 마을의 식당에서 임금노동을 하는 젊은 여성들이 늘고 있다.

현재 마을의 민박업(펜션 포함)은 14가구, 횟집은 10가구, 낚싯배 허가권(8호)을 얻어 조업 중인 가구는 6가구이다.(〈표 3〉 참조) 특히, 숙박업과 횟집은 최근 들어 급격히 증가하고 있다. 또한 어선을 소유한 어가에서는 여름, 가을에 고기잡이 외에

표 3. 낚시어선 현황

선명	어선 규모	최다 승선 인원
금강호	5.87	14
일승호	6.67	16
한일호	3.12	9
웅비호	4.99	12
형제호	4.26	11
반석호	7.93	12
용진호	4.90	12
시연호	6.01	12

낚싯배를 동시에 하고자 하며, 마을 주민들 중 일부는 돈을 벌어 횟집을 차리거나 펜션을 짓고 싶어한다. 그러나 마을 주민들의 이러한 염원이 쉽사리 이루어질 수 있는 것은 아니다. 왜냐하면 우선 해변의 지가(地價)가 급격히 상승하여 땅을 매입하기가 어렵게 되었고, 자본을 들여 펜션(민박)을 지어도 여름철 한철 장사라 투자가치를 극대화하기 어렵기 때문이다.

관광객들을 대상으로 하는 경제활동들은 대개 여름철에만 한시적으로 이루어지고 있어 안정적이고 전문화된 생계활동이라기보다는 일부 가구의 계절적인 부업의 성격을 갖는다. 상시적으로 횟집(식당)을 운영하고 있는 가구는 3가구에 불과하며 이들 역시 극심한 계절성을 경험한다. 나머지는 여름철이 지나면 아예 민박이나 식당, 상가의 문을 닫고 다른 곳으로 이동하거나 다른 생산활동에 종사한다.

마을에서 상대적으로 돈을 모은 일부 가구(3~4가구)가 최근 민박과 동시에 횟집을 운영하고 있다. 이들은 어선어업을 하면서 동시에 낚싯배를 하고, 낚시꾼들을 대상으로 민박과 식당(횟집)을 운영하고 있다. 여기에 농사와 굴 양식업까지 겸하고 있다. 반면 2003~2004년에는 외지인이 들어와 펜션을 지었는데 이들은 대개 상시적으로 영업을 하고 있으며 다른 생산활동에는 종사하지 않는다.

한편, 마을 주민들이 낚싯배를 시작한 시기는 3~4년 정도 되었다. 낚싯배 조업으로 얻는 일일 소득은 일일 어로활동을 하는 소득과 비슷하거나 이를 약간 상회하는 수준이다.[13] 낚싯배가 고기잡이에 비해 육체적인 수고가 덜 들기 때문에 어선어업 종사자들은 이를 선호하는 경향이 있다. 낚싯배 조업은 5월 20일부터 10월 30일 사이에 주로 이루어진다. 여름부터 가을까지 총 20~30회 정도 조업을 하며 11월에 접어들면 조업하지 않는다. 이들은 낚시꾼들을 배에 태우고 가서 낚시를 하게 해주는 역할을 한다. 이 밖에 낚시로 건져 올린 고기로 고객들에게 회를 떠주고 매운탕을 끓여 점심을 제공한다. 그러나 만취한 낚시꾼들의 관리가 조업하는 데 가장 큰 어려움이라고 한다. 이처럼 낚싯배도 한시적으로 이루어지는 어가의 부업거리인 셈이다.

이렇게 새롭게 나타나는 경제활동들 역시 공동어장에서 수행되는 어업이나 농업과 마찬가지로 가족노동력을 중심으로 이루어지고 있다. 이 마을의 식당 중 여름철 동안 젊은 여성을 임노동으로 고용하여 노동력을 조달하는 경우가 일부 있으나 대

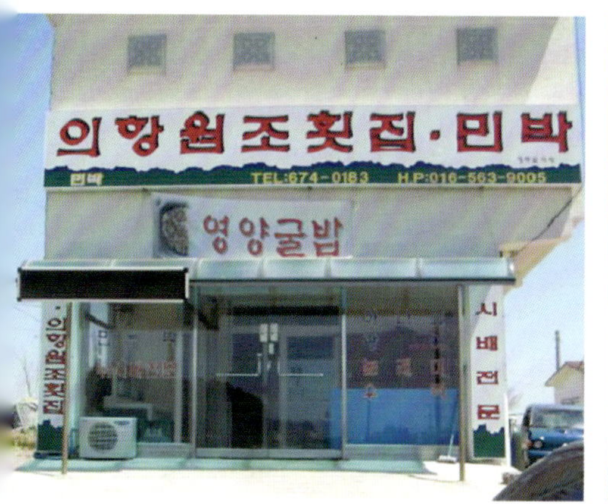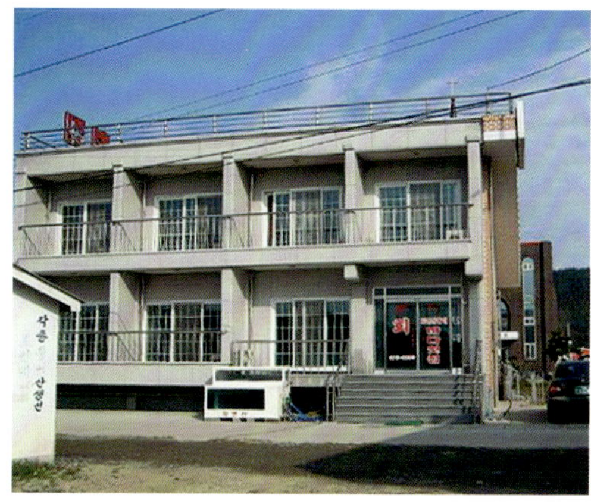

마을의 횟집·민박집

다수는 가족노동력을 활용한다.

이제 의항마을이 관광어촌으로 변화함에 따라 주민들은 기존의 어업과 농업의 겸업에 더하여 숙박업, 식당, 낚싯배 등 관광객들을 대상으로 하는 다양한 상업까지 포괄하는 겸업구조로 변화해가고 있다. 어로와 농업, 굴 양식, 낚싯배, 민박과 횟집을 동시에 겸하는 가구들이 점차 늘고 있다. 극히 제한적이지만 임노동의 기회도 늘고 있다. 이에 따라 이 마을 주민들은 사시사철 매우 분주하게 시간을 보내고 있어 이웃과 관계를 맺을 시간적 여유를 좀처럼 갖지 못한다.

마을의 경제 전망

최근 대다수의 어촌에서 경제활동은 대체적으로 농업의 비중이 감소하고 어업 의존도가 증가하는 방향으로 변동하고 있다. 이 마을에서도 어선어업이나 굴 양식을 통한 소득이 농업소득을 상회하고 있다. 그러나 앞에서 살펴본 바와 같이 어선 규모와 고용노동력 등을 볼 때 이 마을의 어가는 대체로 영세하다. 굴 양식에서도 가구별 어장 규모가 영세하여 대다수 가구가 가족노동력으로 생산을 하고 있고, 생산과정의 기계화가 이루어지지 않아 모든 노동이 손작업으로 이루어지고 있다.

배 제조에 드는 자본과 비용(유가, 선원임금) 상승, 어종 및 어획고가 감소되면서 고기잡이 어가들의 어려움이 가중되고 있다. 어획고도 감소되었지만 고기 양식업의 확대로 고기 값이 폭락하여 어가의 소득이 감소하고 있다. 특히, 어가에 많은 소득을 가져다주었던 꽃게의 감소, 경기 악화로 인한 굴 소비량의 감소와 이에 따른 가격 하락도 마을 주민들의 소득을 악화시키고 있다.

최근 이 마을이 관광어촌으로 변화함에 따라 주민들은 기존의 어업과 농업의 겸업에 더하여 숙박업, 식당, 낚싯배 등 관광객들을 대상으로 하는 다양한 상업까지 겸하고 있다. 이러한 겸업의 확대는 마을 주민들이 환경의 변화에 따라 생계를 유지하기 위한 하나의 적응전략인 셈이다. 마을 주민들은 어업과 농업의 소득감소를 보충하고 생계유지를 위해 관광객을 대상으로 하는 생업들을 모색하고 선택해보고 있지만 이들 노동영역이 전문화되기에는 아직 어려움이 존재한다. 이러한 경제활동들은 대개 여름철에만 한시적으로 이루어지고 있고 안정적이고 전문화된 생계유지 노동이라기보다는 일부 가구를 중심으로 한 계절적 부업의 성격을 갖기 때문이다.

2~3년 전부터 관광객들의 출입이 잦아지면서 이 마을은 외지인의 별장지로 각광을 받고 있다. 이에 따라 마을의 지가가 상당한 정도로 상승하였다. 마을의 토지소유자들은 지가 상승을 낙관적으로 전망하기도 하지만 영세한 규모의 토지를 소유했거나 땅이 없는 주민들은 자칫 삶의 터전을 잃게 될까 두려움과 불안감을 표시한다. 어업과 농업의 소득악화에 따라 마을 주민들은 민박이나 펜션을 지어 생업의 전환을 희망하나 땅이 없는 주민들이 이러한 꿈을 실현할 가능성은 매우 희박해 보인다.

대다수 가구에서의 겸업, 마을의 고립적 지형이 이 마을에서 자본주의적 관계의 발달을 제약하였고 상대적으로 마을 주민간 경제적 평등을 유지하게 해준 것으로 보인다. 마을이 도심 및 외부지역과 지리적으로 고립되어 있어 주민들이 다른 취업기회를 얻기 어렵기 때문에 성원 간의 어촌공동체에 대한 의존도도 아직 높은 편이다. 관광 어촌마을로 변화하면서 점차 외지인들의 주거와 전입이 늘고 있긴 하지만 이들 대다수가 여름철에만 이 마을에서 거주하며 어장을 둘러싼 생산활동에 본격적으로 참여하지는 않기 때문일 것이다.

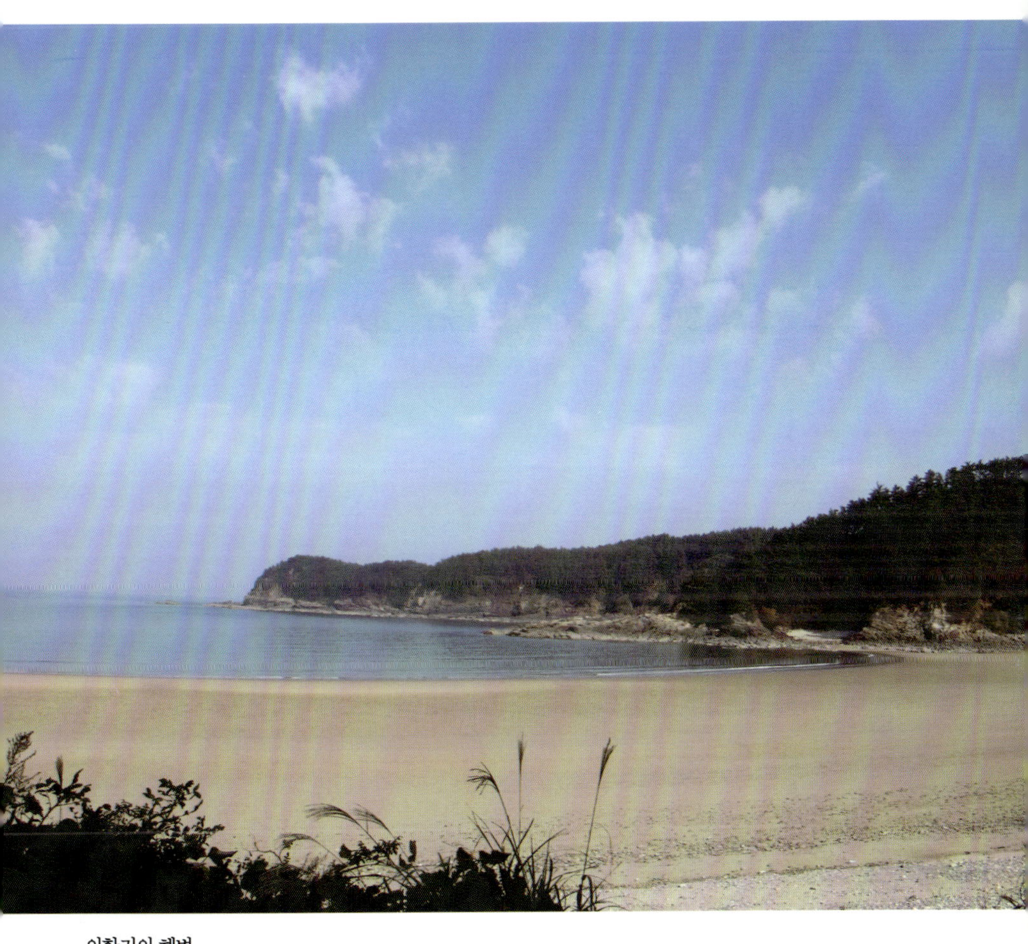

의항리의 해변

　한편, 이 마을은 부부 가구(49가구)와 1인 가구(25가구)가 전체 가구(112가구)의 66퍼센트를 차지하고 있을 정도로 마을 주민 대부분이 고연령층으로 구성되어 있다. 자녀들은 교육과 취업을 이유로 일찍이 마을을 떠나고 마을에 남아 있는 이들 역시 자신의 자녀들이 이 마을로 돌아와 거주하는 것을 희망하지 않는다. 또한 소득과 관계없이 농업과 고기잡이, 그리고 굴 양식 등의 생산활동은 자신의 세대로 그쳐야 할 일로 생각하는 경향이 강하다. 이러한 여러 상황들을 고려할 때, 어장을 중심으로 형성된 이 마을공동체의 재생산이 언제까지 지속될지, 어떻게 변화해갈지 정확한 그림을 그리기는 어렵다.

(유보경)

주(註)

1) 바다의 지형, 암초, 펄, 모래 등을 구분해주는 기계.

2) 연안어업(coastal fishery)은 해안 가까운 곳에서 이루어지는 어업을 말하는 것으로, 원양어업에 대비되는 말로서 연해어업이라고도 한다.

3) 최근에는 배 톤수 기준을 충족하여도 정부에서 근해어업허가권의 수를 제한하기 위해 허가를 잘 내주지 않는다고 한다.

4) 자망, 선망, 저인망은 모두 그물을 이용한 고기잡이 방법이고 채낚기와 통발은 낚시에 해당하는 고기잡이 방법이다.

5) 자망은 가로로 기다란 직사각형의 그물을 어군의 통로에 수직으로 막아놓고 고기가 그물코에 꽂히게 하는 것이다.

6) 어촌계에는 1가구 1인이 참여, 어촌계에 가입해 있는 여성 가구주는 10여 명 정도 된다.

7) 겨울철 추위를 피해 굴 까는 작업을 하기 위해 만든 비닐하우스로 규모는 가구에 따라 다르나 대개 1~3평 남짓한 공간이다. 이 마을에는 굴 양식을 하는 대다수의 가구가 굴막을 갖고 있다. 겨울철에는 주로 이곳에서 하루 종일 일하고 식사를 하는 경우도 많아 겨울철 이 마을 사람들이 생활하는 중요한 생활공간이다.

8) 권○○(63세) 씨는 "……예전에 바다로 굴 채취하러 다닐 때는 너무 췄어, 굴을 담는 그릇에 고드름이 주렁주렁 열리고…… 신발도 젖고. 밀물이 들어오면 일을 못했기 때문에, 썰물 때 맞추어 한 나절만 일을 했어……. 그 때에 비하믄 지금은 너무 좋아졌어, 굴막에 앉아서 굴을 까니까 나 하고 싶은 만큼 작업을 할 수 있고. 예전에 비하면 세월 너무 좋아진 거지……"라고 회고한다.

9) 통영 지방의 굴 양식에 대한 연구에서 굴 생산과정의 특성으로 인해 임노동이 광범위하게 나타난다는 점을 강조하고 있는 데 비해 이 마을에서 5~6가구 정도가 임노동을 고용하고 있을 뿐이다.

10) 1966년과 1967년에 미국 정부의 '평화를 위한 식량 프로그램'은 이 마을의 식량부족을 일시적으로 해소해주었다. 제방사업에 노동력을 제공한 데 대한 노임으로 일당 3.7킬로그램의 밀가루를 배급하였다고 한다.

11) 현재 의항 2리에는 농가를 중심으로 10가구 단위의 품앗이가 남아 있다. 마을에 기계화가 이루어진 것

은 마을의 노동력 고갈 때문이라기보다는 일을 편리하게 추진하고자 하는 동기가 더 크게 작용하였다고 마을 사람들은 술회한다.

12) 현재 논은 평당 5~10만 원 정도에 거래되는 반면, 해변에 위치해 있는 밭은 50~60만 원까지 거래되는 등 2~3년 전부터 이 마을의 지가 상승이 두드러진다. 의항마을의 지가 상승으로 마을 거주민 간의 토지매매는 더욱 어려워지고 있다고 한다.

13) 낚싯배 조업을 하기 위해서는 기초자치단체의 허가를 얻고 면허세, 부가세를 내고 보험(여행자를 위한 수협보험) 등에 가입하면 된다. 3~9톤의 배까지 허가를 낼 수 있다. 대개 6톤 규모의 배 1척에 낚시꾼 11명 정도가 탑승할 수 있는데, 1인당 5만 원을 받는다고 한다.

사회생활과 문화

인구와 가족 구성

인구 구성과 변화

태안군은 1990년에 서산군에서 분군(分郡)되어 『통계연보』 자료가 1990년 이후만 남아 있다. 『통계연보』에 나타난 의항 2리의 인구 수와 가구 수의 변화는 〈표 4-1〉과 같다. 이 통계 자료를 바탕으로 삼아, 마을연구단에서는 2004년 12월을 기준으로 면 사무소에 보고된 주민등록상의 인구·가구 수와 마을에 실제로 거주하고 있는 인구·가구 수를 조사해보았다. 그 결과 의항 2리에는 주민등록상에는 132가구 342명이 등록되어 있었지만, 실제로 거주하는 가구와 인구는 112가구 252명으로 나타났다. 이에 따르면 의항리에 실제로 거주하는 가구·인구 수는 주민등록에 나타난 것보다 가구는 20가구, 인구는 90명이 적은 것이다. 실거주자 인구조사에서는 직장이나 학교를 다니기 위하여 일시적으로 도회지에서 거주하는 경우를 제외하였다. 대부분의 인구 수의 차이는 이러한 일시적인 출향자들로 인한 것이고, 여기에 외지인들의 주민등록상 전입도 한몫을 차지하고 있다. 그리고 가구 수의 차이는 주민등록은 되어 있지만 실제로 거주하지 않거나, 부지를 매입하여 조립식 건물이나 컨테이너를 놓고 가끔 다녀가는 경우(16가구), 주민등록은 따로 되어 있지만 실제로는 한집에 함께 살고 있는 경우(8가구), 반대로 주민등록은 함께 되어 있지만 실제 거주는 따로 하고 있는 경우(2가구), 그리고 주민등록은 안 되어 있지만 실제로 거주하면서 민박이나 식당을 운영하는 경우(2가구)로 인하여 발생한 것이다. 주민등록이 의항 2리로 되어 있는 가구 중에는 이장도 누군지를 전혀 모르는 사람들이 있는데, 이는 전입신고를 하는 데 있어 예전과 달리 이장의 확인절차를 필요로 하지 않기 때문이다.

2001년 서해안고속도로가 개통되면서 서울, 인천에서 개미목 마을로 오는 시간이 단축되었다. 의항 2리는 외지인들의 별장지로 각광 받고 있으며 도회지 사람들의 토지 매입이 늘어나고 있는 상태다. 도회지 사람들은 토지를 매입하기 위해 주민등록상 전입을 하는 경우가 많다. 이들은 실제로는 도회지에서 거주하며, 이곳에는 주말이나 휴가철에만 다녀가고 있는 것이다. 이러한 현상이 가장 극심하게 나타나고 있는 곳은 건넌말이다. 건넌말에는 외지인으로서 땅을 구입하여 조립식 건물을 짓거나 컨테이너를 놓고 가끔 다녀가는 가구가 12가구 있다. 이들 중 1가구를 제외하면 모두 외지인이 땅만 사놓은 사례이다. 이들은 1974년에 들어온 경우(1명), 10여 년 전에 들어온 경우(1명), 7~8년 전에 들어온 경우(1명) 외에 나머지는 거의 서해안고속도로 개통 무렵에 들어왔다. 이들 중 반 정도는(6가구) 주민등록도 옮겨놓지 않고 있다.

표 4-1. 의항리의 인구 변화

연도	가구 수	인구수		
		총계	남	여
1990	121	551	281	270
1992	123	554	262	292
1993	130	555	273	282
1994	131	525	259	266
1995	131	508	259	249
1996	129	477	241	236
1997	122	442	227	215
1998	127	442	223	219
1999	134	437	227	210
2000	136	429	220	209
2001	138	415	212	203
2002	141	405	206	199
2003	129	358	188	170
2004	132	342	177	165

* 자료: 『태안군 통계연보』 각년도(이상 각년도 통계는 모두 주민등록상의 인구를 나타낸다.)

이러한 도회지 사람들의 명목상의 유입이 일부 있음에도 불구하고 마을의 인구 수는 과거에 비해 큰 폭으로 줄어들었다. 〈표 4-1〉에 의하면 의항 2리는 1990년대 이후부터 가구 수는 큰 차이가 없거나 오히려 증가한 데 반하여, 인구 수는 특히 1990년대 중반과 2000년대 초에 들어와 큰 폭으로 감소하고 있다. 더구나 앞서 살펴보았듯이 실제 거주자의 수는 이보다 훨씬 더 적다. 이는 물론 다수의 마을 주민들이 다른 농어촌마을과 마찬가지로 지속적으로 외지로 이주하고 있기 때문이다.

마을의 인구 감소에 가장 큰 영향을 준 것은 출향(出鄕)이다. 출향은 일시적 출향과 완전한 출향으로 구분해 볼 수 있다. 일시적 출향은 주민등록은 마을에 두고 일시적으로 상급학교 진학이나 직장을 얻기 위해 외지로 이주하는 경우이다. 완전한 출향은 일시적 출향이 완전한 출향으로 이어져 종국에는 주민등록까지 외지로 옮기는 경우와 마을에서 가정을 이루고 살다가 가족 전체가 삶의 근거지를 외지로 옮기는 경우가 있다. 이 중에서 인구 감소를 주도한 것은 역시 진학을 위해 도시로 나갔다가 그곳에서 직장을 얻어 완전 출향으로 이어진 경우라고 할 수 있다. 의항 2리의 경우는 태안반도 끝자락에 위치한 궁벽한 마을로 교통이 불편하기 때문에, 상급학교 진학과 직장을 얻기 위한 출향이 다른 농어촌마을보다 많은 편이다. 그리하여 학령기인 10~19세까지의 인구(9.9퍼센트)가 면부인구(22.9퍼센트)보다 훨씬 적고, 20~29세까지의 인구는 6명에 그치고 있다.(〈표 4-2〉 참조) 2004년 12월 현재 마을의 실제 거주자의 연령별 분포를 살펴보면 〈표 4-2〉와 같다.

이 표에서 볼 수 있듯이 개미목 마을의 연령별 인구분포는 60대 이상의 노년층이 35.7퍼센트를 차지하고 있다. 2000년의 「인구주택총조사」 결과에 따르면, 60세 이상 인구는 전국적으로는 11.1퍼센트를 차지하고 있으며, 농촌인구(面部)만 따지더라도 그 비율은 25.9퍼센트에 달한다.[1] 이를 통해 보면 의항리는 노령인구가 차지하는 비율이 전국과 농촌인구보다 상당히 높다는 것을 알 수 있다.

인구 구조에서 허리에 해당되는 40대와 50대 연령집단의 구성비는 전체 인구의 45.7퍼센트를 차지하고 있어 전국 인구 및 면부 인구 비율보다 훨씬 높게 나타나고 있다. 의항 2리는 노년층 인구 비율도 높은 편이지만, 장년층 인구 비율이 월등히 높아 고령화 인구 구조임은 물론 앞으로 20년 후에는 초고령화 인구 구조를 갖게 될 것

표 4-2. 의항 2리의 연령집단별 인구 분포 (2004년 12월 말 기준)

연령집단	의항 2리 인구수			연령집단별 구성비 (%)			
	남	여	합계 (%)	전국 인구		면부 인구	
90세 이상		1	1	6 (2.4)	1.1		2.7	
80~89세	1	4	5					
70~79세	16	15	31	84 (33.3)	3.3	10.2	8.2	23.2
60~69세	25	28	53		6.9		15.0	
50~59세	29	37	66	115 (45.7)	9.4	24.5	12.5	25.2
40~49세	24	25	49		15.1		12.7	
30~39세	8	8	16	22 (8.7)	18.0	35.3	12.9	25.9
20~29세	3	3	6		17.3		13.0	
10~19세	13	6	19	25 (9.9)	14.7	29.0	12.1	22.9
0~9세	1	5	6		14.3		10.8	
합계	120	132	252(100)	252(100)	45,985,289 명		5,600,788 명	

임을 보여준다. 더구나 40세 미만 인구의 구성비는 전국은 물론, 면부 인구와 비교해 보더라도 매우 낮게 나타난다. 즉 개미목 마을은 노령층과 장년층의 인구가 차지하는 비율이 81.4퍼센트로 상당히 높고 40세 미만의 인구가 차지하는 비율은 매우 낮게 나타나고 있다. 특히 20~40세 미만의 인구는 면부가 25.9퍼센트임에 비하여 개미목 마을은 8.7퍼센트밖에 안 되어 마을의 미래가 불확실할 정도로 극도로 낮은 편이다.

가족 규모와 구성 형태

개미목 마을의 각 가정에서 함께 살고 있는 식구들의 수는 다른 농어촌마을처럼 얼마 되지 않는다. 1970년대부터 꾸준히 진행되어온 이촌 현상은 주로 청년층에서 이루어졌고, 그들의 부모 세대들은 아직 마을에 남아 살고 있다. 때문에 〈표 4−1〉에서 보는 바와 같이 농어촌 가구 수의 감소폭은 인구 수의 감소폭보다 훨씬 적다. 실거주자를 기준으로 한 개미목 마을의 평균 가구원 수는 2.3명이고, 주민등록상 가구원 수는 평균 2.8명(2004년)이다. 이는 2000년도의 전국 가구 평균 3.2명에 비해 상당히 낮은데, 그만큼 가구원의 외지 유출이 많음을 보여주는 것이다. 또한 이 수치는

「2004년 농업기본통계조사」에 나타나는 농가 가구원 수의 전국 평균인 2.75명보다
도 낮아서,[2] 개미목 마을의 가족 규모는 우리나라의 평균적인 농어촌마을의 모습보
다 적다.

이러한 특징은 가족 구성에도 나타나고 있다. 의항리의 가구 유형별 구성비는 〈표
4-3〉과 같다.

표 4-3. 의항리와 전국의 가구 유형별 구성비

분 류	의항 2리 가구 수 (2004년도 조사) 실수와 비율(%)	전국 가구 (2005년도 추계치, %)
부부	49(43.8)	13.8
부부+자녀	17(15.2)	47.1
편부+자녀	·	1.5
편모+자녀	12(10.7)	6.4
3세대 이상	8(7.1)	7.3
1인 가구	25(22.3)	17.0
기 타	1(0.9)	6.9
합 계	112(100%)	100%

개미목 마을은 관광사업과 굴 양식으로 예전보다는 잘사는 마을이 되었지만, 청
장년층의 도시 이주와 상급학교 진학을 위한 일시적 출향은 여전하여 부부만 거주
하는 가구가 49가구이다. 이들 부부 가구 중에 60세 이상 노인부부 가구는 27가구이
고, 40~50대 부부 가구는 22가구이므로, 60세 이상 노인층 1인 가구 12세대와 합하
면, 노인 가구만 39가구로 34.8퍼센트를 차지한다.

다음으로 2세대 가구는 모두 29가구인데, 부부와 자녀로 이루어진 가구가 17가구
이고, 홀어머니와 함께 사는 가구가 12가구 있다. 과거 농어촌 가족의 전형을 이루었
던 조부모, 부부, 자녀로 이루어진 3세대 가구는 겨우 8가구, 7.3퍼센트에 불과하다.

그리고 개미목 마을은 1인 가구도 많은 편인데, 전국적인 양상이 17퍼센트임에 비
해, 개미목 마을은 25명, 22.3퍼센트이다. 이 중에서 순수하게 혼자 사는 가구는 독거
노인 가구 12가구와, 장년층 1인 가구가 8가구 그리고 미혼 1인 가구가 2가구 있다.

이외에 혼자 마을에 들어와 민박을 운영하거나 기타 생업과 관련되어 혼자 살고 있는 가구가 3가구 있다. 이들은 개미목 마을이 관광지로 변모해가는 과도기 단계로 아직 계절의 영향을 많이 받기 때문에 가족 전체가 이주해와서 정착할 단계에 이르지 않았을 뿐 아니라 자녀들의 교육문제로 완전히 이주를 하지 않고 있다.

또한 특기할 만한 것은 미혼자가 많다는 것이다. 30~50대 미혼 남성 인구가 8명 정도 된다. 그러나 아직 외국인이나 중국교포와의 결혼 사례는 없다. 그것은 마을 사람들이 국제결혼에 대해 아직도 불안감을 가지고 있으며, 국제결혼을 준비하고 추진하는 데 드는 비용도 만만찮기 때문이다.

친족생활과 통혼권

개미목 마을은 특정 성씨의 종족마을은 아니지만 마을 형성기부터 자연마을별로 각각 다른 성씨가 세거해왔다. 즉 건넌말은 전주 이씨가, 큰말은 남평 문씨와 김해 김씨가 그리고 재너머는 주로 김해 김씨가 세거하여 왔다. 현재 실제로 거주하고 있는 마을 주민들의 성씨별 분포는 다음과 같다.

표 4-4. 성씨별 가구 수

	전주 이씨	김해 김씨	남평 문씨	기타 성씨	합계
가구 수	19 (17.0)	44 (39.3)	13 (11.6)	36 (32.1)	112 (100%)

이들 세 성씨는 종족원들의 밀집도에 비하면 문중이 조직적으로 형성되어 있지 않고 문중계도 거의 하지 않고 있다. 다만 얼마간의 문중전답으로 시제만을 모시고 있는 형편이다. 그러나 이들 성씨 간에 통혼이 많이 이루어지고 있다. 그리하여 세 개의 종족이 주축을 이루며 살아왔지만, 서로 인척으로 얽혀 있어 마을 사람들은 서로 '아저씨' 아니면 '사돈'이라고 할 정도이다.

시제 중심의 친족생활

전주 이씨   의항 2리에 세거해온 성씨 가운데 가장 문중의식이 높고 문중조직도 갖추고 있는 성씨이다. 그들은 의항리에 낙향한 익형(翼馨)의 자손들을 중심으로 '전주 이씨 익녕군파 의항 종중회'를 하고 있다. 의항 종중회는 익녕군파 의항리 낙향 선조(익형)의 후손 중 성년가구로 구성되며, 선조의 유업과 유지를 계승 발전시키고 문중의 발전과 화합을 목적으로 하고 있다.

종중회의 사업은 위토 및 기금 관리, 선조의 제사와 산소 관리, 회원의 복지 증진에 관한 육성사업을 주로 하고 있다. 현재 의항 종중의 총회 회의록과 종전(宗錢) 결산서가 대략 1988년부터 남아 있어, 전주 이씨의 문중 대소사의 대략을 알 수 있다. 종중 총회에서는 주로 시제(時祭)의 참석과 이에 따른 비용 지출문제, 그리고 제향유사(祭享有司) 선정, 종산(宗山) 운영건 그리고 종전 결산이 논의되었다. 따라서 의항 종중회는 곧 의항 문중계의 성격을 겸하고 있다. 이러한 안건 중에서 가장 중요하고 논의가 가장 활발하게 이루어지고 있는 것이 제향과 종산 운영에 관련된 것이다.

먼저 현재 전주 이씨 의항 종회의 가장 중요한 종중 활동은 시제를 모시는 일이다. 의항 종중은 문중재산으로 위토답 6마지기와 임야 4,000평, 그리고 얼마간의 종전(宗錢)을 가지고 있는데, 이 재산은 주로 시제를 지내는 제수 마련 비용으로 쓰이고 있다.

시제를 모시는 대상은 입향조인 익형부터 고조부인 시만(時滿)까지로 총 6명의 조상과 그 배우자이다. 원칙대로라면 고조부는 기제사로 모셔야 한다. 시만이 시제로 모셔진 것은 시만의 장손이 기독교로 개종하면서 제사를 중단하겠다고 하였고, 시만의 현손(玄孫) 중에서 어느 누구도 제사를 맡지 않아 문중에서 시제로 모시기로 결정한 것이다. 시제를 모실 때는 모든 문중 구성원이 참가해야 하지만 지금은 마을에 남아 있는 사람들 중심으로 시제를 모신다. 과거에는 종손이나 문중 어른이 중심이 되어 시제를 모셨지만, 지금은 위토답을 경작하는 사람이 제물을 준비하면 문중 사람들은 참가하여 제사를 지내기만 하면 된다.

과거에는 문중 행사 중에 시제를 모시는 일이 무엇보다 중요하였지만 지금은 경제적 활동에 밀려나고 있다. 즉 경제활동 주기에 의해 시제 모시는 날이 변경되기도 하며, 시제의 원칙이 변경되기도 한다. 이러한 현상은 전주 이씨 의항 종중에서도 찾아볼 수 있다. 전주 이씨 의항 종중의 시향은 음력 10월 15일에 지냈지만 2000년부터 시향 날짜를 10월 9일로 바꾸어 지내고 있다. 시향일을 바꾸게 한 결정적인 이유는 굴 양식을 하게 되면서 사리인 보름에는 조수간만의 차이가 가장 심한 때로서 어장을 관리하는 일을 주로 하기 때문이다. 반면 음력 9일 전후와 23일 전후인 조금에는 상대적으로 한가한 편이기 때문에 사리인 보름에 지내던 시제는 조금인 9일로 바꾸어 지내는 것이다.[3]

다음으로 중요한 안건은 종산 운영건으로, 의항 종중회는 1988년에 임야 4,000평을 문중의 공동묘지로 만들기로 결의하였다. 제방이 완공되는 시기부터 전주 이씨를 비롯한 많은 마을 사람들은 마을 주변에 소유하고 있던 개인의 임야를 대부분 서서히 외지인에게 팔고 그 돈으로 간척지를 매입하였다. 이에 따라 전주 이씨 종원들 중에 자연히 종중 소유의 임야를 묘지로 이용하고자 하는 사람들이 점차 많아지게 되었다. 상황이 이렇게 되자 종중에서는 종산을 '익녕군파 의항종중 공동묘지'라 칭하고 묘지관리위원회를 결성하였다. 묘지관리위원회는 각 파별로 1명씩 선발하였고, 종중의 문장과 총무는 자동 위원이 되도록 하였으며, 묘지관리규약까지 제정하였다. 그리하여 종산관리규약에 따라 묘지를 각각 분양하고 각 항렬자별로 묘지 위치까지 지정하여 가묘지 명패도 달아놓았다.

이외에 의항 종중회에서는 종족원들의 종족의식 고취와 단결을 위하여 특기할 만한 일들을 하였다. 하나는 1996년에는 종중 일에 열심히 봉사한 종원의 송덕비를 종원들의 뜻을 모아 세운 일이다. 종원(宗員) 이준근(李俊根) 씨는 30여 년간 집안의 화목에 깊은 사명감을 갖고 종중 일에 봉사하여 왔다. 다른 하나는 선조의 묘비, 망부석 건립 등 선조의 선양사업을 하였고 종원들로 하여금 종사(宗事)에 적극적으로 참여하도록 하기 위하여 노력해왔다. 그중의 하나로 1999년 총회에 참석한 종원들에게 선조들의 가훈과 시향제 일자와 선조대위를 복사하여 나눠주어 종원들에게 종족의식을 고취시키고자 계도하였다.

또한 전주 이씨 문중에는 장규계가 있는데, 이것은 '규' 자 항렬자의 친목 모임이다. 장규계는 의항리에 거주하는 종원뿐만 아니라 외지에 살고 있는 종원도 함께 참여하는 친목계로 1년에 2번 모이고, 회비는 5만 원씩이다. 이 계는 회비를 적립해서

산소 관리와 치장에 쓰고, 모임은 유사제로 운영하고 있다.

김해 김씨 김해 김씨는 세 개의 지파(支派)가 마을을 형성하여 살고 있는데, 그중에서 한류공파의 자손이 제일 많이 살고 있다. 종친회는 대체로 태안군 김해 김씨 종친회나 소원면 김해 김씨 종친회를 하고 있지만, 이 종친회에 참여하는 사람은 극히 드물다고 한다. 그리고 의항 2리에 세거해온 삼연파의 종친 모임은 현재 없고, 한류공파도 종회라든가 문중계를 하지 않고 시제만 모시고 있다. 문중재산은 전답이 400평, 현금 200여 만 원과 임야 8,000여 평을 가지고 있다.

시제는 문중전답을 경작하는 종원이 제수를 마련하여 지내고 있다. 시제 지내는 날짜는 선조들은 중정일(中丁日)에 지냈지만 지금은 편의대로 음력 10월 15일 하루에 다섯 분의 시제를 다 지내고 있다. 시제 지낼 때 마을 사람들과 외지 사람들이 함께 지내고, 시제가 끝나면 집안일을 의논하기도 한다. 하지만 시제에 참여하는 외지인들은 점점 줄어들고 있다.

김해 김씨도 역시 개인 소유 임야가 없는 사람들을 위하여 몇 년 전부터 종산에 후손들의 묘를 쓸 수 있도록 하였다. 그러나 선조들 산소가 워낙 아래쪽에 위치해 있기 때문에 후손들의 묘를 선조들 위에 쓸 수가 없어 난감한 상황이라고 한다.

남평 문씨 의항 2리 큰말에 거주하는 남평 문씨는 성숙공파이다. 성숙공파의 종가는 태안군 남면에 있는데, 남면에서 의항 2리로 낙향을 하여 마을을 이루고 살아왔다. 남평 문씨의 문중재산은 논이 간척지에 3마지기(600평 정도)가 있고, 산소는 3대의 조상을 모신 묏자리로 200평을 가지고 있다. 시제는 음력 10월 15일에 3대 조상을 한꺼번에 지내고 있다. 시제는 종답을 경작하는 종원이 준비하도록 하였으나 종답을 경작하려 하지 않아 1년씩 교대로 경작하고 있다. 즉 종원들 간에 순번을 정하여 종답을 경작하고 시향 준비를 하는 유사제라고 볼 수 있다. 만약 종답 경작차례가 도래하였는데 경작할 여건이 안 되면 종답을 다른 사람에게 도지를 주어 시제 준비 비용만 부담하게 할 정도로 철저한 윤번제로 운영하고 있다.

남평 문씨 역시 종계나 비슷한 성격을 갖는 모임이 현재는 없다. 다만 남평 문씨 집안들끼리 잔치용 그릇을 공동으로 구입하여 종족원의 잔치 때 그 그릇을 사용하도록 하고 있다. 이 그릇은 10여 년 전에 각 호마다 얼마씩 돈을 추렴하여 구입한 것으로, 이 그릇을 빌려 잔치를 한 집에서는 3만~5만 원 정도를 내놓고 있다. 이렇게 모아진 돈으로 깨진 그릇이나 낡은 그릇을 새로 구입한다. 그릇은 특정한 곳에 보관하지 않고 먼저 사용한 집에서 보관하고 있다가 다음 번 사용할 집으로 보낸다.

이러한 그릇계가 집안마다 다 있었지만 현재 남아 있는 것은 남평 문씨뿐이다. 근래에는 교회에도 그릇이 있어 교회 신자나 집안에 빌려 쓸 그릇이 없는 사람들이 그릇을 빌려 쓰고 있다.

통혼권

지역적 통혼권은 혈연, 신분, 경제적 여건, 사회관계망의 범위 등 여러 요인들의 상호작용에 의해서 형성되며, 그 사회의 사회문화적 특성을 반영하는 지극히 사회적인 현상이다. 그러므로 통혼의 지역적 범위는 혼인 당사자나 그 가족이 속한 가문이나 지역사회의 특성에 따라 각기 다른 양상을 보여준다. 즉 사회적으로 높이 평가되는 저명한 양반 가문의 통혼범위와 그렇지 못한 일반 서민들의 통혼범위가 다르고, 고립된 산촌과 교통이 편리한 평야촌 사이에도, 또한 농업을 주로 하는 내륙의 농촌마을과 어업을 주로 하는 해안의 어촌마을 사이에도 다를 것이다.[4]

대체로 통혼권을 조사 분석하는 데 지역, 혈연, 계층, 종교 등 여러 측면을 고려하여 분석하고 마을 구성, 생태적 조건, 시장권, 생활권, 방언권 등과의 관련성까지도 고려해야 할 것이다. 그러나 의항 2리의 통혼권에 관한 조사는 혼입자만을 대상으로 단순하게 연령별로 어느 지역에서 시집을 왔는지를 조사하였다. 그리고 전체 가구를 대상으로 한 것이 아니고 마을에 오래전부터 살았던 사람들만을 대상으로 하였고, 민박, 식당 운영 등의 이유로 외지에서 전입한 가구는 제외하였다.

마을 사람들의 통혼은 연령대별로 다르게 나타나지만 전체적으로 볼 때 근거리 지역과의 통혼이 가장 많다. 이는 교통이 불편하고 사회생활의 폭이 좁았던 마을 사람들의 생활패턴에 기인한다고 할 수 있다.

80세 이상의 여성이 5명 있는데, 이 중 4명이 원북면에서 시집을 왔다. 개미목에서 무너미재를 넘어 송현리로 나가는 도로가 나기 전에는 배를 이용하여 원북시장을 다녔다고 한다. 통혼권이 생활권, 특히 5일장을 중심으로 하는 시장권과 밀접하게

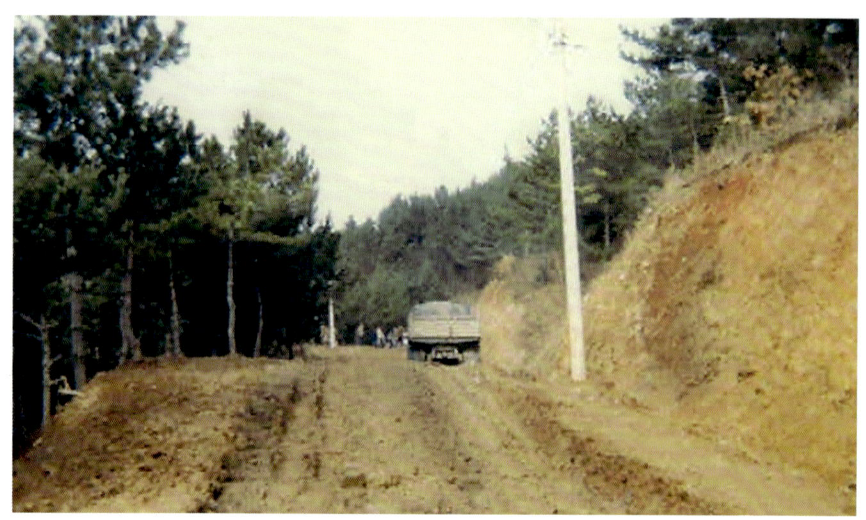

의항리에서 송현리로 나가는 무녀미재 도로 공사 모습 이 도로의 개통과 포장으로 의항리는 개방화가 빠른 속도로 이루어져 마을의 통혼권에도 변화가 나타나기 시작하였다.

관련이 되어 있음을 알 수 있다. 즉 당시 개미목 마을의 사회관계망의 중심이 원북면에서 5일마다 벌어지는 원북장이었고, 배를 이용하여 원북면 원북리로 가서 거기서 태안으로 다녔기 때문이다.

다음으로 60~80세 미만의 연령층에서는 소원면 내 통혼이 가장 많아 조사자의 41.6퍼센트를 차지한다. 그것은 일찍부터 의항에서 모항으로 이어지는 바닷가 산속 오솔길이 뚫렸고, 1960년대에 송현리로 통하는 길이 개통됨에 따라 소원면내혼이 가장 많은 수를 차지하게 되었다.

40~50대부터는 적은 수이지만 태안군내, 충청권 더 나아가 전국적으로 통혼이 이루어졌다. 그것은 조사대상자 중에 외지에서 만나 결혼하여 마을로 들어온 경우가 있기 때문일 것이다. 마을에 줄곧 거주하다가 결혼한 경우만을 조사한다면 결과는 좀 다르게 나타날 것이다. 그렇지만 점차 교통이 발달하고 교육을 받게 되면서 연령층이 내려갈수록 통혼권이 다양해지고 원거리 통혼이 늘어가는 것은 일반적인 추세라고 볼 수 있다. 즉 의항 2리의 통혼권은 소원면내 → 태안군내 → 충청도 일대로 확산되는 추세를 보이고 있다.

또한 의항리 사람들의 통혼권에서 특징적인 것은 마을 내 통혼이 많다는 점이다

(13.9퍼센트). 마을 내의 통혼은 세 개의 종족이 세 개의 자연마을로 나누어 세거하여 왔기 때문에 가능한 것이었다. 이들 세 종족 간의 마을 내 통혼으로, 이 마을에 1988년경에 들어와 살기 시작한 어느 부인이 "이 동네는 친척 아니면 사돈 간이다"라고 말할 정도로, 마을 사람들은 서로 친인척관계로 얽혀 있다. 이 점이 마을 운영에 장점으로 작용하는지 단점으로 작용하는지는 잘 알 수 없다. 다만 60~70대 사람들의 기억 속에는 자신들이 어렸을 당시에 건넌말에 사는 전주 이씨 집안을 양반으로 여기고 그들 자신도 그렇게 행세했다고 한다. 그래서인지 건넌말은 다른 마을처럼 여겼다고 한다. 이러한 마을 간의 격차, 더 정확히 말하면 성씨별 격차가 줄고, 1960년대 후반 이후 마을 사람들이 평등성을 확보하게 된 데에는 마을 내 통혼도 일정한 역할을 했던 것이라고 생각된다.

마을의 공적 조직

마을총회와 이장

마을총회는 마을 주민 전체가 참여하여 예산과 결산을 심의하고, 기타 마을의 중요한 일을 의결하는 마을 운영의 최고기구이다. 마을총회는 이장이 주관하여 정기적으로 1년에 1회(연말에) 개최하고 있다. 마을 내에 긴급한 일이 생겼을 경우에는 이장이 개발위원회를 소집하여 마을총회 대신 긴급한 사안을 결정하기도 한다. 개발위원회는 이장, 반장 4명, 개발위원 9명으로 구성되어 있고, 개발위원은 반별로 추천하여 임명하고 있다.

마을 이장의 역할은 총회를 주재하고 마을 주민 대표로서 관과 주민 사이의 행정 관련 업무를 담당하는 것이다. 그러나 대체로 1990년대부터 이장의 역할이 다양해지기 시작하여 단순한 행정사무 전달자에서 마을과 마을 주민들의 이익 대변자로서 변신하여왔다. 따라서 면에서 주최하는 이장단 회의에 참석하는 것이 이장의 중요 직무가 되었다. 소원면은 이장단 회의를 한 달에 2번 소집하는데 현재 이장은 이 회의에 반드시 참석한다고 한다. 이는 면 동향을 파악하고, 군, 면에서 지원하는 마을

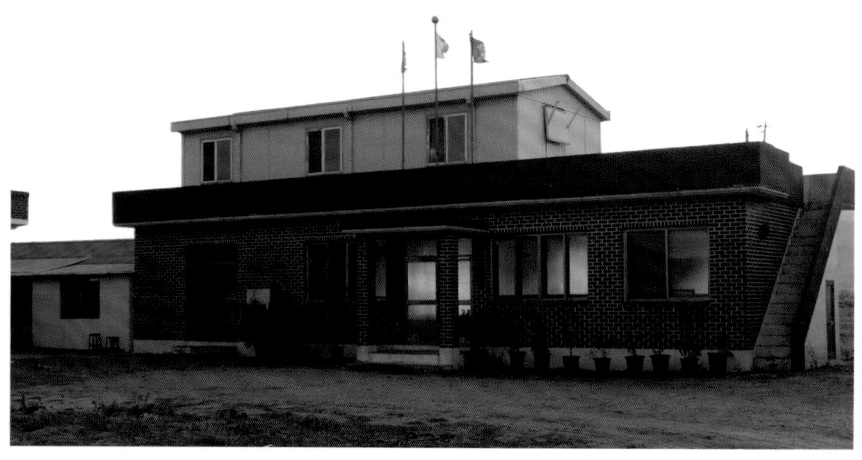

의항 2리 마을회관

을 위한 사업을 선정 받기 위해서 필요하기 때문이다.

마을 이장은 정부에서 월 20만 원, 농협에서 10만 원을 받는다. 이 밖에 마을에서 이장의 수고에 대한 보답으로 이장조를 얼마씩 추렴하여 주었다. 이를 의항 2리에서는 '동모'라고 한다. 옛날에는 여름이면 보리, 가을이면 벼로 주었으나 지금은 조금 달라졌다. 소원면에서는 5~6년 전부터 상반기(여름, 1~6월)에는 1가구당 2만 원씩, 하반기(가을, 7~12월)에는 1가구당 3만 원씩 걷어 주고, 그중 1/4을 반장에게 수고비로 주었다. 그러나 현재 의항 2리에서는 2004년부터 현 이장(문용배)이 마을 주민들로부터 동모를 받지 않고 마을을 위해 봉사하고 있다. 다만 동모로 봄, 가을 연 2회를 가구당 1만 원씩 걷어 그중에서 8,000원은 반장 수고비로 주고, 2,000원은 발전기금으로 적립하고 있다.

이장은 대체로 이장 선거를 통하여 선출한다. 마을에 따라서 이장 선거가 치열한 경쟁 속에서 치러지고, 이런 구도가 선거 후에 후유증을 남긴 마을이 있을 정도이다. 그러나 의항 2리는 총회에서 추천하여 결정하는데 특별한 경우 투표를 통하여 선출하고 있다. 이장의 임기는 3년이고, 연임이 가능하여 현재 이장인 문용배 씨는 8년째 이장을 맡고 있다. 역대 이장 재임기간을 보아도 특정인이 10년 가까이 이장직을 수행하였음을 알 수 있다.

의항리의 역대 이장은 이광복(1948년 3월~), 김태령(1959년~), 이병혁(1961년 5월 12일), 김성진(1968년 3월 5일), 김영서(1969년 4월 16일), 이병석(1977년 1월 18일), 이병혁(1981년 2월 18일), 문용배(1986년 1월 9일), 이병혁(1990년 1월 9일), 김삼진(1998년 2월 1일), 문용배(2001년 2월 1일~현재) 씨가 역임하였다. 그리고 새마을지도자는 김화진 → 강성주 → 이병석 → 강성주 → 이상규 → 김관수 씨가 역임해왔다.

반 조직

의항 2리는 건넌말, 큰말, 재너머, 말막금이라는 4개의 자연마을로 이루어져 있고, 이것이 곧 반으로 조직되어 있다. 반의 분포는 〈표 4-5〉와 같다.

표 4-5. 의항 2리 반별 분포표

반	자연마을 명칭	가구 수	반장
1반	건넌말(월천)	27	김경석
2반	큰말	56	강원식
3반	재너머(적현)	23	김화무
4반	말막금	6	권석조

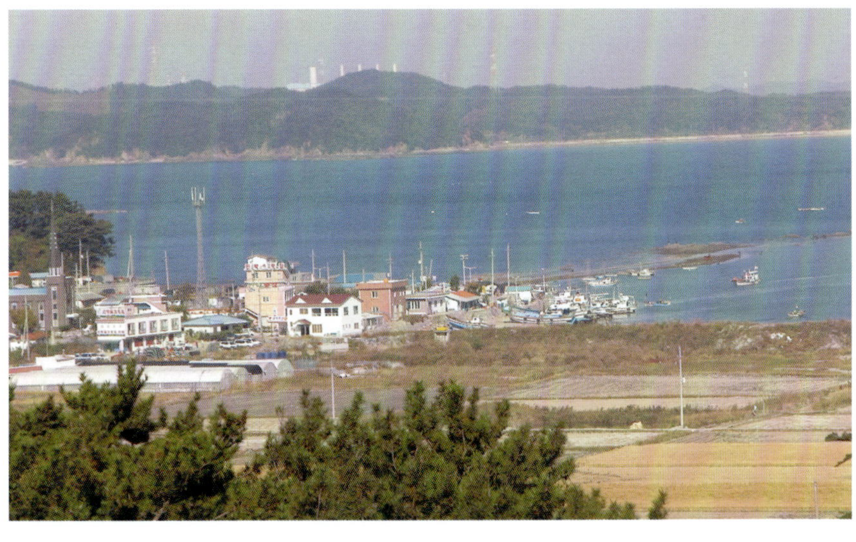

2반 큰말 전경

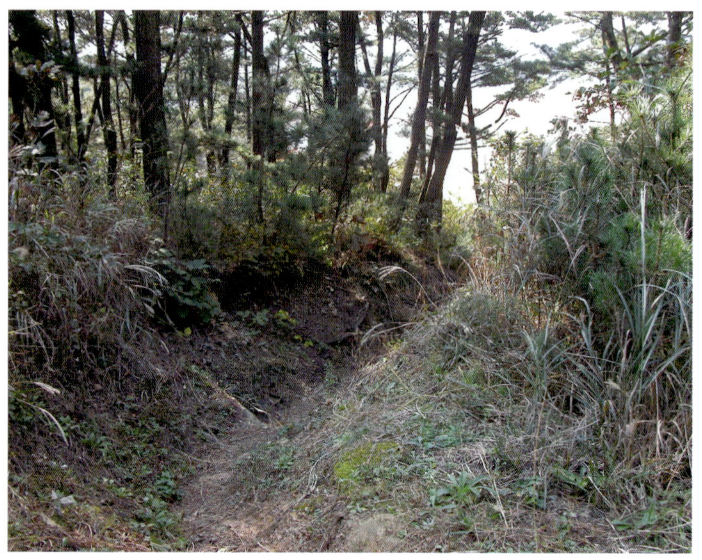

바닷가 호환도로공사 하기 전에 2반(큰말)에서 3반(재너머)로 넘어 다니던 길(재) '재너머'는 곧 이 재의 너머
에 있는 마을이라는 뜻이다.

이들 각 반은 거리상으로만 본다면 한 개의 마을로도 볼 수 있을 정도로 멀리 떨어
져 있다. 그러나 마을에 방송시설이 되어 있어 이를 통해 마을의 대소사를 알리고,
한 달에 한 번 반상회를 열어 행정관청에서 오는 사안을 전달하고 있기 때문에 마을
행정에서 소외되는 일은 없다. 각 반들은 '동모'를 걷어 반장 수고비를 주고 마을 발
전기금을 적립하고 있다. 그리고 반상회를 겸한 반별 모임을 일종의 계모임처럼 운
영하고 있다. 이를 반친목회라고 하는데 건넌말, 재너머와 말막금은 잘 운영되고 있
지만 큰말은 친목계 형태로 변모한 지도 얼마 안 되었고, 가구 수도 많아 운영이 순
조롭지 않다. 이들 반친목계의 회비는 한 달에 1만 원씩으로 이를 모아 관광이나 온
천을 다녀오거나 반의 행사에 사용하고 있다. 이들 반 친목회가 잘 운영되고 있는 건
넌말이나 재너머의 경우는 반원의 결속력이 다른 마을보다 강한 편이다. 마을에 잔
치가 있을 경우에 노동력을 상호부조하는 것도 역시 반별로 하고 있다. 그리고 각 반
들은 간혹 이해관계로 대립하기도 한다. 정부에서 지원하는 마을의 도로 포장·보수
공사가 그중 하나이다.

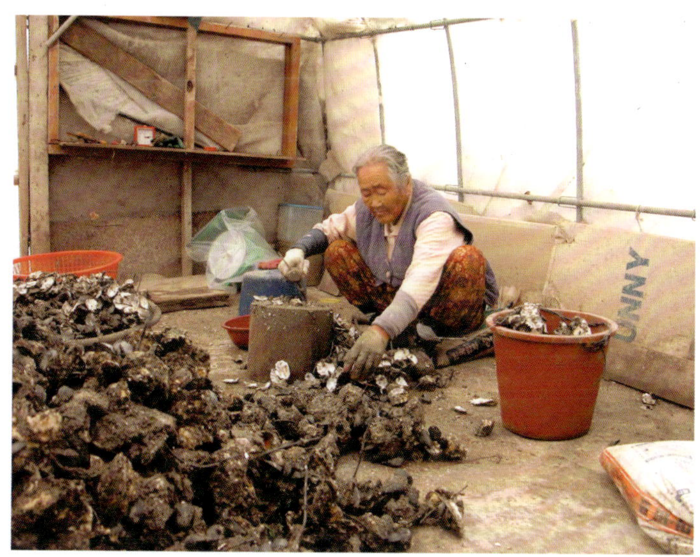
할머니의 굴 양식 준비 작업

노인회

노인회는 보통 65세 이상의 남녀 노인들을 대상으로 조직되어 있다. 농어촌 지역이 점차 고령화사회로 진행되면서 노인회 회원의 자격이 되는 노인은 많은 편이다. 그러나 실질적으로 노인회에 가입하여 적극적으로 참여하고 있는 노인은 거의 없다. 그것은 평균수명의 연장과 더불어 농어촌 지역 노인들이 대다수 생산활동에 참여하고 있기 때문일 것이다.

의항 2리에는 60세 이상의 남녀 인구가 90명으로 전체 마을 인구의 35.7퍼센트를 차지하고 있지만, 노인회는 구성되어 있지 않고 경로당도 없는 실정이다. 정부에서 노인회를 구성하면 경로당 운영비 중 유류지원비를 지원하고 있으나, 의항 2리에서는 노인회가 구성조차 되지 않았고 그 필요성도 느끼지 못하고 있다. 그것은 다른 마을보다 노인들, 특히 여성 노인들(70~80세)이 여전히 굴 까는 작업에 참여하고 있고 또 그들의 노동력을 필요로 하고 있기 때문이다. 60대 이상의 부부가 함께 살고 있는 가구에서는 남자 노인들도 굴 까는 작업에 참여하고 있지만, 혼자 사는 남자 노인들은 굴 작업을 하지 않고 있다. 그리하여 굴 작업을 하지 않는 노인은 마을 내에 모여

시간을 보낼 장소도 없고 같이 시간을 보낼 노인도 없는 실정이어서 소원면의 경로
당으로 출퇴근하고 있다.

부녀회

부녀회는 1가구당 1명의 부녀자로 구성되어 있어 회원들의 연령 범위가 넓은 편
이다. 의항 2리 부녀회의 회원은 70~80명이지만, 1년 회비인 1만 원을 내는 회원은
50여 명에 그치고 있다. 부녀회의 활동이 저조하고 회원들이 소극적인 이유는 여성
들이 농사와 굴 작업에 종사하고, 게다가 의항리가 관광지로 변모하면서부터는 식
당, 슈퍼 등을 운영하여 1년 내내 바쁘기 때문이다. 또한 이러한 이유로 부녀회 임원
을 구성하기도 어려운 실정이다.

부녀회 임원은 임기 2년으로 현재 회장은 송영자, 부회장은 손희숙, 총무는 류희
수 씨가 맡고 있다. 역대 부녀회장은 이정임 → 홍정자 → 이옥란 → 심옥자 → 가재
분 → 지인숙 순으로 역임하였다.

부녀회의 주요 활동은 마을의 재활용품을 수거하는 일이다. 재활용품 수거는 면
부녀회 주관으로 1년에 한 번 시행하고 있으며, 이 수익금은 면부녀회와 마을부녀회
에서 나누어 갖는다. 그리고 여느 마을과 마찬가지로 어버이날에 마을의 노인들을
위한 경로잔치를 하기도 한다. 개미목 마을에서는 부녀회의 활동이 소극적이고 부

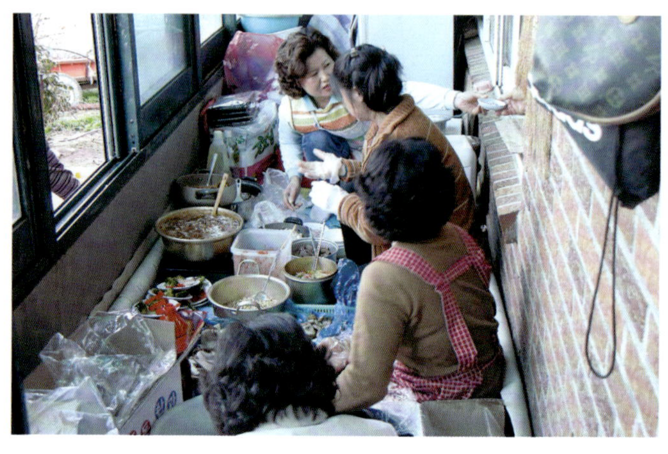

잔치음식을 준비하는
건넌말 부녀회원들

녀회 기금이 거의 없는 이유로 해마다 경로잔치를 실시하지는 못하고 있다.

청년회

청년회는 마을마다 조직되어 있지만, 농어촌의 고령화 추세에 따라 구성 연령층이 점차 높아지고 있다. 의항 2리의 청년회는 20세 이상 50세 미만의 남성으로 구성되어 있었으나 지금은 유명무실하다.

과거 의항 2리는 지금과 달리 청년들의 4-H 활동이 매우 활발하였다. 제1기는 회장이 이병섭(68세, 현재 의항 3리 거주) 씨로 회원은 30~40명이었고, 제2기는 회장이 이병석 씨이고 회원은 남자만 참여(57명 정도)하였을 뿐 여자는 문맹퇴치의 대상자였다고 한다. 2기 4-H에서는 "눈 뜬 소경 면하고 광명천지로 나가자" 라는 표어를 걸고 야학을 운영하였다. 야학은 4-H 회원의 가정집에서 하였는데 건넌말은 이병석 씨가, 큰말은 문용배 씨가, 재너머는 고(故) 김병철 씨가 각각 맡아서 하였다. 이때 제2기 회장으로 활동했던 이병석 씨는 "야학에서 누나들이 글을 배워 연애편지도 쓰게 되는 것을 보고 보람을 느꼈다"고 한다.

또한 4-H 회원들은 공동변소를 설치하고 각 마을마다 평행봉, 역기 등 운동시설을 만들거나 바닷가에서 공을 차며 우의를 다지기도 하였다. 그리고 당시 상선들이 정박해 있으면서 돈 있는 사람이나 장사하는 사람을 끌어내 노름을 하였는데, 이를

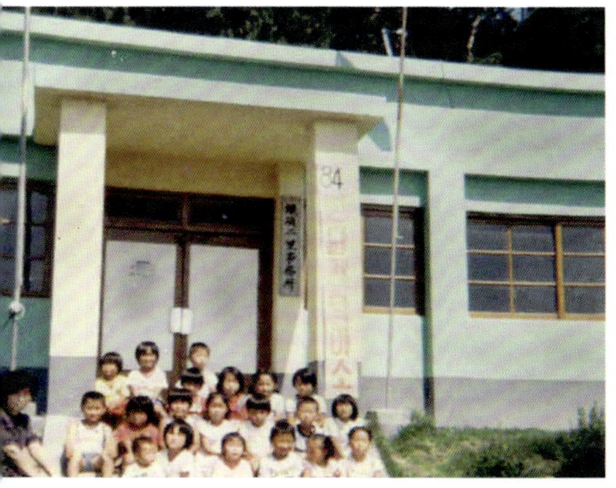
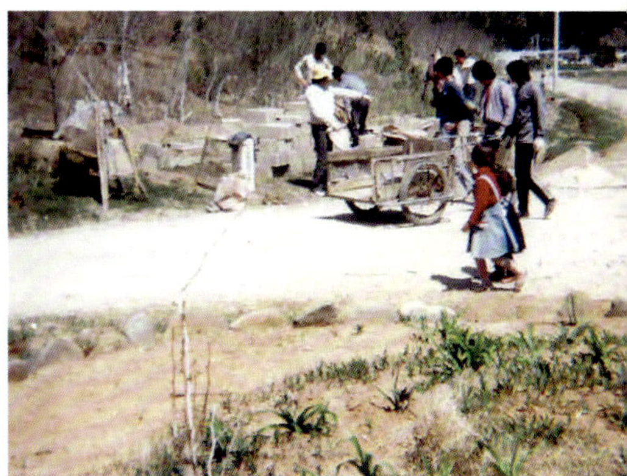

1984년 하계 탁아소(왼쪽)와 4-H 회원의 활동 모습

4-H회원들이 조를 짜서 규제하였다.

새마을사업이 진행되면서 이제 4-H의 활동과 영향력이 약화되고 새마을지도자들이 힘을 발휘하기 시작하였다. 그럼에도 불구하고 4-H는 명맥을 이어 그 후에는 김관수 씨가 회장을 맡으면서 마을에서 흙집을 지을 때 '비럭질' 하여 흙을 져다 주고, 새마을운동기에는 마을길을 넓히는 사업 등 여러 가지 일을 추진하기도 하였다. 이때 활동했던 회원들은 지금도 용우회라는 모임을 하고 있다.

이후 4-H는 4~5년간 활동하지 않다가 다시 결성되었는데, 이때의 회장은 김삼진 씨이고, 회원은 40명 정도였으나 적극적으로 활동하였던 회원은 남녀 28명 정도였다. 이들은 지금의 도로가 나기 전에 의항삼거리에서 등짐으로 생활필수품을 지게로 날라다가 마을에서 구매사업을 하여 기금을 조성하기도 하였다. 그 후 회장은 이상규 → 이복규(인천으로 이주)로 이어졌다.

의항 2리는 한때 청년들의 4-H 활동이 활발하였으나 상급학교로 진학하거나 직장을 잡기 위해 도회지로 나가면서 활동이 쇠퇴하였다. 이처럼 의항 2리는 청년층의 인구유출이 급격하게 이루어져 지금은 청년층인 20~40세 미만의 인구가 고작 8.7퍼센트에 불과하다. 이에 지금은 청년회 구성조차 어려운 실정이다.

상여패

상여계는 일반적으로 상사가 있을 때 상여를 메고 노동력을 제공하는 계이다. 이러한 상계는 마을마다 부르는 명칭이 다른데, 상여계, 상포계, 연반계, 위친계, 역장계가 그것이다. 의항 2리에서는 이를 '상여패' 라 부르고 상두꾼을 '패꾼' 이라 한다.

이 마을의 패는 1패에서 7패까지 모두 6개의 패가 있다. 패를 새로 조직하는 과정에서 4패가 되어야 할 패에서 '4' 자를 기피하는 습속 때문에 7패가 아닌 6패로 하여 4패가 없다. 패원은 1패당 17~25명으로 조직하였고, 패의 임원은 패장(문서)—공원(영자)으로 구성되어 있다. 패장은 초상이 나면 패원들에게 연락하는 일을 담당하고 공원은 옛날에는 보리나 쌀을 재어 거두었다. 얼마전까지 의항리 상여패 1~7패를 총괄하는 의항총패가 있었다. 의항총패에서는 괭이, 삽 등 산일에 필요한 연장을 관리하고, 상엿집(건넌말에 있음)을 관리하였다. 그러나 지금은 총패가 사라져 유명무

표 4-6. 의항 2리 상여패의 조직과 구성원

	1패	2패	3패	5패	6패	7패
조직 시기					1942년	1963년
패장 (문서)	김일수	김화진	김형수	김화문	이병혁	김동민
공원 (영자)	이천규				김중관	김봉안
패원	김일수·이장규·문창혁·김용화·이병재·강성주·이태인·김윤수·이근주·이천규 (10명)	김영진·김화진·문홍혁·김홍곤·문민혁·김갑제·김동운·이영희·김종선·문형배·김종웅·문용배·긴명선·이영규·김태권·김진석·이병기 (17명)	김형수·문운배·문무학·김영재·김경수·이생규·권석조·김생곤·김동설·김관수·김진성 (11명)	김중선·김금산·김기석·김석수·강태창·문홍배·최병국·김진곤·이남규·이병래·김부성·김상희·김동고 김회문 (14명)	이영권·지규용·이상규·이영래·이병수·강성만·김인식·문경운·김강선·정상호·김찬우·이병혁·김중권(13명)	권진하·김동민·김봉안·김광진·김경재·김동철·문경선·김기수·이부규·김경석·김석만·김종국 (12명)

실하다. 그것은 중장비를 동원하여 산일을 하고 15년 전부터 꽃상여를 사용하고 있기 때문이다.

각 패의 조직 시기는 정확하게 알 수 없고, 처음 조직할 당시 1패만 조직되었는지 아니면 동시에 몇 개의 패가 조직되었는지도 알 수 없다. 패원의 자격은 장남에게 상속된다. 그리하여 장남은 아버지의 패를 상속 받아 자신의 아버지가 속한 패에 소속되고, 차남 이하는 분가하면서 당시 패에 속하지 않은 사람들끼리 다시 별도의 패를 조직한 것이다. 이렇게 하여 오늘날에는 6개의 패에 이르게 되었다.

패의 운영을 2패의 정관(1985년 개정)을 중심으로 살펴보면, 패의 운영금은 설립할 당시 패원 1인당 5,000원을 걷었고, 처리는 매년 순번에 의하여 처리하고, 처리장소에서 재정을 결산 운영한다. 작업도구는 문서가 보관하고 작업연락은 공원이 하도록 하였다. 그리고 발인(운구)시 부득이한 사정으로 참석치 못할 때에는 패 내에서 인부를 사서 보충하고 인건비를 패 내에 지출하기로 하였다.

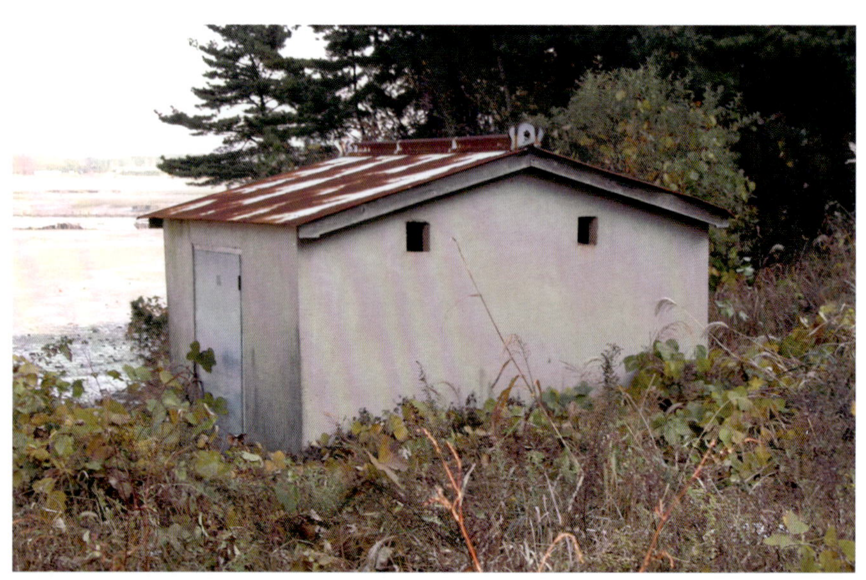

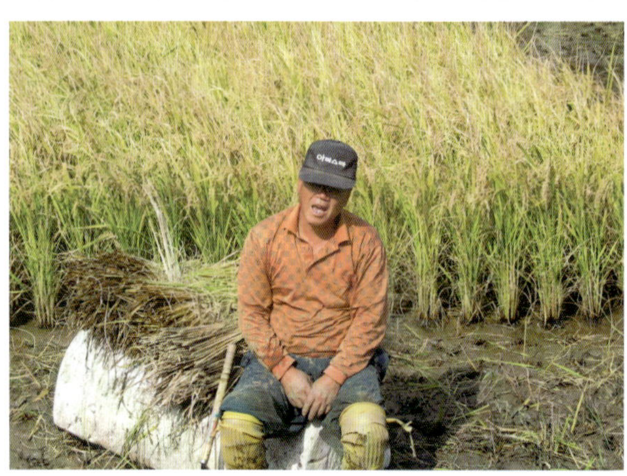

건넌말에 있는 상엿집(위)
북소리 하는 5패장(아래)

옛날 먹고살기 힘든 시절에는 패원들이 패 매러(상여 매러) 갈 때 자신이 먹을 식량으로 여름에는 보리, 가을에는 쌀 반 말씩(4킬로그램)을 가지고 갔다고 한다. 그러나 지금은 패에 따라 패원당 백미 1두씩을 수렴하는 패도 있고, 이것이 없어진 패도 있다. 대체로 패에서는 상여 나갈 때 북수가 소리를 잘 하여 상주들로 하여금 돈을 내놓게 하여, 나중에 장례가 끝나고 나면 그 돈으로 관 값, 포크레인 비용을 주고 나머지는 패의 기금으로 저축하기도 한다.

상여패는 점차 패원들이 외지로 이주하거나 종교적인 이유로 패에서 탈퇴하는 사람이 많아지면서 1패당 패원들이 줄어들어 상여 멜 성원도 구성하지 못하는 패도 생겼다. 그리하여 마을 주민 몇몇은 패를 따로 운영할 것이 아니라 마을 단위의 상여계로의 전환을 제안한 바 있다. 그러나 많은 주민들은 아직까지는 현재 상태를 유지해가기를 바라고 있다.

어촌계

어촌계의 역사　어촌계는 1950년대부터 법인어촌계에서 총괄하다가 1990년도에 분계하였다. 어촌계의 분계는 순리대로 되지 않고 분계 과정에서 의항리 주민과 파도리 주민들의 집단농성 등 적극적인 분계 요청에 의하여 이루어졌다. 1989년 2월 14일 태안군 소원면 의항리, 파도리 어민 300여 명은 태안군청 앞에서 소원면 법인어촌계 해체를 요구하면서 십난농성을 벌였다. 그동안 어촌계는 법인어촌계로 되어 있어서, 법인어촌계에서 환원사업으로 각 마을에 500만 원씩을 주어야 하는데도 불구하고 제때 주지 않았다고 한다. 이에 불만을 가지고 있던 마을 주민들은 태안군이 분군(分郡)되려는 시점에서 어촌계 분계를 요구한 것이다. 어촌계 분계 요청 시위는 소원면소재지에서 파도리 주민과 합세하여 태안군청까지 북, 장구, 꽹과리 등을 치고 노래를 부르며 행진하였다. 경찰에서는 최루탄을 터트리며 봉쇄하였으나 태안군청까지 진출하여 분계를 요구하였다. 이때 주민들의 참여와 열의는 당시 이장의 말씀대로 표현하자면 이러하다. "굉장혔어!" 이때의 이장은 문용배 씨이고, 어촌계장은 이생규 씨였다.

임원과 계원의 구성과 자격　현재 어촌계 정원은 98명으로 이 마을에서 3년 이상 거주자로 1가구당 1명만이 회원으로 가입할 수 있다. 그리고 정원이 98명으로 정해져 있어 자격 요건이 되어도 어촌계 가입이 불가능하고 결원이 생겨야 가입할 수 있다. 어촌계는 경제적 수익성으로 인해 점차 폐쇄적으로 운영되고 있음을 알 수 있고, 이에 따라 어촌계 가입을 둘러싸고 어촌계원이 아닌 마을 사람들과의 갈등을 내포하고 있다.

임원은 어촌계장, 간사, 총대, 감사로 구성되어 있고 임기는 4년이다. 계장은 선거로 뽑고, 계장이 간사, 총대, 감사를 뽑아 어촌계 승인을 받는다. 어촌계장은 서산수협 당연직 이사로서 어촌계 회의에 참석해야 할 의무가 있다. 1990년대 어촌계 분계 이후의 어촌계장은 이생규 → 이명규 → 김화진 → 이장규 → 문형배 → 김삼진 → 김석수(현재) 순으로 역임하였다.

임원의 대우는 어촌계 총수입의 0.5퍼센트를 수수료로 떼어내 그중에서 40퍼센트는 어촌계 기금으로, 60퍼센트는 임원 급여로 지급하고 있다. 수수료로 떼어낸 60퍼센트 중에서 다시 60퍼센트는 어촌계장 급여로, 40퍼센트는 간사 급여로 지급하고 있다. 총대는 11명으로 구성되어 있고, 마을기금에서 1년에 10만 원을 지급하고, 감사는 2명으로 마을기금에서 1년에 15만 원을 지급한다.

운영과 활동 어촌계의 출자금은 옛날에는 5만 원이던 것이 현재는 600만 원이며 양도·매매할 수 있다. 어촌계 정원에 결원이 생기면 출자금을 가지고 입회하고, 탈퇴하는 자는 출자금을 받아 나간다.

총회는 1년에 2회로, 연초 회의에서는 1년 사업승인을 받고 연말(대체로 1월에, 은행이자 문제로) 회의에서는 결산하여 배당금을 나눠 갖는다. 총대회의는 계장, 간사, 총대가 참여하여 한 달에 한 번이나 안건이 있을 때마다 회의를 한다.

어촌계에서는 수익을 올리기 위하여 지속적으로 어장개발에 힘을 쏟고, 전복씨(포자) 뿌리기, 어장 청소(불가사리 청소), 전복 양식, 해녀 고용 등 다양하고 활발한 활동을 하고 있다. 어촌계의 공동재산은 어촌계 회관과 계원들의 출자금, 양식장이 있다.

수리계

수리계의 정확한 명칭은 '의항 2리 간석지 월촌 수리계'이다. 수리계의 조직 목적은 간척지 매립 준공으로 조성된 몽리지구에서 농사소득을 위하여 농지를 개량하고 농사편의 사업을 하여 생산력 증진과 생활 향상을 도모함에 있다. 계원은 농용수 이용으로 농사경영을 위하여 소정의 가입금을 납입해야 가입할 수 있다.

수리계는 마을 주민 40명이 참여하고 있고 계원마다 경작면적이 595~1만 1,199

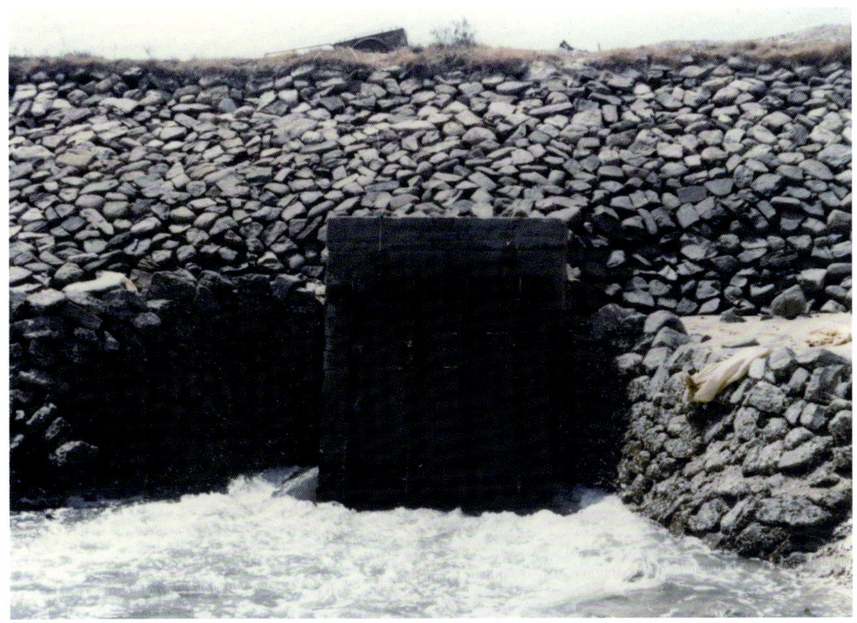

배수갑문

평까지 다양하다. 수리계의 회의는 정기총회와 임시총회가 있다. 정기총회는 매년 12월에 개최하며, 주요 안건은 사업보고 및 결산, 다음 해 사업계획과 예산안 승인이다. 임시총회는 사안이 있을 때 대의원 회의로 대체한다. 총회의 의결은 계원 1/2 이상의 출석과 참석계원 1/2 이상의 찬성으로 의결하고 회의는 계장이 소집한다.

수리계의 임원은 계장 1인, 총무 1인, 수감 1인, 배수갑문수 1인, 대의원 6인, 감사 2인을 두고 있다. 각 임원의 임기는 2년으로 하고 단 재선에 한하여 연임할 수 있다. 계장은 계를 대표하고 업무를 통할하며, 회의 시에는 의장이 된다. 총무는 계장을 보좌하고 경리사무 일체를 처리하며, 수감은 농사수리(농수용 전기관리, 양수관리, 배수관리)의 모든 책임을 진다. 배수갑문수는 배수갑문 관리책임을 지고, 대의원은 임시총회 대행으로 수리계 업무 추진을 의결하며, 감사는 수리계 업무를 감사하고 그 결과를 총회에 보고한다.

이들 임원의 선출방법은 계장과 감사, 대의원은 정기총회에서 계원 1/2 이상이 출석하여 다수 득표자로 선출하고, 총무, 배수갑문수는 계장이 임명하고 수감은 총회에서 추천으로 선출한다. 이들의 보수는 계장의 수당은 30만 원이고, 판공비는 별도로 지급한다. 총무 수당은 20만 원, 수감의 수당은 250만 원, 배수갑문수 수당은 10만 원이다. 그리고 대의원에게는 참석 수당을 지급하기로 되어 있으나 지금은 지급이 보류된 상태이다.

현재 수리계의 임원은 계장 이병혁, 대의원 표정운, 이상규, 김주영, 김동진, 김삼진, 김형수, 수문관리인은 문형배 씨가 각각 맡고 있다.

어민회

어민회는 1990년도 어촌계 분계 이후에 결성되었고, 회원은 고기잡이배를 소유하고 있는 선주 중에 가입을 희망하는 자로 현재 22명으로 이루어져 있다. 어민회 성격은 선주들의 친목모임으로 회비는 1개월에 1만 원이다. 그러나 단순히 친목도모만 하는 것이 아니라 마을과 선주들을 위해 봉사활동도 활발히 하고 있다. 즉 초소 앞 주차장을 조성하였고 바닷가 청소(아홉 물마다, 즉 한 달에 두 번), 간이 화장실 설치를 계속 사업으로 추진하고 있다. 그리고 자체적으로 어업 종사자들의 안전을 위한 구조체계도 갖추고 있다. 또한 어민회의 전문성과 규정성을 두어 의항 2리 어민회에 가입해야만 소원면 선주 연합회(법인회)에 가입할 수 있도록 하였다. 임원은 회장과 총무가 있는데 회장은 김인남 씨이고 총무는 김기석 씨이다.

마을 안팎의 비공식 조직

마을의 비공식적인 조직은 크게 개인의 친목계와 어느 정도 마을 내에서 공공성을 갖는 반친목계가 있다. 친목계는 종류와 성격이 다양하여 일일이 소개할 수 없지만 대체적으로 동갑계와 동창회, 향우회 등이 이 범주에 속하는 것들이다.

의항 2리 친목계의 특징으로 마을 내에서 부인들의 자체적인 친목계가 거의 없다는 점을 들 수 있다. 이 마을 여성들은 농사일과 굴 까기 작업, 식당일로 바빠 별도의 모임을 가지고 친목활동을 할 만큼 여가가 없는 실정이다. 그 대신에 그들은 남편의 동갑계나 기타 친목계에 부부 동반으로 참여하고 있다. 개미목 마을에서 친목계에 부부 동반하여 참여하게 된 것이 언제부터였는지는 알 수 없지만, 현재의 농어촌 현실이 부부 중심 노동으로 이루어지고 있는 상황에서 자연스럽게 받아들여진 현상이라고 생각한다. 개미목 마을은 특히 농사와 어로활동 그리고 굴 작업에서 부부협업에 더 의존하고 있는 상황임을 고려하면 더 더욱 그렇다.

반면에 남성들은 친목계를 많이 가지고 있다. 마을 사람들의 사회활동의 전부가 친목계 활동이라고 해도 과언은 아닐 것이다. 많은 사람은 6~7개의 친목 모임을 가지고 있다. 그러나 교회에 다니는 사람들 가운데 대부분은 생업적인 것 외에는 마을 사람들과 별도의 친목 모임에 참여하지 않는 경향을 보이고 있다. 그것은 마을 사람들과 생활패턴이나 생활의례 방식이 맞지 않기 때문에 반별로 하는 반친목계나 상여패에서도 탈퇴하고 있다.

마을 내 친목 모임

마을 단위의 친목계로는 반별로 하는 친목 모임이 있다. 건넌말의 친목계는 단합친목계라고 한다. 다른 반들의 친목계가 부부 동반으로 참여하는 데 반하여, 단합친목계는 부인들만 참여하고, 매달 무조건 1가구당 1명이 모인다(25명). 시어머니와 며느리가 같이 사는 가정은 시어머니나 며느리 중 1명이 참여하고 있어서 구성원들 간의 연령 폭이 큰 셈이다. 이에 따라 건넌말의 반친목계는 건넌말 부녀회라고 할 수도 있다.

친목계 운영은 회비로 매달 1만 원을 걷고(굴 까는 시기는 2만 원), 마을의 애경사에 단합친목계 회원들이 가서 일을 도와주면 애경사가 있는 집에서 10만 원을 수고비로 내놓는다. 이러한 돈과 회비를 적립하여 2~3년에 한 번 관광을 다녀온다.

큰말 친목계는 회원이 40여 명으로 부부 동반하여 참석하고, 회비는 매달 1만 원이다. 큰말 친목계는 다른 반에 비하여 늦게 만들어졌고(2004년에 결성), 가구 수도 많아 아직 확고하게 자리를 잡지는 못하고 있다.

재너머의 반친목회는 반상회에서 발전한 모임으로 회비는 한 달에 1만 원이고, 반

상회 겸 한 달에 한 번 부부 동반으로 모인다. 지금은 3반 전체(23가구)가 반친목회에 참여하지 않고 현재 15가구만 참여하고, 나머지는 교회에 다니거나 다른 이유로 참여하지 않고 있다. 반친목회에서는 회비를 적립하여 목욕, 관광을 다니고 있어서 특히 노부부만 사는 분들은 반친목회를 자랑할 정도로 좋아하고 흡족해하고 있다.

이외에 마을 사람들의 순수한 친목 모임으로 크고 작은 모임들이 여러 개 있다. 그 중에서 일심회는 마을 주민 가운데 마음에 맞는 사람 9명이 모여 만든 친목회이다. 회비는 두 달에 한 번 모임을 갖는데 모임이 있는 달은 3만 원, 모임이 없는 달은 2만 원이다. 이 모임 역시 부부 동반으로 참여하고 음식값을 제하고 나머지는 적립하여 회원들의 애경사에 도움을 주고 있다.

마을 범위를 넘어서는 친목 모임

의항 2리에서 가장 많은 친목계가 동갑계이다. 마을 단위로 하는 동갑계는 극소수이고, 주로 면 단위로 하고 있다. 그 이유는 농어촌 인구의 감소로 인하여 마을 내에서 동갑계를 구성하기가 어렵기 때문에 초등학교 학군, 더 넓게는 중학교 학군 단위로 하고 있다. 그러므로 동갑계와 동창계의 구성 자격 인원은 거의 같다고 할 수 있다. 동갑계와 동창계 역시 부부 동반으로 참석하고 있다.

월남전우회는 월남전 참전용사들로 구성된 면 단위 모임이다. 회원은 38명이고 부부 동반으로 참여하고 친목도모 및 이웃돕기, 병문안 등의 활동을 펼치고 있다. 한 달에 한 번 모이며 회비는 1만 원이다.

향우회는 마을 내에 거주하고 있는 사람과 출향한 사람들과 같이 하는 모임으로 연령대별로 여러 개가 있다. 경우회(51년생), 용우회(52년생), 명우회(50~55년생) 그리고 50대 후반의 개미향우회가 있다. 이들 모임의 공통점은 마을에 살고 있는 사람들과 외지로 출향한 사람들이 같이 참여하고 있다는 점, 1년에 두 번 부부 동반 모임을 갖는데, 여름에는 의항 2리에서, 가을에는 도시에서 한다는 점이다. 이들 향우회는 구성원들이 향우회라고 명명하고 성격 짓고 있지만, 엄밀히 말하면 친목계 성격이 더 강하다. 마을에서 출향한 사람들이 외지에 살면서 모임체를 결성한 그러한 향우회와는 다른 성격의 것이라고 할 수 있다.

또한 의항리 주민들 중에 개별적으로 로터리클럽 같은 면 단위의 단체에 가입하여 활동하고 있는 사람들도 있다.

교육과 종교, 문화

초등 및 중등교육

개미목 마을 사람들이 근대교육을 처음 받은 것은 1936년에 모항리에 소원공립보통학교 간이학교가 개설되면서부터이다. 이후 1939년 9월에 모항국민학교가 개교하여 의항리 마을 사람들은 걸어서 모항국민학교를 다녔다. 1951년 9월 개미목 마을에 모항국민학교 의항분실이 개설되면서 마을에 처음으로 근대교육기관이 설립되었다. 이 학교는 의항리에서 천리포로 통하는 도로개설작업을 할 때 베어낸 나무를 마을 사람들이 직접 운반하여 지었고, 공회당으로도 사용하였다고 한다. 처음에는 자체적으로 강사를 모시고 수업을 받다가 정식으로 분실 인가를 받으면서 정식 교사가 왔으며 사친회비(기성회비)를 냈다. 분실 당시의 학생 수는 20~30명 정도였고 정식 교사가 있었지만 교사 수가 부족하여 강사를 채용하였다. 이때 강사는 이병기, 이병혁(의항 2리), 김용만(송양 3리), 장동교(소원면 영전리) 씨로, 이들의 봉급은 사친회비에서 지급되었다.

1958년에는 모항국민학교 의항분교장으로 승격하였고, 1971년 3월 1일에 학교가 현 교사 위치로 이전하였으며 1975년 3월 1일에 의항국민학교로 승격되어 4월 25일에 개교하였다. 의항국민학교로 승격되었을 때 학생 수는 100여 명으로 이 시기에 학생 수가 제일 많았다. 그러나 1990년 이래 꾸준한 인구 유출로 인하여 의항국민학교는 1996년 3월 1일자로 소원초등학교 의항분교가 되었다.

1946년에 태안중학교가 개교하였지만, 마을 사람들은 대다수가 가난하여 중학교에 다니지 못하였다. 배우고 싶지만 가난하여 배우지 못하는 사람들은 모항국민학교를 졸업하고 서당을 다녔다. 서당은 독립된 건물이 있었던 것은 아니고, 서산 부석에서 선생님 혼자 마을에 와서 학생들 집에 기거하면서 학생들에게 한학을 가르치

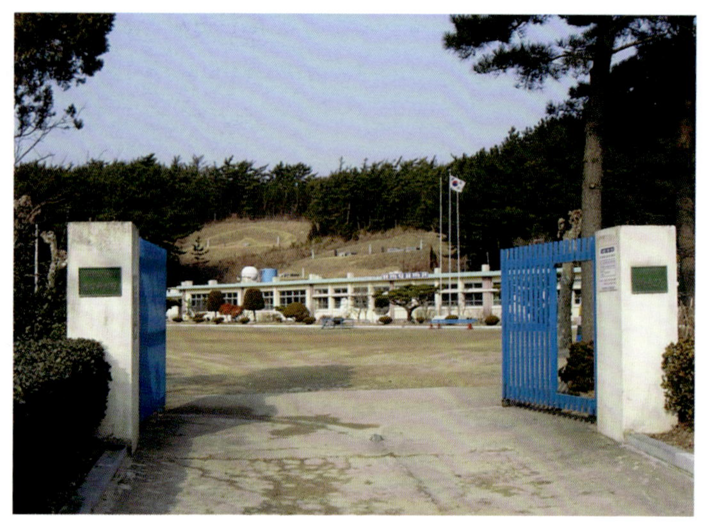

소원초등학교 의
항분교

는 형태였다. 이러한 서당은 10여 년간 지속되다가, 점차 배우는 사람도 없고 훈장
또한 연로하여 자연스레 없어졌다. 이 서당에서 한학을 배운 주민은 문용배, 김동운,
김갑제, 권석조, 김대식, 김경모, 이병일, 이병석, 김영서 등등으로 모항국민학교 졸
업 후에 다녔다고 한다.

그 후 1968년 소원면에 만리포중학교가 개교하여 더 쉽게 중등교육을 받을 수 있
게 되었다. 고등학교는 1963년에 태안중학교가 태안중·고등학교로 병설 개교함으
로써 태안읍내에 고등학교가 생겼지만 마을 사람들의 고등학교 진학은 요원하였을
것이다.

의항국민학교 총동창회는 1972년경 조직되어 동창생들이 축대를 쌓고 구 학교에
있던 나무를 옮겨 심었다. 총동창회장은 이병석 → 권석조 → 김병제 → 이생규 →
고 이명규 씨가 맡았다. 그러나 그 이후 회장을 할 사람이 나오지 않아 동창회는
1990년대 초에 자연적으로 해체되었다.

종교

마을 안에 존재하는 종교시설은 의항교회뿐이다. 그러나 교회신자 수는 청장년부만 65명으로 마을의 20세 이상 인구(227명)의 28.6퍼센트를 차지하고 있다. 이외의 사람들은 종교가 없거나 불교 혹은 무속 신앙이라고 해야 할 것이다. 불교 신자들은 태안의 태화사에 다니거나 모항의 신당으로 다니고 있다고 한다. 개미목 마을에 교회가 설립되기 이전에는 무속 신앙이 마을의 중심 신앙이었다고 할 수 있을 것이다. 교회 설립 당시에는 마을에 점쟁이가 있었고 당집이 있어서 당제도 지냈다. 그러나 교회가 들어오고 마을의 점쟁이가 병에 걸리자 당시 의항교회 전도사에게 법당을 헐어다가 백사장에 불을 지를 것을 부탁하였다. 그 후 그 점쟁이도 1년 정도 교회에 다니다가 사망하였는데 자식들에게 교회에 다니라고 유언을 하여 자식 모두가 교회에 다니게 되었다고 한다.

의항 2리 큰말에 들어서면 마을 중앙부에 교회가 장엄하게 서 있다. 그 교회가 도회지에 있었다면 장엄하다 할 수 없겠으나 의항 2리에서는 규모가 큰 건물이다. 의항 2리에서 처음 교회에 다니기 시작한 사람은 이문교 장로(58세)이다. 그는 10살 때 어머니와 함께 원북면 사장리에서 마을로 들어와 외롭게 지내면서 기독교 신앙에 관심을 갖기 시작하였다. 그는 처음에는 성경책만 보다가 1966년 12월 26일(19세)에 성탄절 부흥집회에 참석하면서 모항교회에 걸어서 다니기 시작하였다.

이문교 장로가 교회에 다니기 시작한 지 3개월 후에(1967년 2월) 비슷한 또래의

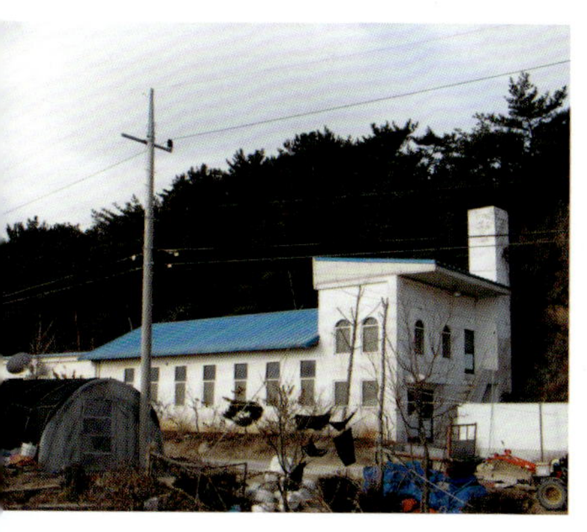
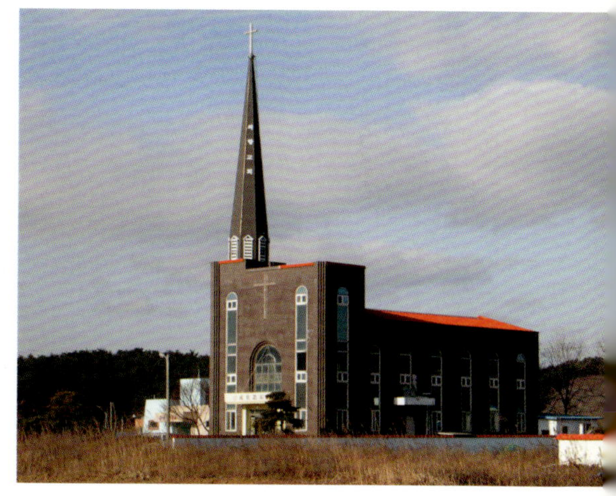

1974년에 설립한 의항교회(왼쪽)
1995년에 신축한 현재의 의항교회(오른쪽)

젊은이들이 같이 교회에 다니기 시작하였다. 이들이 모항교회에 다닌 지 7~8년 만인 1974년 5월에 모항교회에서 교회를 지을 부지를 마련하라고 하였다. 처음에는 큰 말 신고개턱에 부지를 조성하다가 터가 경사지고 좁았을 뿐만 아니라 당시 점쟁이 아들의 반대로 포기하였다. 그런 다음에 당시 이장 김영서 씨의 승인을 얻어 간척지 중에 잡종지로 되어 있는 땅에 교회를 설립하였다.

교회는 1974년 봄에 건물이 완공되었고 9월에 입당예배를 올렸다. 당시 신자 수는 60~70명 정도였다. 구 교회를 지을 당시에는 4-H 활동이 활발하였는데, 회원들이 교회를 짓는 데 많은 도움을 주었음은 물론 교회도 다니기 시작하였다. 그러나 이들은 4-H와 교회가 연합하면 동네 발전에 유리할 것이라는 생각으로 교회를 다녔기 때문에 교회와 자신들의 생각이 맞지 않자 교회를 다니지 않았다. 교회가 현재 위치인 마을의 중심부로 이사한 것은 김석수 씨가 교회 부지를 희사한 이후인데 1995년 7월에 완공, 8월에 입당하였다.

마을 주민의 약 60~70퍼센트는 종교가 없거나 불교를 믿고 있지만 교회에 대한 거부감은 없는 편이고, 교회에서 주민들을 위해 많은 봉사를 하고 있다고 생각한다. 의항교회는 1년에 두 번 효도관광을 보내주고, 경로잔치를 벌이고, 크리스마스 때 새벽송, 문병을 잘 다니며 애경사에 적극 도와주고 있다. 그리고 옛날 마을 사진(이병혁 씨 소장)을 보면 구 교회 당시에는 교회에서 하계 탁아소도 운영하였던 것으로 보인다. 이렇기 때문에 마을 주민들은 교회를 고마운 이웃으로 생각하여, 부흥회가 있을 때 교회에 다니지 않는 주민도 부조금을 들고 교회를 찾아가 인사를 하고 있다.

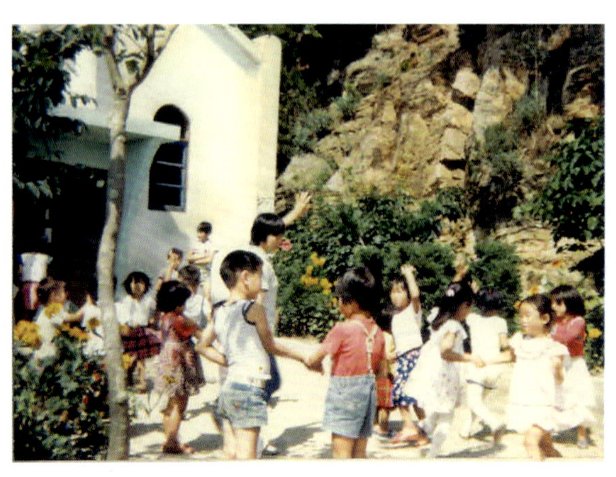

옛 의항교회 탁아소

마실문화: 사랑방에서 굴막으로

1960~70년대 의항 2리에는 뱃사람과 떠다니는 돈이 많아 노름방이 많았다. 또한 당시는 청년들의 4-H 활동이 활발하던 시기였으므로 4-H 회원들이 2개조를 짜서 노름을 규제하러 다니기도 하였다. 그러나 당시 4-H 회원 중에 열성적인 회원을 제외하고는 대개 당번일 경우에는 노름을 규제하고, 비번일 경우에 숨어서 노름을 할 정도로 노름이 성행하였다. 마을 사람들 중 몇몇은 4-H 회원들의 단속을 피하기 위하여 온갖 방법을 다 동원하면서 노름을 즐겼다고 한다. 예를 들면, 낮에는 산속에서 하고, 밤에는 몰래 촛불 밝히고 담요 같은 것으로 앞뒷문 불빛이 밖으로 새어 나가지 못하게 하면서까지 노름을 하였다고 한다. 이렇게 되면 담배연기가 밖으로 빠져 나가지 못하니까 담배 안 피우는 사람을 담배연기로 마취시켜 돈 딴다는 이야기, "노름은 3대가 한다", "장가들면 노름하다 농속(시집올 때 해온 옷)까지 팔아먹은 사람도 있다"는 말이 있을 정도이다. 어떤 이는 땅을 사기 위해 소 팔아 광에 숨겨놓은 돈을 몰래 가시고 노름방에 갔다가 하루저녁 사이에 다 날린 적도 있었다고 한다.

1960~70년대 개미목 마을에 노름이 극성했던 이유는, 당시 다른 놀이문화가 없었고 게다가 겨울철에는 특별히 할 일이 없었기 때문이다. 의항리에 텔레비전이 처음 들어온 시기는 1970년대 초반이다. 그 후로 1980년대 들어 집집마다 텔레비전이 보급되고 또한 본격적으로 굴 양식이 전개되면서 노름은 점점 사라졌다. 이제는 마을 사람들이 겨울철에도 굴 까기에 바쁘고, 저녁시간에는 화투보다 텔레비전을 시청하게 되면서 전문적인 노름방은 없고 재미 삼아 점 500원 내기 고스톱을 하는 정도이다.

개미목 마을은 굴 작업으로 인하여 마실 다니며 이야기 나눌 시간이 전혀 없다. 굴 까는 작업을 하는 굴막에는 장작난로부터 가스, 석유난로에 이르기까지 다양한 난방시설은 물론 취사도구까지 다 갖추어져 있다. 장작난로 위에는 집에서 싸온 도시락이나 물주전자가 놓여 있기도 하다. 마을 사람들은 아침 일찍 굴막으로 출근하여 점심을 굴막에서 해 먹고, 늦은 저녁시간이 되어야 집으로 돌아간다. 그리하여 굴 작업이 한창인 시기에는 손님도 굴막에서 맞이하곤 한다. 손님은 따뜻한 난로 옆에 앉아 커피를 마시면서 이야기를 하고 주인장은 조새질을 열심히 하면서 이야기를 한

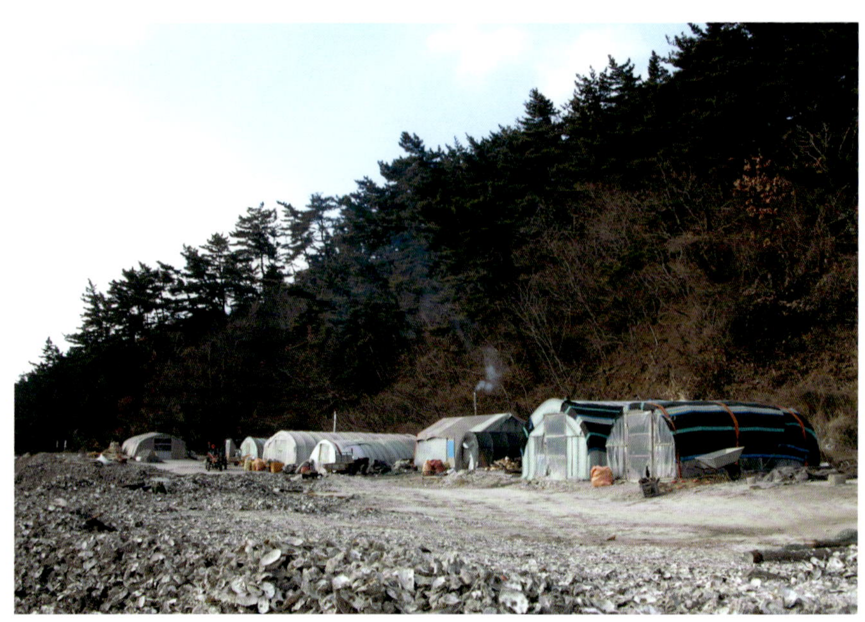

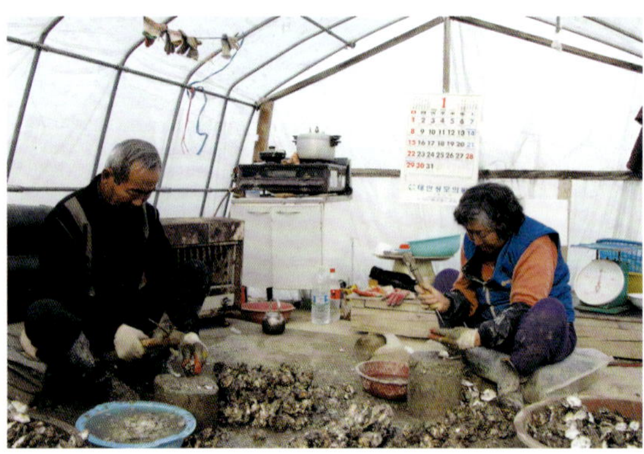

건넌말에서 말막금으로 가는 모퉁이
에 있는 굴막 단지(위)
취사시설과 난방시설이 구비된 굴막
에서 굴 까는 다정한 부부의 모습(왼
쪽)

다. 그리하여 저녁식사 후 아주머니들의 밤마실은 거의 없다. 모일 만한 장소도 없고, 모일 여력도 없기 때문이다. 다만 굴 작업 하는 굴막이 한곳에 운집되어 있는 곳에서는 잠깐 짬을 내어 의사소통, 정보교환이 이루어지고 있다.

이처럼 의항리에서 굴막은 중요한 생업활동의 현장이기도 하지만, 대부분의 시간을 굴막에서 보내고 있으므로 가정생활, 사회생활의 장소이기도 하다. 한창 굴 작업하는 시기에는 마을 주민을 만나기 위해서 집으로 찾아가면 헛걸음하기가 다반사이다. 마을 이장도 굴막을 찾아다니며 마을 일을 보고 있으며, 각 주민들의 굴막이 어디에 위치하고 있는지 훤히 알고 있다. 그리고 특히 굴 작업은 거의 여자들과 노인들의 일손을 필요로 하고 부부 노동으로 이루어지고 있으므로, 부부간에 많은 대화(간혹 부부싸움도 하지만)가 이루어지고 고부간에 정담도 오고가는 대화의 장이기도 하다.

마을과 주변 지역 환경의 변화

마을과 주변환경의 변화와 주민들의 대응

의항 2리 마을은 한때 관광지 개발 붐이 일어났다. 관광지 개발 붐이 일어났던 곳은 의항 2리 주민의 소유가 아닌 외지인 소유의 토지이다. 원래 그 토지는 태안읍 사람 소유의 땅으로 마을 사람들이 나삭하여 오다가 소유자가 바뀌면서 의항 2리 개발위원들의 허가를 받아 염전을 운영하기 시작하였다. 염전은 약 5년 전까지 관리인을 두고 마을 사람이나 외지인을 고용하여 운영하였다. 그 후 소유자가 서울사람에서 원북면 대기리에 사는 조씨로 바뀌었다. 새로운 소유자 조씨는 염전을 매립하고 대지로 형질변경하여 개인들에게 분양하는 염전개발 사업을 추진하였다. 그런데 조씨는 개인에게 분양하는 과정에서 인터넷을 이용하여 광고, 분양하였다. 이렇게 분양받은 사람들이 실제로 의항 2리에 와서 보니 인터넷 분양광고와 많은 차이가 나자 조씨를 사기죄로 고소하는 사태가 벌어졌다. 그리하여 현재 조씨는 감옥에 수감되어 있다.

이처럼 염전 매립지 개발은 처음부터 마을 사람들과 무관하게 외지 사람의 투기 바람으로 시작되었다. 물론 이 매립지가 정상적으로 개발되었더라도 외부 자본으로 개발되었기 때문에 마을 사람들의 소득에 얼마나 도움이 되었을지는 알 수 없다. 그러나 매립지 분양자인 조씨가 이 사업을 추진하면서 마을에 복지센터 부지로 300평을 희사하기로 약속했다. 마을 사람들은 관광지 개발로 인한 어떤 기대보다 마을복지센터 건립을 기대해왔다. 그러나 지금에 이르러서는 마을의 큰 골칫덩어리가 되

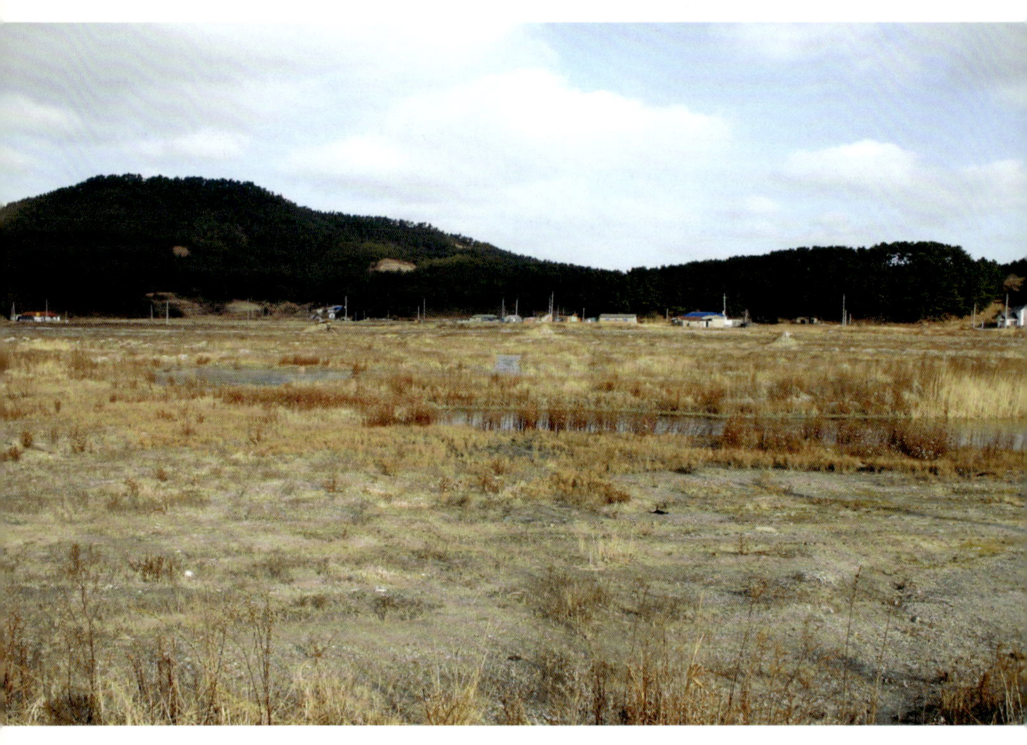

의항리 염전 매립지

고 있다.

　또한 마을의 작은 변화는 마을 내에 외지인의 별장이 생기고 있다는 것이다. 소원면에서 개미목 마을로 들어오는 도로가 2차선으로 시원하게 포장되고, 점차 의항해수욕장이나 구름포해수욕장이 알려지면서부터 외지인 별장이 생기기 시작하였다. 지금은 건넌말에 12개, 큰말에 1개, 재너머에 3개의 별장이 있는데, 이들의 소유주는 대개 주민등록만 의항리에 두고 실제 거주는 하지 않으며, 여름철이나 주말에만 이용하고 있다. 건넌말의 경우 기존의 농가를 구입한 경우(2가구), 집을 지은 경우(조립식 포함, 6가구)이고, 나머지 4가구는 땅을 사서 컨테이너만 놓고 있다. 그리고 건넌말의 12개 별장가구 중에 주민등록까지 옮겨놓은 경우는 5가구이다. 이들은 주로 여름철에 와서 있거나 가까운 지인들에게는 빌려 주는 경우는 있지만 영업행위는 하지 않고 있다.

의항 2리에는 1974년에 부동산 투기 바람이 한차례 불었다. 이때 여러 사람들이 들어와 땅을 매입하였고 매매가는 1평당 3,000~5,000원이었다. 서해안고속도로가 개통될 즈음 다시 투기 바람이 불어 9명 정도가 순차적으로 마을의 토지를 매입하였다. 경우에 따라서는 한 물건의 소유주가 외지인들로 여러 차례 바뀐 경우도 있을 정도이다. 요즘 의항리 토지 거래가는 1평당 30여 만 원 정도라고 한다.

이들 별장 주인과 마을 사람들은 서로가 별 관심을 두지 않고 있다. 별장 주인들 중에는 집을 산 지 1년이 다 되도록 이장이나 마을 사람들과 의사소통을 하지 않는 사람도 있다. 또한 이들 중 일부는 여름철에 별장에 놀러와서 수영복 차림으로 마을을 활보하거나 대낮에도 음악을 크게 틀어놓는 등 이웃 주민들을 전혀 의식하지 않는 행동을 하기도 한다. 이에 마을 주민들은 아직까지는 이들의 행각을 공론화하지 않았지만 개인적으로 이들의 마을 방문을 달가워하지 않으며 경계하고 있다.

앞으로의 과제

개미목 마을은 태안반도 끝자락에 자리 잡은 마을이다. 옛날에는 가난한 어촌으로 농사지을 땅을 갖는 것이 마을 사람들의 소원이었다. 이러한 마을이 도로개통과 간석지로 인하여 개방되면서 변화하기 시작하였다. 어업이 활기를 띠어 한때는 꽃게잡이와 젓갈 가공으로 가구당 소득이 높아졌다. 그러나 현재는 개인의 어로사업은 주춤하고 어촌계 중심의 전복·해삼 양식과 개인의 굴 양식으로 가구당 소득을 올리고 있다.

또한 서해안고속도로의 개통과 서해안 개발사업에 따라 관광지로 알려지면서 민박, 식당 운영 등으로 활기찬 마을로 바뀌었다. 그러나 이에 못지않게 외지인들의 부동산 투기 바람이 마을까지 침투하고 있다. 이렇게 외지인의 부동산 투기 바람으로 인하여 마을 내의 염전 매립 개발사업을 추진하였으나 난항을 겪고 있고, 이제는 마을의 흉물거리가 되었다. 마을 주민들은 염전 매립 개발사업이 원만하게 타결되기를 바라고 있다. 그것은 마을 초입에 위치한 나대지가 버려져 있어 마을의 이미지 제고에 나쁜 영향을 미치고 있기 때문이다. 그리고 염전 개발사업이 원만하게 해결되어 그들이 약속한 대로 주민복지센터의 건립을 바라고 있다.

한편, 현재 고기잡이가 적자를 면치 못하는 상황은 마을 사람들의 주장대로 주변 지역의 개발로 인하여 수온이 상승하는 등 물고기 산란 자체가 어려운 환경 때문일 것이다. 그러나 주변환경 탓으로만 돌리기보다 주민들 스스로 어업규정을 잘 지켜 생활의 터전인 바다를 지키는 것이 곧 마을의 미래를 보장하는 길일 것이다.

더 나아가 앞에서 본 연령별 인구분포를 보면 개미목 마을은 마을의 미래를 보장할 수 없을 정도로 20~30대가 없는 마을이다. 젊은이들이 떠나지 않고 돌아오는 마을로 만들기 위하여 어촌체험마을로의 변신을 제안하고 싶다. 요즘 농촌·어촌체험마을이 도회지 사람들로부터 각광을 받고 있다. 개미목 마을은 서울, 인천에서 지리적 접근성이 좋은 편이고 깨끗한 해수욕장을 가진 마을로서 어촌체험마을의 기본 여건은 충분히 갖추었다고 생각한다. 즉 마을 초입에 버려져 있는 염전매립지를 체험장으로 잘 활용하고, 여기에 개미목이 가지고 있는 천연의 구비조건, 즉 독살 체험, 자연굴 채취 체험, 갯바위 낚시 체험 등의 프로그램을 갖추면 아주 훌륭한 어촌체험마을이 될 것이다. 이러한 변신은 반드시 마을 사람들이 주체가 되어야 한다는 것이 무엇보다 중요하다.

(이 연숙)

주(註)

1) 2000년도 「인구주택총조사」 결과. 통계청 홈페이지의 통계DB(COSIS)의 분석 결과. 이하 같음. http://kosis.nso.go.kr/cgi-bin/sws_999.cgi

2) 역시 통계청 홈페이지의 통계DB(COSIS)를 참조하였음.

3) 김창민, 「의항리의 마을조직과 친족조직」, 마을연구단 1차년도 학술심포지움 발표요지문.

4) 이창기, 「동해안 어촌마을의 지역적 통혼권」, 『민족문화논총』 제23집, 영남대학교 민족문화연구소, 2001. 3쪽.

근대적 변화와 일상생활

교통체계의 변화와 근대문물의 유입

태안군 끝자락에 위치한 의항리(일명 개미목 마을)는 고운 조개껍질로 이루어진
아름다운 십리포와 구름포해수욕장을 옆에 끼고, 갈매기가 한가롭게 날갯짓을 하는

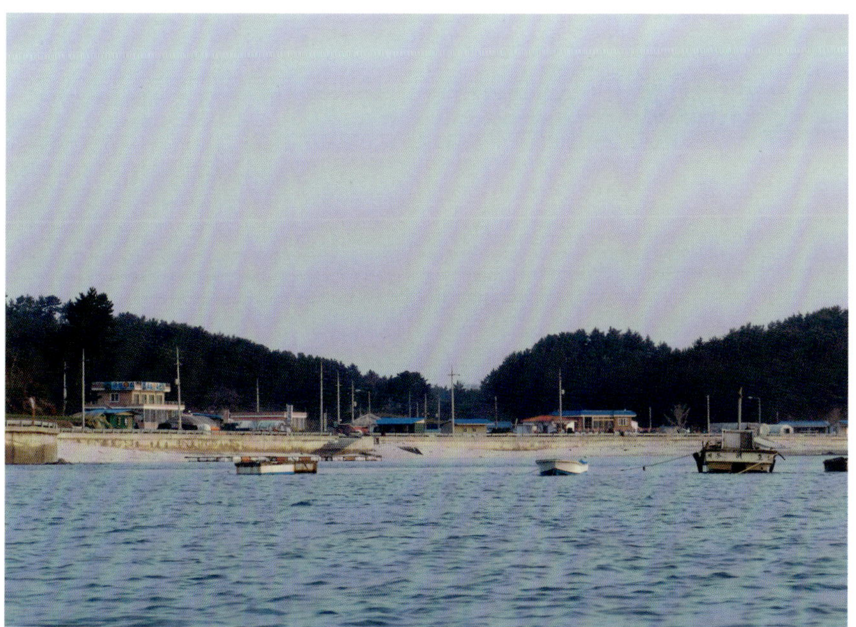

삶과 꿈의 현장 의항리 앞바다

푸르른 서해 바다를 가슴에 안고 있는 평화스러운 어촌마을이다. 비록 농경지의 부족과 거친 삶의 터전인 바다와 지리적 고립으로 인해 가난과 함께한 생활이었지만, 주민들은 예로부터 인심이 후하고, 서로를 아껴주는 그런 마을공동체를 영위하였다. 가난이 숙명처럼 되어버린 마을의 운명을 개척하고자 하는 주민들의 개척정신과 단결력은 외부 세계로의 도로를 자력으로 뚫게 하였고, 간척사업을 성공시켜 마을의 운명을 바꾸어놓았다. 이후 시작된 굴 양식 사업으로 이제 의항리는 비교적 넉넉한 마을로 비약적인 발전을 이루었다. 근래에 들어오면서 의항리는 아름다운 관광지로 주목 받게 되었고, 마을 주민들은 재도약을 꿈꾸고 있다. 불과 100년도 채 안되는 시간 속에서 의항리 주민들은 전통적인 삶에서 근대적인 삶, 그리고 현대적인 삶으로 급격한 가치관의 변화와 일상생활의 변화를 경험하였다. 본 장에서는 마을 사람들의 증언을 토대로 변모한 주민들의 일상생활을 재구성하고자 한다.

외부 세계로의 장기 여행길

의항리는 불과 40여 년 전까지만 해도 지리적 고립으로 인해 외부와 단절되어 변화의 물결이 닿지 않는 곳이었다. 100여 년 전 근대 과학의 총아인 전기가 도시의 화려한 밤을 수놓고 전차와 기차가 전국을 일일생활권으로 묶어놓고 있을 때, 의항리는 1970년대 중반까지도 인근 시장인 태안장에 가기 위해서는 1박 2일이 소요되는 그런 오지마을이었다. 당시 의항리에서 외부 세계로 나가는 길은 세 갈래가 있었다. 첫째가 마을 앞바다에서 농작선을 타고 신곡리에 내려 원북장까지 걸어가는 길이 있었고, 둘째는 수망산 쪽 오솔길로 두어 시간 걸어가 삼거리에서 버스나 트럭을 얻어 타고 태안장에 가는 방법이었는데 일제 강점기 모항국민학교에 통학하던 학생들이 다니던 길이었다. 셋째는 재 너머 바닷가 쪽으로 걸어 천리포 쪽으로 나가는 길이었는데, 이 길은 밀물 때는 사용할 수 없다는 단점이 있었다. 세 통로 모두 하루 종일 걸리는 장기 여행이었다. 이에 의항리 주민들의 의식에는 쉽게 접근할 수 없는 외부 세계에 대한 동경, 외경심, 호기심, 열망들이 내재되어 있었다.

도로와 교통의 낙후성이 결국 마을의 미개발, 다시 가난이라는 쳇바퀴로 이어지는 것을 깨달은 의항리 주민들은 직접 외부와의 도로를 뚫기 시작하였다. 의항에서

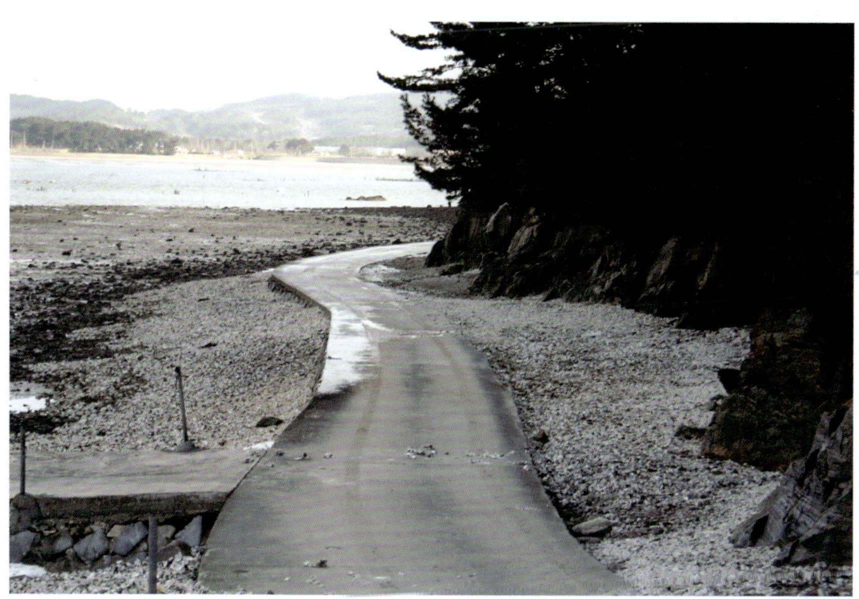

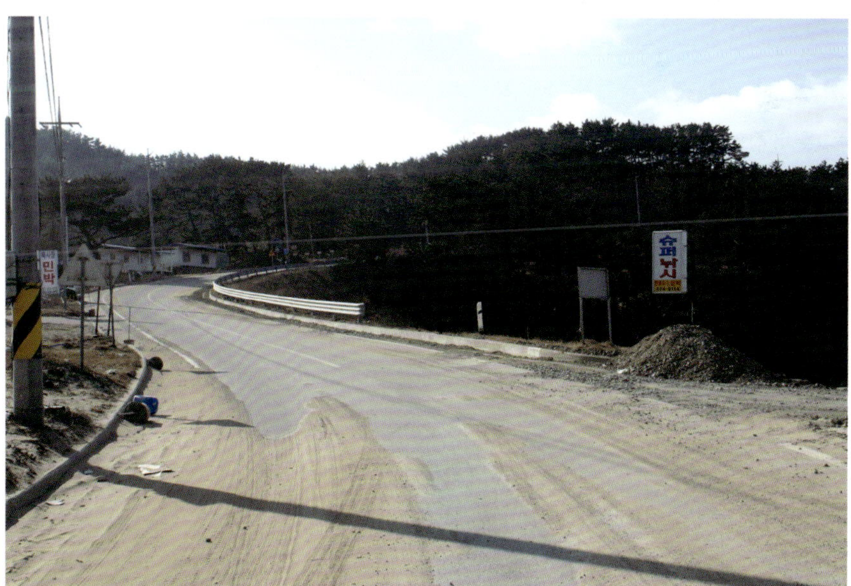

건넌말에서 바닷가 쪽으로 포장된 도로(위)
마을 어귀에서 수망산 방향으로 뚫린 도로(아래)

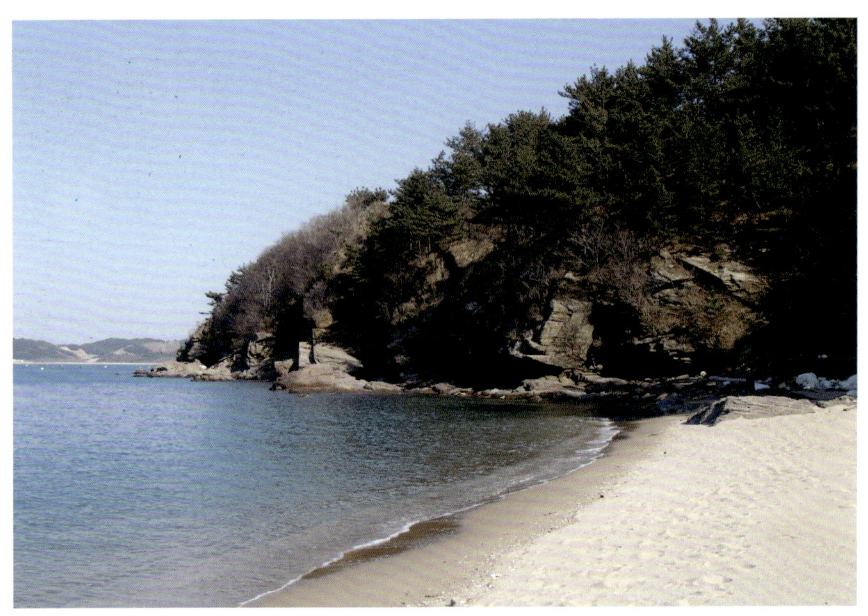

구름포해수욕장

천리포 경유 도로를 계획한 그들은 1960년부터 4년 동안 여가의 대부분을 공사에 자진 헌납하였다. 어느 누구의 도움과 지원 없이 주민 스스로 점심 도시락을 들고 나와 하루 종일 맨손과 지게, 삽으로 산을 뚫는 헌신적이고 불굴의 공동작업을 하여 공무원들의 마음을 움직였고, 이에 감명을 받은 군청에서 필요한 자재를 공급하여 드디어 1964년도 5월에 도로가 완성되었다. 의항리와 외부 세계와의 길이 뚫리게 되자, 처음으로 외부 상인들의 트럭이 마을을 드나들게 되었고 신혼여행을 다녀온 새색시도 택시를 타고 집에 올 수 있게 되었다. 1976년경 버스가 하루에 한 번 마을에 들어오자 마을은 흥분의 도가니에 휩싸였다. 이제 버스를 타고 편안히 친정나들이를 할 수 있었고, 읍내에 나가서 친구들과 자장면도 먹을 수 있었다. 너무도 고마웠던 문형배 씨 부인 홍정자 씨는 3개월 동안 운전기사의 밥을 정성껏 해주었다고 한다.

그 후 수망산 간석지가 간척되면서 송현삼거리에서 수망산 간석지까지 큰길이 뚫리게 되었다. 이제 마을 입구에서 간석지까지 약 1.5킬로미터 정도의 길만 뚫으면 외부 세계와 더 빨리, 더 편리하게 연결될 수 있는 것이었다. 더욱이 기존의 천리포 길

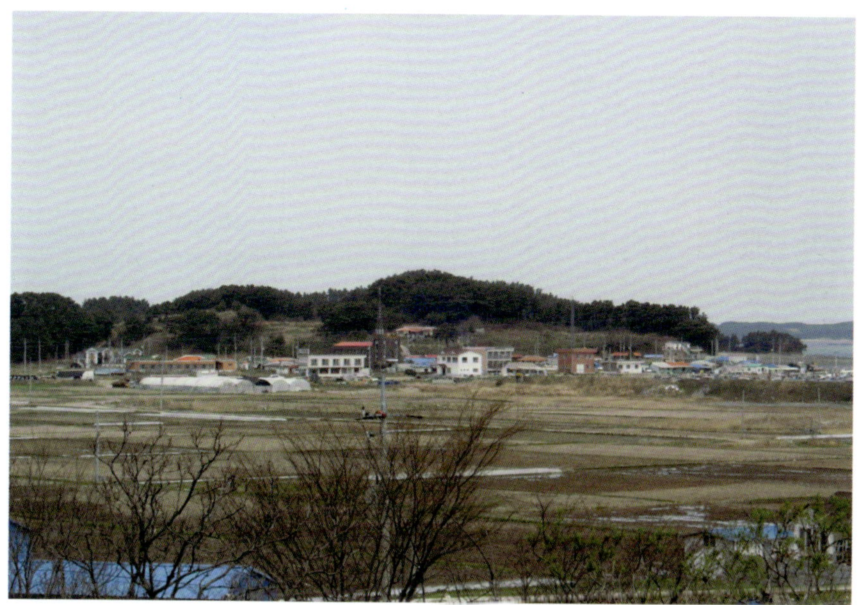

최근의 큰말 경관

은 빌붙일 때는 다니지 못하는 단점이 있었다. 맨손으로 천리포까지의 길을 뚫었던 주민들은 '하면 된다' 라는 자신감을 가지고 1976년경 수망산 방향 도로 공사를 착수하였다. 주민들은 1개월 이상 각자 몇 미터씩 책임제로 작업을 하였고, 이영환 씨가 힘을 써준 결과 면에서는 소맥분과 보리쌀을 일부 지원해주었다. 주민들은 수망산 방향 도로 건설을 성공적으로 끝내고 다음 작업을 시작하였다. 그것은 마을 안 도로를 넓히기 위해 '농로 되찾기' 라는 이름으로 진행된 도로 확장 사업이었다. 각 집으로 편입된 일제 강점기 도로와 면유지를 회수하고, 나머지 일부는 주민들로부터 무상으로 희사 받아 비포장이지만 버스가 다닐 수 있는 폭으로 넓혔다.

아스팔트 위에 출현한 트럭 행상

현재와 같이 일리포해수욕장의 아름다운 경치를 보면서 시원스레 뚫린 아스팔트로 마을에 들어갈 수 있게 된 것은 불과 지금으로부터 약 3년 정도밖에 되지 않는다. 군도 2호선 포장공사의 일환으로 송현 2리부터 개미목 입구까지 포장된다는 정보를

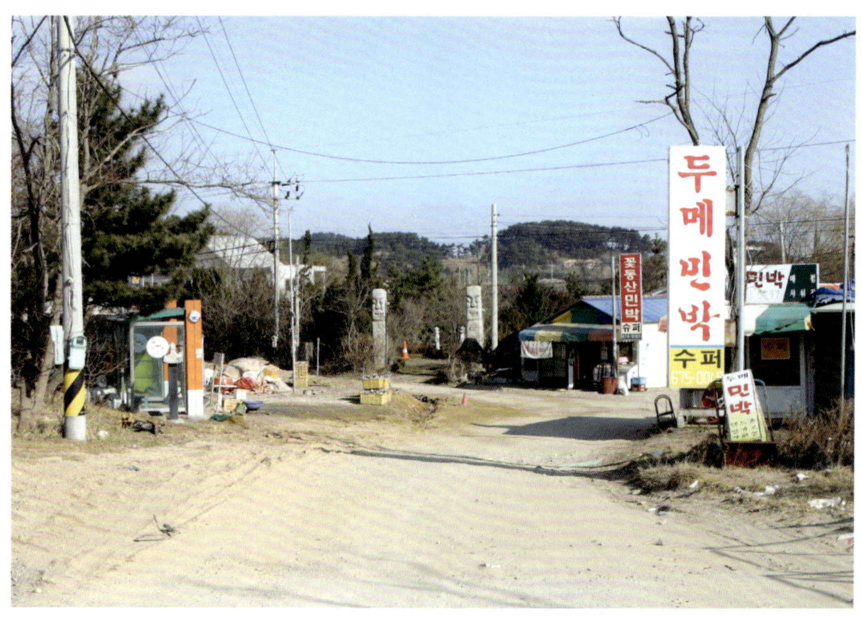

상가와 민박

입수한 이장의 발 빠른 대응으로 2002년 국비로 마을 안까지 포장하는 데 성공하였다. 외부와의 통로가 편리하고 신속하게 확장되자 즉각 그 가시적 결과가 드러나게 되었다. 바로 서해안고속도로의 개통과 더불어 충청도 지역으로 몰려드는 관광객의 출현이었다. 인근에 태안해안국립공원이 있고, 마을로 들어가는 입구에 의항리해수욕장(일명 일리포해수욕장)이 있으며, 이태백이가 놀다 갔다는 태배가 있는 의항리는 이제 관광의 중심지가 되었다. 외지인들의 땅 구입이 점차 늘어나자 마을의 땅값은 치솟아 바닷가가 보이는 대지는 상당히 비싸다. 또 하나의 변화는 마을 주민들이 이제 반농반어업(半農半漁業)에서 관광업까지 겸하게 되었다는 점이다. 마을 주민들은 서둘러 식당업과 숙박업, 낚싯배 대여업 등에 투자하여 현재 큰말에는 식당, 횟집, 여관, 민박촌들이 즐비하게 늘어서 있다.

외부로 도로가 뚫리기 이전, 주민들이 정성껏 수확한 쌀과 마늘, 고추, 조기, 간제미, 굴 등을 머리에 이거나 지게에 지고 필요한 일상용품을 구입하기 위해 찾아가는 곳은 태안장과 원북장이었다. 원북장은 마을 사람들이 주로 1960~70년대에 많이 이용하였으나 자연 소멸되어 자취를 감추었고, 현재는 소원시장을 이용하고 있다. 교통이 나빴던 일제 강점기와 1950년대에는 가끔 방물장수들이 마을에 출현하여 양말, 옷감 등을 돈이나 쌀 및 기타 농수산물과 물물교환하였다. 이들은 외부 세계의 소식을 전해주는 메신저였다. 건너 마을에 공회당과 도로를 개통한 것이나 농사 현황, 그해 선거의 전망이나 김씨네 아들이 장가가는 것 등을 상품과 함께 서비스로 전해주었다. 이런 방물장수는 1970년대 중반 버스가 개통되면서 사라졌고, 대신 일주일에 한 번씩 트럭에 생필품과 식료품을 싣고와서 판매하는 트럭 행상이 모습을 드러냈다.

근대문명의 환희와 의식주의 변화

근대의 환희: 전기, 전화, 라디오의 등장

의항리에 전기가 처음 선보인 것은 약 1966년경이었다. 다른 마을에 비해 전기가 빨리 들어온 것은 인류학 현지 연구조사차 마을에서 3년간 거주했던 미국인 빈센트 브란트가 전동기를 구입하여 자가발전을 한 것에서 기인한다. 그가 마을을 떠나면서 전동기를 기증하였고, 몇몇 집에서도 전동기를 구입하여 전등을 달았다. 이때 전력이 모자라 한 집에 전등 하나씩 배당 받았는데, 각 집에서는 안방과 건넌방 천장 중간에 구멍을 뚫어 전등을 설치하는 기지를 발휘하여 전등 하나로 방 두 개를 환하게 밝혔다 한다. 그 후 마을 이장이 한국전력과 면사무소에 청원을 하고, 가가호호 기금을 모아 전기를 마을에 끌어들인 것이 1976년경이었다. 이로써 집집마다 전기가 들어오게 되었고 마을의 밤하늘을 환하게 밝히게 되었다.

사교생활의 주 무기이자 정보를 급속하게 전달하는데 기여한 전화는 전기보다 늦게 들어왔다. 1970년대 중반까지 마을에 위급 환자가 발생하는 긴급 상황이 벌어지면 바닷가 경비초소에 설치된 무전기로 택시를 불러 병원에 갈 수 있었다. 전화의 전단계로 마을에 도입된 것이 바로 인터폰이었다. 면에서 지원을 받아 집집마다 인터

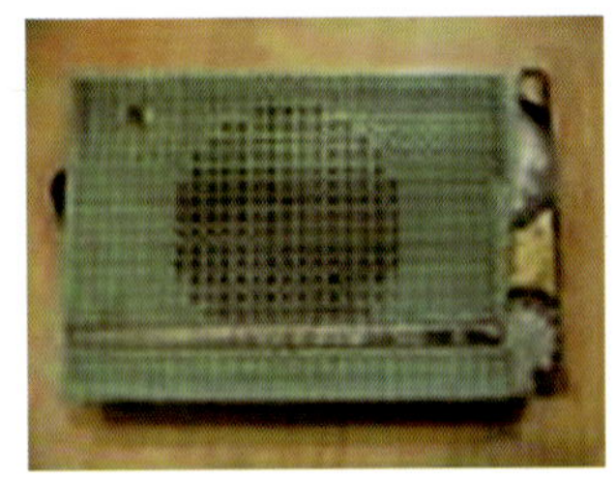

트랜지스터라디오

폰을 설치했고, 그 교환대는 이장과 (새마을)지도자 집에 놓여 이장은 교환원 직업까지 겸임하게 되었다. 그러나 불행히도 2년 정도 만에 교환기는 고장이 나서 무용지물이 되었고, 그 후 소원면 전화추진위원회가 설치되어 1차와 2차에 걸쳐 마을에 전화선을 놓기 시작하였다. 한편, 외지에서 소식을 전해주는 우체부는 1960년대까지 태안우체국으로부터 일주일에 1~2번, 오솔길을 걸어서 이 마을, 저 마을로 소식을 전해주러 다녔다. 우체부는 부업으로 신문배달을 겸하였는데, 그를 통해 동아일보, 조선일보 등이 배달되었다.

마을에 트랜지스터라디오를 처음 들여온 사람은 김주영 씨와 의항초등학교 교사였다 한다. 김주영 씨는 해방 직후 서울에서 '세이나(소니)'를 구입했는데 신기한 소리상자 라디오는 금세 마을 주민들의 인기를 독차지하여 저녁마다 드라마와 노래를 듣기 위해 온 마을 사람들이 몰려들었다. 건넌말 이병기 교장선생님도 넉넉한 살림살이로 라디오, 텔레비전을 가장 먼저 들여놓은 사람 중 하나였다. 김일의 박치기 솜씨가 전 국민을 열광시킬 무렵 의항리 주민들도 교장선생님 댁 마루에 모여 앉아 함께 응원을 할 수 있었다.

머리칼 나부끼며 즐기는 마을 축제

아름다운 바다가 있는 의항리에 현대 대중문화가 유입되기 시작한 것은 그리 오래되지 않았다. 텔레비전이나 라디오가 들어오기 전 업자들이 들어와 큰말에 천막을 치고 활동사진을 보여주었던 것이 유일한 것이 아닌가 싶다. 그래서 의항국민학교 분교에서 운동회가 열리는 날이면 바로 마을 축제의 날이었다. 혹시나 비가 올까 며칠 전부터 노심초사하던 아이들과 부모, 할머니, 할아버지들은 김밥 도시락과 곶감, 과자 등을 먹으며 만국기가 휘날리는 운동장에서 하루해를 보내곤 했다. 각 반 대항 달리기 대회에서 머리칼 나부끼며 사력을 다해 뛰던 순이 덕분에 낫과 호미도 얻고 오랜만에 옆 마을 친구도 만나 술 한 잔 걸치며 회포도 푸는 그런 축제였다. 요

즈음에는 1년에 한 번씩 소원면에서 학교를 빌려 각 마을 청년들이 참여하는 체육대
회를 열고 있다. 물론 농어촌 청년은 20대가 아닌 영원한 청년 40~50대 초반 세대이
다. 이 체육대회에서는 각 마을 대항 달리기, 씨름, 축구 등 체육 경기가 열리고 푸짐
한 부상과 얼큰한 영양탕도 마련되어 있다.

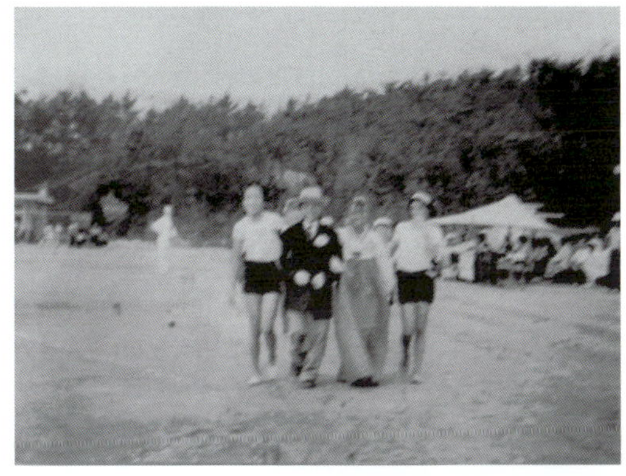

할머니와 함께하는 즐거운 운동회(왼쪽)
마을 결혼식 잔치 모습(아래) 푸짐한 잔
칫상이 후덕한 마을의 인심을 엿보게 한다.

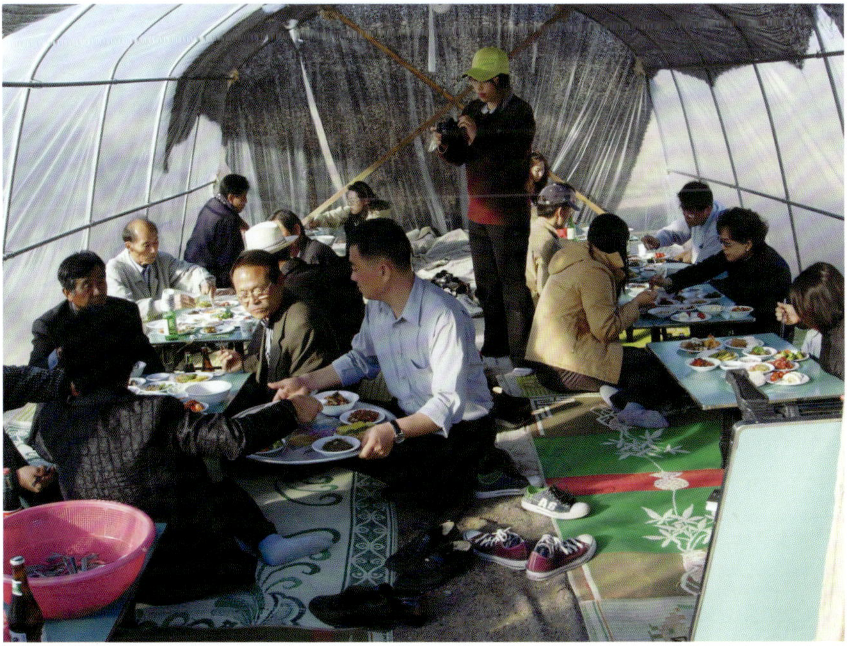

또한 결혼이나 회갑 등 마을 주민의 경조사 날은 마을 전체의 잔칫날이다. 동네 이웃사촌들은 모두 모여 진심 어린 축하인사와 덕담을 건네고, 주인이 차려놓은 음식을 나누어 먹는다. 후한 인심에 마을의 모든 주민들은 물론 지나가는 나그네에게도 푸짐한 잔칫상이 안겨지는 그런 풍습이 그대로 전해지고 있다.

길쌈에서 해방된 여인네들

대부분의 농촌마을처럼 의항리에서도 1960년대 초반까지 여성들이 길쌈을 하여 의복을 만들어 입었다. 개항기 대한제국에 들어온 옥양목, 인조견, 공단, 그리고 식민지 시기 일본 공장에서 쏟아져 들어오는 여러 종류의 면제품들은 의항리의 가난한 여성들을 비켜가고 있었다. 아직도 자본주의적 교환시스템에 완전히 편입되지 않은 의항리 여성들은 집 앞 텃밭에 면화나 삼을 심어 무명이나 모시, 삼베 등을 길쌈하여 호롱불에 눈을 비비며 한 올 한 올 바느질을 해가면서 저고리, 바지, 버선 등을 만들어 입힌 것이다. 살림이 넉넉한 경우, 그리고 인천 등지로 나가 학교나 직장을 다닌 경우 기성복을 사서 입기도 하였지만 대부분의 마을 사람들은 1963년 정도까지 집에서 만든 친환경 천연제품을 사용한 것이다.

그 후 아버지들이 장에 나가 '광목필'을 사 들고 들어오면 어머니들은 이것을 검정으로 물을 들여 바지와 치마를 꿰매서 아이들에게 입혔다. 곧이어 값싸고 질기고 세탁이 용이한 요술 옷감 나일론이 농촌 시장에까지 널리 보급되자 의항리 여성들은 의복생산에서 해방되었고, 마을 사람들도 각자 개성에 따라 패션감각을 살릴 수 있게 되었으며 도시의 유행이 어촌마을에까지 밀어 닥치게 되었다. 당시 유행했던 기성복은 검은 바지에 감색 점퍼였다. 마을의 멋쟁이 신사들은 감색 점퍼를 입고 인근 마을과 장으로 나들이를 하였고, 기성복의 도래와 함께 헤어스타일에도 일대 혁명이 일어 마을 주민들은 미용실과 이발소에서 머리를 예쁘게 단장하였다. 미에 관심이 특히 많았던 여성들은 태안으로 나가 장에 있는 미장원에서 파마머리를 하였다.

바다가 준 먹거리와 의항리 대표음식

1974년 의항 2리 제방이 완공되기 이전까지 의항리는 끼니조차 잇기 힘든 가난한 마을이었다. 농토가 부족한 개미목 마을은 외지에서 수산물과 쌀을 교환하거나, 보리쌀로 연명해야 하는 그런 형편이었다. 일제 강점기에 아이들의 도시락 반찬은 각 집의 경제력 차이가 가장 확연하게 드러나는 곳이었다. 넉넉한 집 아이들은 김이나 장아찌를 '벤또(도시락)'에 넣어가지고 오고, 없는 집 아이들은 꽁보리밥 한쪽 켠에 고추장, 된장을 꾹 찔러 가져오거나 혹은 재수 좋을 때는 김치, 나물 반찬, 능쟁게(칠게)를 바가지에 싸가지고 왔다. 그것조차 없는 집 아이들은 굶기가 일쑤였고 허기진 배를 채우기 위해 운동장 옆 우물물을 들이키면서 점심시간을 보냈다. 그래도 의항리는 바닷가 마을이었기 때문에 바다에서 잡는 우럭, 조기, 게, 조개 등 비린 것들을 먹을 수 있었고, 된장과 함께 먹는 회 맛을 즐길 수 있었다.

의항리의 대표적인 생산 활동이 굴 양식업이어서 그런지 대표 음식도 굴요리가 아닌가 싶다. 계란물을 씌워 기름에 노릇노릇 구워낸 굴전, 갖은 양념에 시원하게 무친 굴 물회, 장작불로 구워낸 석화구이, 얼큰하고 시원한 굴국과 잣, 대추, 밤, 은행을 함께 넣어 돌솥에 뜸들인 영양굴밥은 지나가는 나그네의 미각을 자극한다. 전복죽, 전복회, 전복찜으로 이름이 높은 전복, 굽는 냄새에 집 나갔던 며느리두 다시 돌아온다는 전어, 바다의 인삼으로 유명한 해삼회, 해삼탕도 빼놓을 수 없는 의항리 요리이다. 그 밖에도 의항 앞바다에서 방금 잡은 민어, 상어, 도미, 조기, 도다리, 숭어, 원구

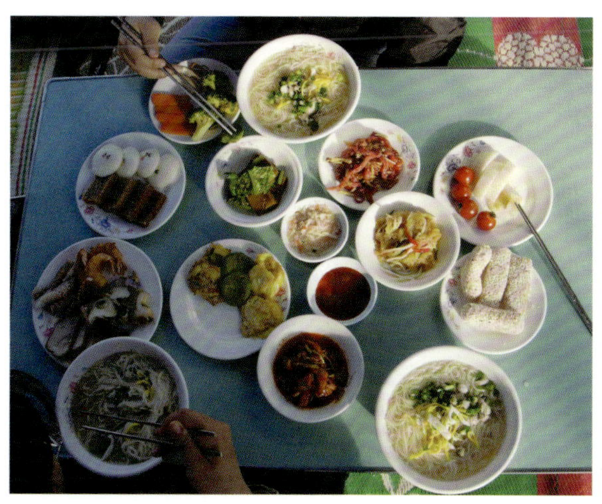

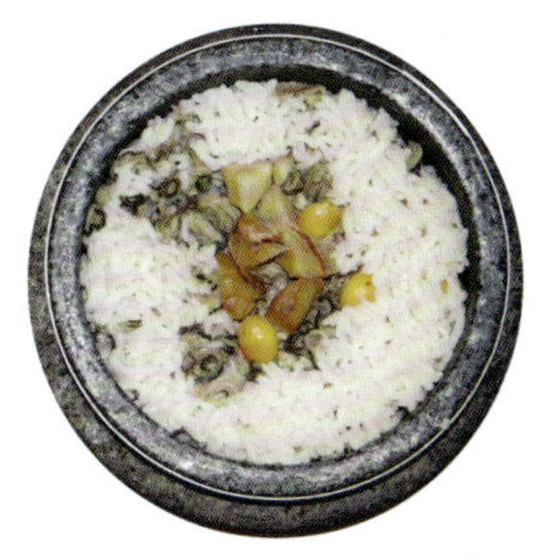

의항리 잔치음식(왼쪽) 잔치 때 단골 메뉴로 굴국수가 등장한다.
나그네들의 미각을 돋우는 영양굴밥 (오른쪽)

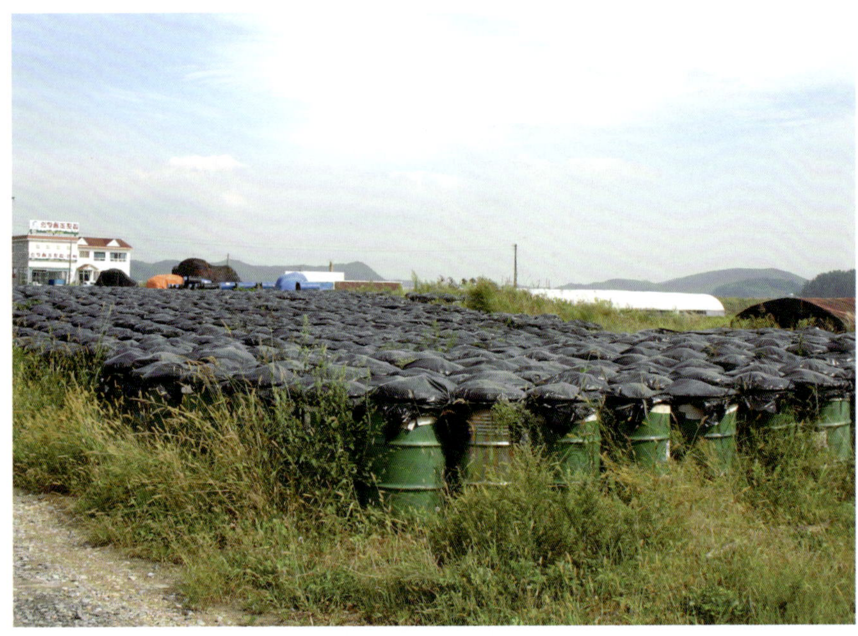

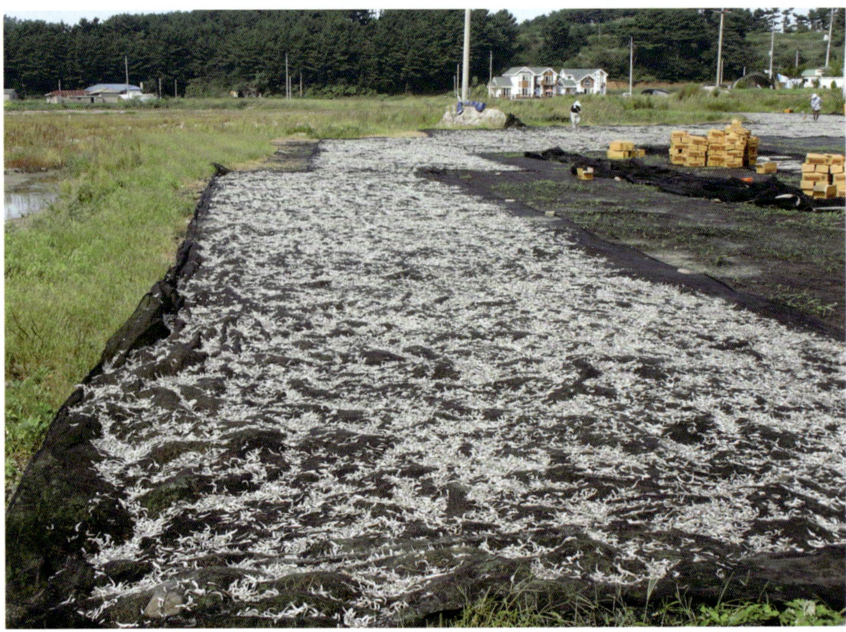

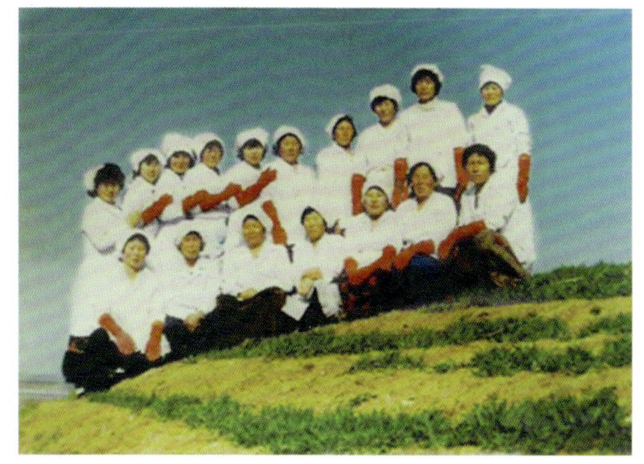

의항리 젓갈 야적장(옆면 위) 드럼통에
젓갈을 숙성시키는 모습
바닷바람에 말리는 멸치(옆면 아래)
빨간 고무장갑의 의항리 요리사들(왼쪽)
마을 여성들은 큰 잔치가 있을 때마다 힘
을 합쳐 공동으로 음식을 준비하였다.

(개숭어)도 찌면 명절 음식, 회로 내면 손님 음식, 굽거나 얼큰하게 매운탕을 끓이면 훌륭한 식구들 저녁 찬거리가 된다. 특히 간제미 무침은 낚시꾼들이 애호하는 음식이다. 남은 생선은 서늘한 바닷바람에 말려 아이들 도시락 반찬에 넣어주거나 동네 염판에서 생산된 의항표 소금으로 짭짤하게 절이면 상인들이 너도나도 사가는 그런 상품이 된다. 이 밖에도 독살로 잡은 멸치를 음력 5, 6월에 젓갈로 닦고, 같은 달에 잡은 갈치와 굴, 조개로 젓갈을 담으면 훌륭한 1년 먹을거리가 되며 의항리 대표 젓갈이 된다.

마을 사람들이 대한민국 대중 애호 음식인 자장면을 처음 먹어 본 것은 1960년대 태안읍이나 소원면에서였다. 그 이후 2000년경부터는 의항리에 있는 의항식당에서 자장면 메뉴를 제공하고 있다. 마을의 첫 번째 식당은 무허가 민가식당으로 1960년대 김창열 씨가 운영하였다. 주로 낚시꾼들에게 밥을 해주는 것이었다. 그 후 김병만 씨의 찐빵·호떡가게가 어린아이들을 홀렸고, 야밤에 화투 치는 사람들 덕분에 성업하였다. 이 가게는 1995년 식당으로 바뀌어 의항리 최초의 공식 식당인 대전식당이 된 것이다. 의항리 최초의 가게는 1961년에 생긴 의항슈퍼이다. 원래 점포 이름이 없어 석동씨네 가게, 주막집 가게, 담배가게로 불렸는데 다양한 품목들을 취급하였다. 먼저 마을 아저씨들이 제일 좋아했던 장군술과 막걸리가 있다. 장군술은 인천까지 가서 떼다 판매하는 술인데, 두 말 들어가는 항아리에 가득 넣어도 어부들의 잦은 발길에 금세 바닥이 났고, 당국 몰래 집에서 담은 의항리표 막걸리는 친분 있는 사람들에게만 망을 보면서 몰래 파는 그런 술이었다. 그 밖에 엿, 눈깔사탕, 밥풀과자, 씹으면 피슥피슥 소리 난다 하여 피슥과자로 불린 과자, 검은 빨래비누, 성냥, 양초, 공책, 연필, 사카린, 국수 등 가겟집 주인이 태안장에서 지게로 짊어지고 온 물건들이 가지런히 진열되어 있었다. 현재 관광지화된 의항리에는 16곳의 식당과 횟집, 그리고 14곳의 민박집이 성시를 이루고 있다.

자연에 탁월하게 적응한 의항리 가옥

한편 의항리 주민들의 주거는 자연에 탁월하게 적응한 건축물이었다. 거센 바닷바람과 겨울철의 북서풍을 막기 위해 'ㄷ'자형이나 'ㅁ'자형 가옥을 건축하고 있다. 'ㄷ'자의 경우에도 건물과 직접 이은 담벽으로 둘러 있기 때문에 사실상 'ㅁ'자형이나 다름없다고 한다. 이 같은 형태의 전통가옥은 현재 건넌말에 많이 보존되어 있는데 그중 하나만 소개하면 다음과 같다.

의항리의 전통적인 가옥 구조를 가장 잘 보여주는 곳은 이영래 씨 댁이다. 원래 이 마을의 유지였던 이병기 교장선생님 댁이었는데 약 40여 년 전에 목재와 기와로 이은 집이다. 이곳에서도 의항리의 일반적인 'ㅁ'자형 구조를 충실히 따르고 있다. 주거공간으로서 여러 칸의 방들과 부엌, 대청들이 'ㅁ'자 구조로 배치되어 있고, 외양

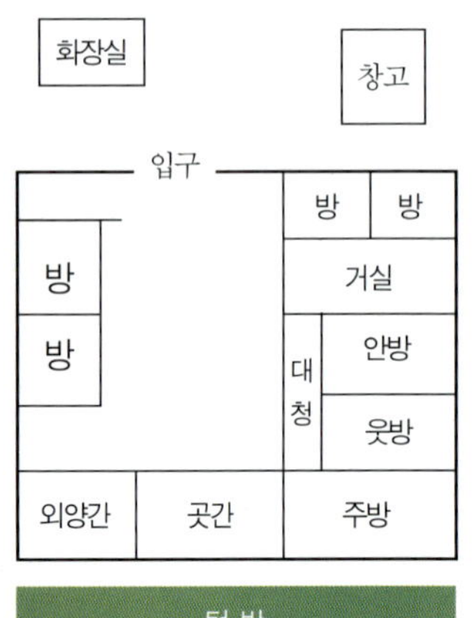

이영래 씨 댁의 가옥 평면도(왼쪽) 이 구조는 의항리의 일반적인 가옥 형태를 잘 보여준다.
건넌말의 일반적인 가옥 전경(옆면 위)과 내부(옆면 아래) 'ㄷ'자 형태의 구조에 'ㅡ'자 형태의 담이 한데 합쳐 'ㅁ'자형 의항리 가옥 구조가 만들어졌다.

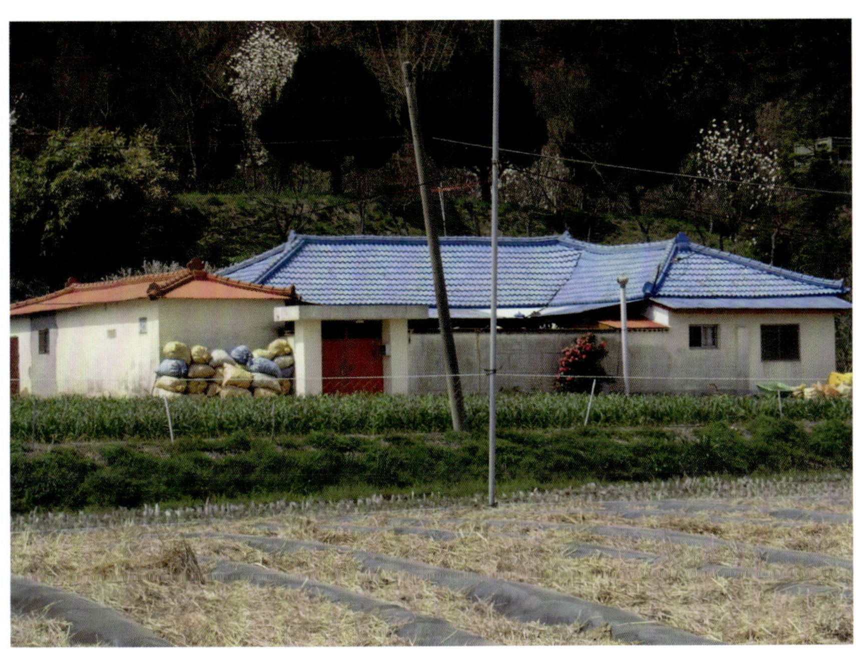

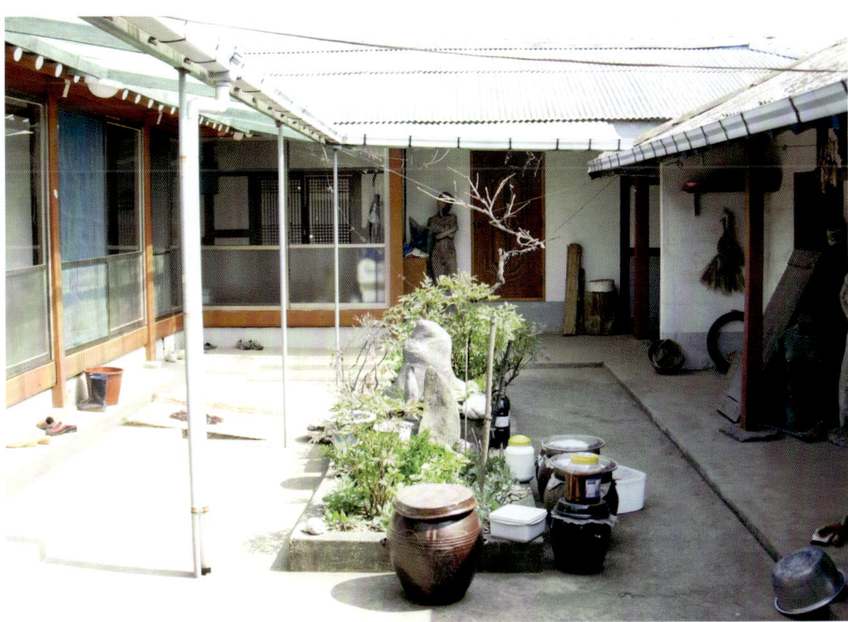

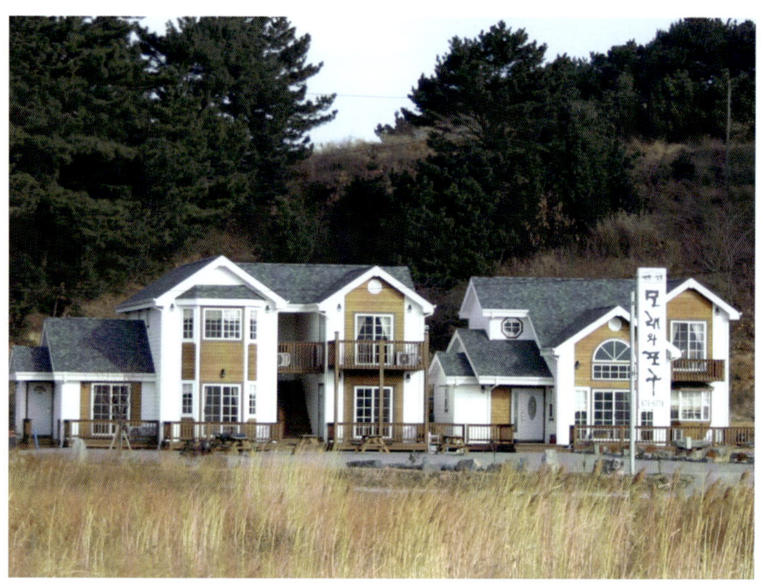

관광객을 겨냥해 개미목에 새로 들어선 서양식 펜션

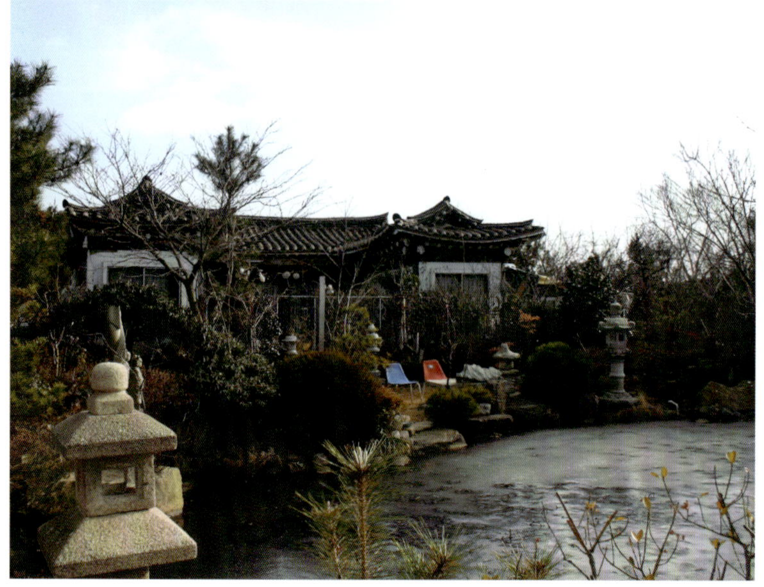

최근 들어 새로 지은 가옥

간과 헛간이 내부에 있는 반면 화장실과 창고는 외부 공간, 즉 마당에 있다. 한편 텃밭은 집 옆에 통상적으로 배치되어 있다.

일제 강점기 및 1970년대 이전의 의항리 가옥 구조를 보면 대지 100~150여 평에 초가로 방 세 칸, 부엌, 대청, 화장실이 바깥에 위치해 있는 구조이다. 이러한 집들은 새마을운동기에 정부의 영세농 위주 지붕개량정책에 의해 슬레이트, 기와 혹은 함석지붕으로 새롭게 단장되었다. 블록으로 쌓은 담과 화장실, 그리고 시멘트로 만든 부엌은 수백 년 동안 내려오는 전통가옥을 획기적으로 바꾼 것이었다. 이때 정부는 시멘트를 부담하고 공사비는 본인이 부담하는 형식을 취하였는데, 주민들은 바닷모래를 채취하여 직접 블록을 제작하여 쌓았다 한다. 이러한 주택의 개량은 최근 들어 의항리가 관광지로 조성되면서 다시 행해지고 있는데, 최신식 목조주택과 멋진 벽돌주택에 화장실과 부엌은 승격되어 집 안으로 들어가고 심야 전기 보일러를 설치하는 것을 특징으로 한다. 그럼에도 직사각형의 집과 높은 담으로 둘러싸인 'ㅁ' 자형 구소가 재현되고 지금까지 계승되고 있다.

민간요법과 주민들의 삶

의항리에서 병이 났을 때는

앞서 언급했듯이 의항리는 고립된 마을이었기 때문에 병이 나면 마을 안에서 스스로 해결해야 했다. 보통 농촌마을에서 통상적으로 보이는 무면허 의사나 한의사조차 의항리에는 없었다. 한의사나 한약방을 찾는다면 바다 건너 신두리나 원북에 있는 침 놓는 사람에게 가야만 했다. 따라서 대부분의 주민들은 민간요법에 의지할 수밖에 없었다. 그래서 그런지 민간요법은 다른 마을보다 널리 통용된 듯싶다. 장티푸스와 같은 전염병이 돌면 큰말 산기슭에 지은 병막에 격리 수용하거나, 홍역이 돌면 부정을 탄다고 외부인들의 출입을 금함으로써 병의 확산을 막았고, 대나무 잎사귀를 달인 물을 먹었다 한다. 열병이 날 때는 산에서 토끼똥을 주워다 푹 고아 먹였고, 푹 삶은 보리뿌리 물이나 인동초, 대나무 잎도 해열제로 사용되었다.

배가 아플 때는 익모초를 달여 먹었는데, 효능이 탁월했다고 한다. 체했을 때는 바늘로 손가락을 따는 것이 예나 지금이나 최고의 방법이었다. 종기가 났을 때는 하얀 깨진 그릇을 가루 내어 느릅나무를 짓이겨 바르고, 머위대, 개복숭아 열매도 종기의 근을 뺄 때 효능이 탁월하다. 상처가 났을 때는 쑥을 지져 바르거나 담배 잎을 바르고, 코피가 날 때면 띠풀(삘기)이나 연꽃 또는 마람(억새 종류)을 푹 달인 물을 먹는다. 한편 아가들이 경기를 할 때는 떡가루 체를 얼굴에 씌워 소변을 보았다고 한다.

1970년대 이후가 되자 보건소에서 1년에 한 번씩 예방접종을 무료로 해주었으나 장티푸스 접종은 마을 사람들이 기피하는 것이었다. 장티푸스 주사를 맞으면 며칠간 일을 할 수 없었기 때문이다. 한편 학생들은 학교에서 눈을 질끈 감고, 단체로 콜레라, 장티푸스 등 각종 예방주사를 맞아야 했다.

굴막에서 조새로 까는 희망

의항리에 도착하면 바닷가와 집 옆에 다닥다닥 붙어 있는 작은 비닐하우스가 눈에 띈다. 바로 의항리 여성들의 근무처인 굴막이다. 의항리 여성들의 하루 일과는 굴막에서 시작되고 굴막에서 끝난다. 하루 종일 통풍이 안 되는 작은 굴막에 가스불을 피워놓고 두세 명씩 쪼그리고 앉아 조새질을 하고 있는 여성들의 모습은 흔히 보이는 일상 풍경이다. 여성들의 '굴막 25시'를 재현해보기로 하자.

어두컴컴한 밤의 장막이 걷힐 새벽 5시, 여기저기 쑤시고 결린 몸을 억지로 일으켜 눈을 비비고 일어난다. 바닷바람이 매서운 겨울, 굴막에서 작업할 일꾼들을 위해서 어서 어서 가스불을 피워놓기 위해 양치도 하지 않은 채, 냉기가 온몸을 휘감는 굴막으로 출근한다. 파르스름한 가스불이 굴막을 밝힐 무렵 대충 정리를 끝내고, 지난번 사리 때에 남편이 농작선을 타고 채취해온 석화더미 중 몇 가마니를 질질 끌어 굴막 안에 놓는다. 일꾼이 오면 빨리 작업을 시키기 위해서이다.

집으로 들어가 아침밥을 준비하고 있는데 6시경 시끌거리는 소리와 함께 굴 까는 아줌마 일꾼 2명이 도착한다. 일당은 자기가 깐 굴을 판매한 수익금의 1/3, 부지런히 손을 놀리면 남들보다 더 버는 것이다. 일꾼 아줌마들은 숨을 돌릴 틈도 없이 누레진 스티로폼 한 조각을 깔고 앉아 조새질을 시작한다. 왼손으로 굴을 잡고, 오른손으로

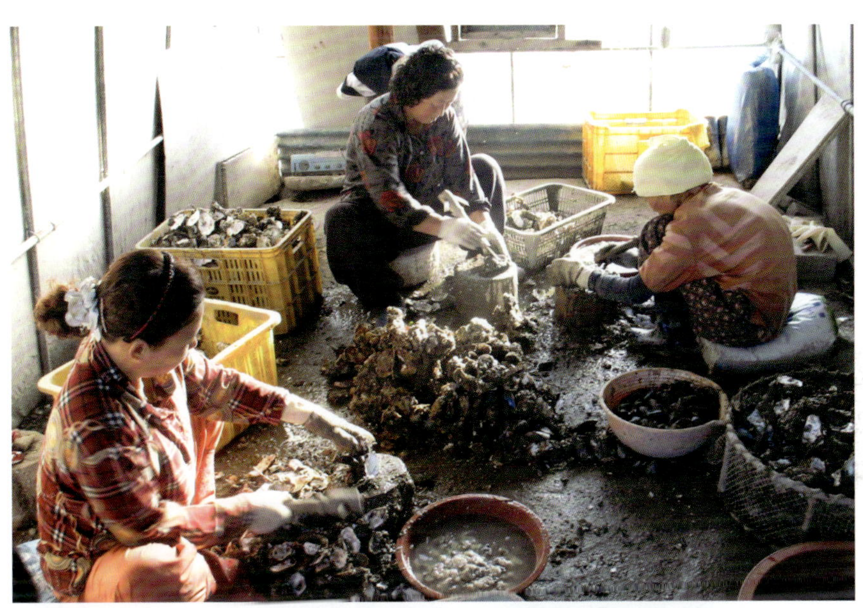

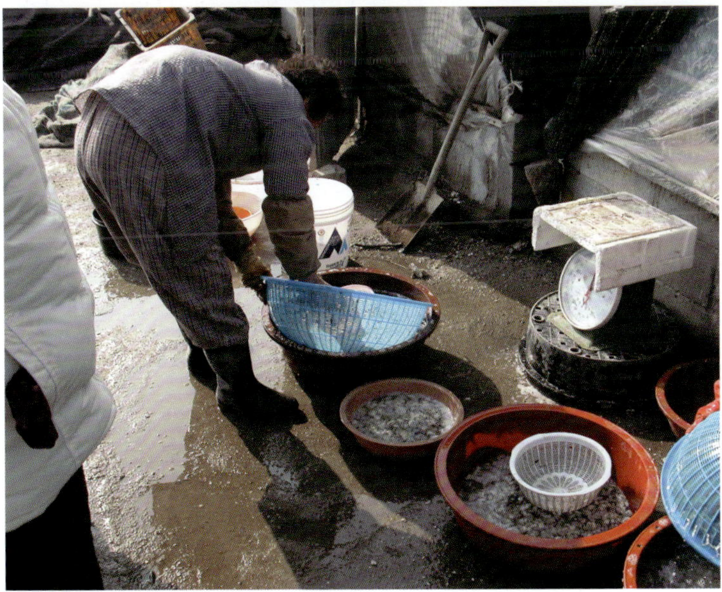

시어머니와 며느리가 함께 굴 까는 모습(위)
깐 굴들을 저울에 올려 무게를 재는 모습(아래)

쥔 조새로 굴의 끝을 콕 찍어 굴 껍데기를 열어, 다시 조새로 통통하게 살이 찬 굴을 찍어 통에 담는다. 비릿한 냄새가 코끝을 찌른다. 빛바랜 플라스틱 통에 작은 굴이 쌓이면서 꿈과 희망도 함께 쌓여간다. '돈 벌어 우리 아들 인천으로 학교 보내고, 우리 예쁜 딸 바지도 하나 사주고.'

25년 경력, 굴막 아주머니들의 조새질이 신기에 가까운 동작을 반복할 때 라디오에서 흘러나오는 노랫소리와 함께 입놀림도 바빠진다.

"건너편 굴막의 아지매가 의항리 신기록을 세웠다고? 얼마나 까녀? 35킬로라고? 아니 내 신기록 30킬로를 넘어 5킬로나 더 깠다고. 몇 시부터 까는더? 4시라고? 말도 마, 뒷집 미희할머니는 3시부터 굴을 깐댜! 그 할머니 얼마나 돈을 벌려고 주무시지도 않는댜?"

주인아주머니가 내온 새참, 홍시와 떡, 누룽지를 먹으며 잠시 허리를 편다. 하루 종일 3평 규모의 비닐하우스 굴막에 쪼그리고 앉아 굴을 까고 있으려면 허리도 아프고 어깨도 결리고 손목도 시큰거린다. 엄지손가락에 힘을 주어야 하기 때문에 아주머니들 손가락 끝이 꺼멓게 죽어 있다. 직업병이다. 잠시 딴생각을 하고 집중하지 않으면 곧바로 아차차! 조새로 엄지손가락을 그대로 찧기 일쑤이다. 환기가 잘 안 되는 굴막에 가스불을 종일 켜놓기 때문에 산소 부족으로 쓰러지는 사람도 있다.

오후 4시경 신두리에 사는 굴 도매상이 굴을 매입하러 들어온다.

"아니, 요즘 굴값이 왜 이래 싸! 작년에는 킬로에 만 1,000원 받았는데, 겨우 6,000원이라니! 좀 더 줘!" "말 마. 요즘 서울 사람들이 굴을 덜 먹잖아. 그래도 지난달 4,500원에 비하면 올랐잖아!"

겨울밤이 다시 의항리를 서서히 덮어갈 때, 12시간의 긴 노동을 끝내고 아주머니들은 바다에서 사정없이 불어 닥치는 한랭한 북서풍을 오리털 파카로 막으며 하나둘씩 집으로 향한다. 지쳐 기운이 하나도 없고 아프지 않은 구석이 하나도 없지만 그래도 먹어야 사니, 겨우 저녁을 해 먹고 텔레비전 앞에 잠시 눕는다. 좋아하는 드라마를 볼 사이도 없이 굴막의 아주머니들은 꼬박 꼬박 졸면서 하루해를 마감한다. 참고로 마을 최고의 굴까기 선수는 하루 30킬로그램 이상을 까는 문경순 씨 부인과 이영권 씨 부인이 있고, 깜쟁이(자연산 굴) 굴까기 대가는 하루 7킬로그램를 까는 문용

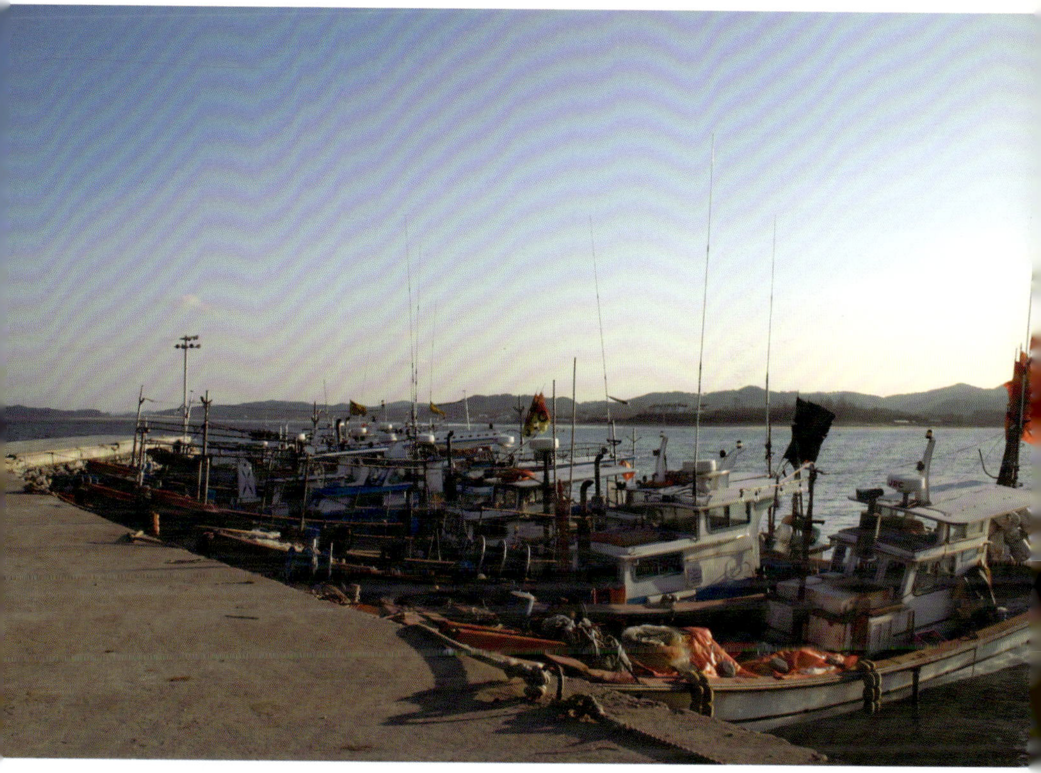

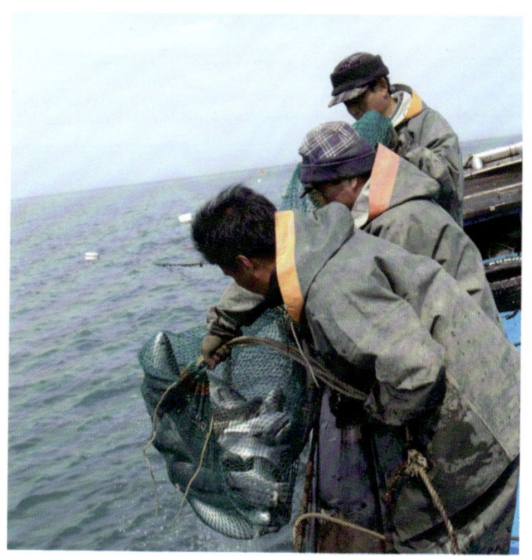

의항리 어부들의 삶의 터전인 의항 앞바다(위)
의항리 앞바다에서 조업중인 어부들(왼쪽)

배 이장님 부인과 김영서 씨 부인이라 한다.

바다와 함께한 인생

앞의 것이 의항리 어머니들의 하루 일과라면 의항리 아버지들의 하루 일과는 다음과 같다. 어촌마을이라 많은 남성들이 고기잡이를 생업으로 삼고 있다. 지금은 개발된 각종 어구 및 어류 탐지기, 프로타 등 최신식 장비를 갖추고 5톤 이상의 중형급 선박을 타고 멀리 흑산도까지 나가 조업하지만 50년 전의 의항리 어부들은 열악한 환경에서 바다와 싸워야 했다. 50년 전의 마을로 돌아가 어부들의 조업하는 모습을 재현해보기로 한다.

1950년대 어부들은 주로 뗏마(노 젓는 소형 배)나 풍선(약 4~5미터 정도의 돛단배)을 타고 고기잡이를 했다. 일반적으로 5명이 팀을 이루어 조업을 하였고, 큰 배의 경우는 6명, 작은 배는 2명 정도가 승선한다. 의항리 바닷가에서 약 5시간 노를 저어 나가서 돛을 달고, 다시 서너 시간 정도 나가면 태안 앞바다나 연평도, 사슴(충남과 전북 사이에 있는 섬)의 황금어장에 도착하여 조업을 시작한다. 5월에서 7월 사이에는 하루 두 번 조업하는데 썰물이 시작할 때 열심히 손질하여 미끼를 끼워놓은 주낙(미끼가 달린 낚시)을 놓고, 밀물이 시작된 후 거두기 시작한다. 조기를 잡을 때면 미끼로 까나리를 쓰는데, '어물' 이 떠돌아다니는 바깥쪽으로 가면 영락없이 조기가 많았다 한다. 조업이 끝난 후 낚은 생선을 소금에 절여 쌓아놓을 때쯤 되면, 최연소자인 화장이(요리사) 집에서 가져온 된장, 김치, 간장을 가지고 막 잡은 생선을 재료 삼아 매운탕이나 생선구이로 요리 솜씨를 뽐냈다.

이들은 한번 배를 타면 2~3일 타기도 하는데, 별이 쏟아지는 밤에는 하늘을 이불 삼아 배 위에서 잠을 잔다. 이때 재수가 좋으면 고래와 수천 마리의 새우깽이(물개)가 떼 지어 가는 황홀한 광경도 목격할 수 있다. 뱃사람 치고 바다귀신을 보지 않은 사람은 없다. 바다 속에는 여기서 불끈, 저기서 불끈거리며 소리를 지르는 바다귀신과 컴컴한 바다 속에서 '웅 웅' 사람 소리 흉내를 내는 귀신도 있다. 또한 안개가 자욱이 낀 날, 바위 끝에서 귀신이 추는 춤을 보지 않은 사람은 바다 사나이가 아닐 것이다. 또한 간혹 바다에 둥둥 떠다니는 시체가 배를 쫓아오는 것을 경험하지 못한 사람은 진짜 어부가 아닐 것이다. 이때 경험을 통해 습득한 흥미로운 사실은 엎드려 쫓아오는 시체는 남자요, 누워 하늘을 보며 쫓아오는 시체는 여자란 사실이다.

그 밖에 배와 얽힌 일화를 소개하자면, 의리가 있는 배 사나이들은 한국전쟁 때 우익이나 좌익으로 몰려 도망 다니는 사람들을 배에 태워 보호해주는 수호천사 역할도 했다. 그러나 배는 힘든 삶의 작업장이다. 멀미할 때나 아플 때는 약도 없어 그냥 아파야만 했다. 특히 일기예보나 시계도 없었던 그 시절, 태풍을 만났을 때는 꼼짝없이 당해야만 했다. 나침반으로 방위를 잡아 방향을 가늠하고, 밀어 닥치는 파도에 휩쓸리지 않게 유리공(일명 줄줄이)이나 돛을 붙잡고 밤새 공포에 떨어야만 했다.

삶의 현장 최전선에서 자연과 직접 부딪치며 사는 이들은 특유한 배 문화를 창조해내기도 하였다. 이들에게 재수 좋은 꿈은 돼지를 보거나 나무 한 짐 해서 집 안으로 들어가는 꿈이 최고요, 재수 없는 꿈은 평소 재수 없다고 생각한 여자가 길을 가로질러 갔을 때이다. 당시 배는 남성들만의 성역으로 여성들은 재수 없다 하여 배 위에 올라가시도 못하였다 한다. 만선의 꿈을 꾸는 의항리 배 사나이들은 가끔 그 희망이 지나쳐 허황된 꿈을 꾸기도 하지만, 강인하고 생활력이 강하며 화목과 친절이라는 덕목을 제일 잘 실천하는 사람들이다. 좁은 배 위에서 공동작업을 통해 고기를 잡고 자연환경과 싸우려면 아무래도 화목과 단결이 최우선일 것이기 때문이다. 그래서 이러한 덕목을 제일 잘 지키고 고기잡이를 제일 잘 했다고 주민들이 기억하는 의항리 최고의 어부는 바로 김창선, 김상동, 이영래, 이달룡 등이 있고, 젊은 사람(40~50대) 중에서는 김동설, 이태인 등이 꼽히고 있다.

(김현숙)

마을 사람들의 삶과 애환

이 장에는 의항리 주민들 중 몇몇 개인이 살아온 길을 인터뷰해서 실었다. 인터뷰 대상은 마을 사람들의 추천을 받되, 다양한 유형의 인물들이 포함될 수 있도록 고려하였다. 비록 개인의 삶이지만, 의항리 사람들이나 동시대 어촌 주민들 일반의 삶의 모습을 이해하기 위한 자료가 될 수 있을 것이다. 이 분들의 말투를 그대로 옮겼기 때문에 맞춤법에는 맞지 않는 표현이 많다. 일부는 이해를 돕기 위해 괄호 안에 표준말을 적어두었다.(2005년도 인터뷰)

'의항리 굴막의 아주머니' 최선자 씨(59세)

의항리에 들어서면 바닷가와 집 옆에 붙은 굴막이 눈에 띈다. 3평의 작은 비닐하우스에서 하루 종일 굴을 까고 있는 아주머니들은 의항리의 일상적인 모습이다. 굴 양식과 굴 채취를 통해 미래의 희망을 쌓아가고 있는 것이다. 최선자 씨는 현재 직업이 4개이다. 굴 양식업, 굴 채취업, 가게 경영, 민박집 운영 등 잠시 쉴 사이도 없이 하루 종일 움직이고 있다. 의항리의 생존력이 강한 여성들의 전형을 보여주고 있는 것이다.

안녕하세요. 그동안 살아오신 이야기를 들으려고 왔어요. 실례지만 몇 년도에 어디서 태어나셨죠?

46년도, 서산군 부석면. 친정아버님은 열아홉 마지기 농사를 지셨고, 스물다섯 되던 해에 시집왔어요.

형제는 몇 분이세요?

칠 남매 셋째, 아들 삼 형제 딸 넷.

중매결혼 하셨어요?

중매를 해서 인천으로 갔다가 3년 만에 여기로 오게 되었지. 그때 우리 아저씨가 미군 부대 다녔어요. 인천 피어(피엑스). 거기서 매점 관리하는 일 하다가 철수하는 바람에 내려왔지.

몇 년 동안 아저씨가 일하셨어요?

일 년, 일 년 하는 동안에 철수하는 바람에 짤려가지고 나와서 여기저기 고생을 해보니 안 맞어. 안 맞는 바람에 외가서 시골로 여기로 들어와라. 그래서 산 거지. 우리 아저씨 형제는 딸 삼 형제, 아들 형제 오 남매인데 둘째. 내려와서 농사짓고 뭐 그냥……. (경운기 소리에 말소리 묻힘) 부업으로 배 부리고, 수두 먹이고(키우고) 돼지도 먹이고 다 하는 강아지도 먹여보고 안 한 거 없어요. 그게 진짜 괜찮은데 너무 싸져서. 그때부터 계속 재산을 조금 조금씩 해서 간신히 늘려서 산 거예요.

결혼할 때는 재산이 좀 있었나요?

아무것도 없었죠. 돈도 없었죠. 논 한 마지기 반 가지고 그래가지고 계속 그냥 저축하는 것처럼 해가지고 자수성가 했어요. 아들딸 사 남매. 딸 둘 대학교 들어가라니까 안 들어가고 취업하고, 하나는 회사 들어가고 하나는 경찰서에 있어요. 아직도 그 일 하고 큰아들은 대학교 졸업하고 공무원 시험 본다고 계속 시험 보는 중이고 막내아들은 대학 갔다가 와서 군대생활 하고 있고.

하루 일과에 대해 이야기 해주세요.

다섯 시에 일어나 밥해서 얼렁 식사하고 아저씨는 배 나가고 나는 논에 갔다 와서. 논은 한 열한 마지긴데. 밭농사는 600평. 마늘, 고추. 고추는 100여 근씩 땄었는데 지금은 힘들어서 조금만 하고 올해는 500포기만 심어본다고 해보니 씨앗도 없고 바람 불고.

오늘은 굴 달고 오셨죠?

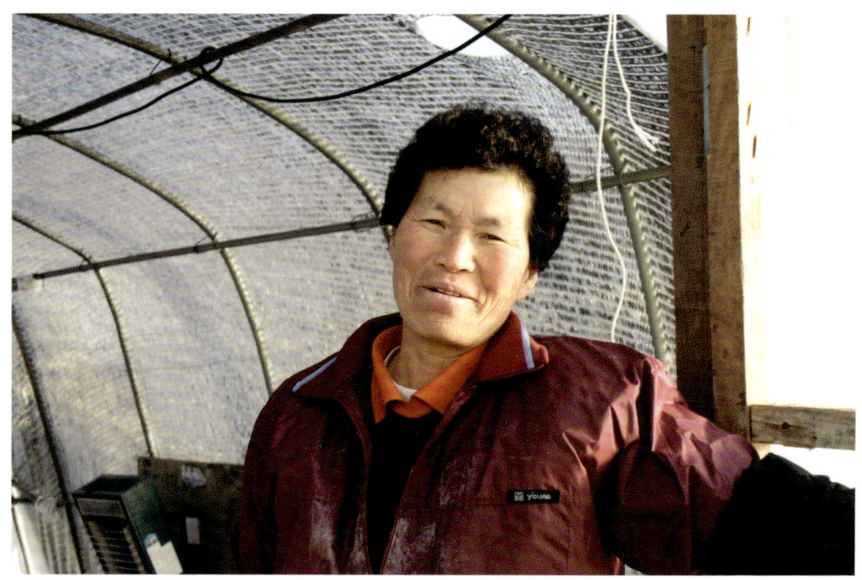

굴막 앞의 최선자 씨

예. 고추밭은 쉬어야 해. 오늘도 쉬어야 해. 항상 바빠. 거기는……. 거기 일하고 해 다 가면 또 자고 일어나서 내일 굴 달러 또 가야 하니까. 포자를 떼다가 거는 거니까. 배 타고 한 10분 가서 뽑으니까 잠깐이지.

굴 양식장은 몇 칸 하세요?

많이요. 많이 있을 땐 300칸 이상 있는데 줄여서 100칸도 채 안 되고 거기서 수확이 별로 없어……. 가격이 너무 없어가지고.

굴 포자는 언제부터 붙이시나요?

12월달부터 붙이기 시작하는데 요즘 바빠가지고 지금부터 붙이는 거야. 5월 초까지 붙여야 해.

그럼 몇 년 후에 수확하세요?

일 년 내에. 빠르면 8월달에도 까는 거지. 수확을 하고 움직이기만 하면 다 돈이야. 노력하면. 노력하면 무조건 게으른 사람 소용없고. 노력하면 아무나 다 할 수 있는 거야. 단지 게으른 사람은 못 하는 거야.

포자한 거 가져다가 걸고 굴 수확하러 갈 때는 누가 하세요?

수확할 때는 아저씨가 나가서 따오시고 한 번 나가서 한 75~80킬로그램 가져오는데 2~3일 딸 양을 따오는 거지. 혼자 까면 하루에도 못 까고 여럿이 까면 하루에도 까고 그러는 거지. 사람을 사가지고 까고. 그 사람들이 산 거 가지고 가져가. 일꾼이 삼 분지 일을 가져가고 삼등분 해서 이는 우리가 가져가고. 굴막에서 하루에 잘 까면 한 20킬로그램씩 까고, (한 사람은) 더 잘 까는 사람은 30킬로그램 까고 그래야 좋지. 헤퍼 까면 10킬로그램, 15킬로그램 까고 그렇지.

1킬로그램에 얼마 정도 합니까?

값이 좋을 때는 7,000원. 안 좋을 때는 5,000원 4,000원. 그것은 도맷값이죠. 서산 같은 데 가면 만 원, 만 5,000원씩 받죠. 상인이 연일 들어오고 서로가 사려고 경쟁하고 그러는데 장사가 적으면 가격이 떨어지고 가격이 있으려면 장사꾼이 많아야 해. 여기는 부업으로 하니까 농사도 짓고 이것저것 하니까 다른 곳보다 적게 쓰는데 고생이 많아. 고생이 너무 많아.

굴막이 한 평 반 정도 되는 거 같아요. 조그맣게 비닐하우스로 되어 있고……

대여섯 평 돼요. 다섯 평은 되어야 해. 난로 놓고, 더울 때는 괜찮은데 추울 때는 난로 꼭 두고. 얼음 들어 발 빠질 것만 같아. 그러니까 항상 노력하는 사람에게 이익이지. 노력하는 사람 말고 그 고생을 누가 해.

언제부터 굴 까기 시작해요?

음력 8월. 올해 8월부터 시작하면 내년 4월까지 간다고 볼 수 있지. 3월 말이나 4월 중순까지.

그럼 굴 깔 때는 하루 종일 혼자서 굴 까세요? 사람 불러서 굴 까세요?

사람 불러서도 까고, 혼자 깔 때는 가게에서 떨어져 있을 때. 하루아침 여섯이나 일곱 시에 굴막에 나가서는 저녁 다섯이나 돼야 밥을 먹으러 들어오지. 사람이 여럿이 까면 더 일찍 와요. 여섯 시 사십 분이면 와. 그럼 일꾼들 밥도 챙겨주어야 하고, 아침 새참, 점심, 저녁 식사, 세 번. 간식은 과일, 감 같은 거. 고구마도 쪄 먹고.

굴 깔 때는 힘들지 않으세요?

그렇지. 어깻죽지 아프지, 오금다리 아프지. 안 아픈 데 없어. 감옥살이가 따로 없어.

감옥살이. 노인들도 해 버릇 하셨잖아. 이거 메고 항상 아프다고 하셨잖아. 난 결혼하고 인천에서 3년 있다가 여기 스물아홉에 와가지고 서른대여섯 살 때부터 굴을 깠지. 굴은 계속 양식한 거니까. 해가지고 그냥 항상 하는 것인 줄 알고 계속 하다가 너무 많아서 확 줄여버렸지. 너무 많아가지고 줄여버렸어. 그러니까 23~24년을 했는데. 말이 그렇지. 이게 보통이야? 힘들어서. 강산이 변했다는데 어딨다고.

그 다음에 굴 까고 가게일 외에 다른 일도 하시나요?

아저씨 고기잡으러 나갈 때 나가지. 둘이 하는 거니까. 쟁갬이(간제미) 그거 잡을 때는 둘이 가는 일밖에 없어요. 가서 도와줘야 하니까. 다망에다 잡아서 들기라도 하면. 혼자면 도저히 못하니까……. 가서 놓고 오고 하루 걸러서 뽑는데 가서 뽑을 땐 또 가요. 내가 가게에 있을 땐 아저씨 혼자 뛰고 난 또 다른 일 하고.

아저씨가 다른 사람 고용하지 않으시죠?

옛날에는 조금 데리고 낚시질을 했는데 타산이 안 맞아. 그래서 둘이 그냥 같이 하고. 1톤짜리 배인데, 라이트 없고 네 명 타. 네 명 타는 건데 두 식구가 하면 그냥 기름값만 내고 둘만 하니까 그냥 한 푼씩 벌어서. 10만 원 벌고 5만 원 벌고 20만 원 벌고…….

주로 어떤 어종을 잡으세요?

광어, 우럭, 돔. 옛날엔 노래미를 잘 잡았는데 많이 잡아가지고 지금은 노래미가 없어. 꽃게도 잡았는데, 고기는 우리들 먹을 만한 것만 잡으니까. 우리는 그런 거 모르고 꽃게 잡았는데 꽃게도 갑자기 없어졌잖아. 우리들은 항상 고생이야.

양식 같은 거는 생각 안 하세요?

여기는 양식 하지 않고 굴 양식만 하고. 양식한다면 저기 안면도나 강화 쪽이랑 서산, 거기가 나아. 우럭 같은 거. 여기는 물발이 너무 세가지고 남아나지 않아. 그래서 안 해. 굴 하고. 김 양식도 물발이 세가지고 김 양식도 안 돼. 굴 양식 같은 건 조금 해도. 김 양식 했는데 여기는 농업이 옆으로 세가지고 다들 밭이 너무 익숙해가지고. 그래서 4월, 5월 초에 바빠.

8월부터 4월까지는 굴 까시고, 4월부터는 굴 포자 붙이시고 농업일도 같이 하시고. 그 다음에는 여름에는?

여름에는 조금 시간 없지. 횟집도 하고, 포자 해서 7월 15일에도 들어가야 해요. 붙인

거 떼다가 다시 걸고 그 자리에다 다시 떼다가 포자를 걸어야 해. 7월 15일경 안으로 빨리 저걸 해야 해. 저거 다 들고 왔다가 사람 얻어서 떼야 해. 여름에 고추 심으면 고추 따야 해.

여름에는 관광업도 하시잖아요. 민박. 방이 몇 개죠?

방이 여섯 개. 식당도 하나 있고. 식당은 우리 아저씨가 잡으시면 우럭과 잡어를 쏟아서 먹는데 너무 자리도 누추해서 지었더니 그것도 힘들어. 돈이 안 나오면 못 하는 거지. 남들은 해도 우리는 양식 같은 사다가. 손님도 많이 오시지 않고. 그래서 아직 시작 안 했어.

민박 하면 여름에는 손님들 많이 오시죠?

여름에는 많아. 15일에서 20일 정도는 한껏 차. 방 하나에 성수기 때는 10만 원, 비수기 때는 4만 원 정도 받지. 그렇게 여름이 가면 금방 추수하고. 추수하면서 굴을 까야 가격이 좋아. 그때 많이 좋아. 그래야지. 굴 가격 그냥 지나가면 그냥 뚝 떨어져 지나가. 그러면 굴도 값도, 계도 값도 안 나와.

저 굴 껍데기 돈 주고 사왔어요?

그것은 우리가 쓰려고 받은 거고. 저기 푸대에 담아놓은 것은 한 푸대에 9,000원씩 그것도 50만 원어치 사놓은 거고. 50개나. 그것 갖다가 꿰달아놓기만 하면 돼. 실을 심어 놨다가 배로 실어갔다가 걸어놓아. 걸어놓으면 포자 굴이 안 실었다가도 굴을 풀 7월 15일 정도 돼야 알이 풀어요. 바닷물이 다 풀으면은 굴을 꽂벽에 다 갔다가 들러붙어. 그래서 생겨. 거기다 그냥 놔두면 비가 오고 어찌 간에 뭐 하면은 씨가 다 붙어요. 시기가 잘 맞아야 그 해는 풍년이라 하는 거지. 포자가 안 붙으면은 모(못)자리 마냥 포자가 안 붙으면 그냥 빈 실통만 들고 돌아오잖아. 포자가 잘 붙으면 애가 한 칸 한 칸씩 붙어 있잖아. 재수 좋으면 더 붙고 재수 없으면 물이 덜 달라붙어. 이번엔 잘 붙었어. 근데 너무 무리하게 붙어도 안 되구, 알맞게 한 20개씩. 한 20개씩만 붙으면은 대풍년.

부자 되셨어요. 맨 처음에 논 한 마지기로 시작하셨다고 하셨는데 지금 집이 몇 채시죠?

여기 사는 집 하나 있고, 민박집 하나 있고, 굴막도 하나 있고, 그 옆에 있는 옛날 식당도 하나 있고, 인천에도 집 하나 있었는데 아들이 팔자고 해서 팔았는데 많이 손해 봤고, 아들 하나 사줘야 하고, 걔들은 나중에 때가 되면 사줘야 하고, 아들은 지금 누나네

있고 누나가 밥 해주고 있거든. 큰누나가. 자기네들 말로는 색시만 잘 얻으면 된다는
데 고생한 보람이 있는데 색시 잘못 얻으면 큰일이지.

잘 얻을 거예요. 종교도 있으세요?

무교요. 안 믿고 그냥 내 마음 믿고 사는 거죠. 하느님이 나 믿고 보낸 거지. 항상 하느
님을 마음에서 믿는 거지. 포자에도 항상 절기 다 대주고 하느님이 노력의 대가를 해
주니까, 잘해주니까 그렇게 살아요.

그래서 여성으로서 일하는 데 힘든 점이 있으면 말씀해주세요. 어떤 것이 제일 힘드셨어요?

항상 일하다가 보면 너무 힘들고 밭이나 논에 비료 주는 것도 너무 힘들어. 그래서 아
저씨한테 하라고 시키면 내가 밭에 간다고 한때 뿌렸느냐고 그래서 뿌렸다고 바다에
서 전화 와서 했지. 그런데 그냥 그렇지. 환갑도 안 돼서 골병들었지. 구십 넘으신 할머
니들은 얼마나 건강하셔. 너무 좋으시지. 힘들어도 그냥 건강하시지. 항상 건강하셔.

언제 제일 좋으셨어요?

좋았을 때는 돈 들여서 땅 샀을 때지. 뭐. 인천에서 와서 돈 벌어서 금방 열두 마직(마
지기) 샀을 때. 땅이 좀 쌌었으니까. 그래서 그냥 농사짓고 살고, 너무 힘들어서 몇 마
직은 팔았어. 그래서 남은 게 열한 마직. 농사짓는 것도 가격이 너무⋯⋯. 매상에도 그
렇고, 차차 그럴 테고. 조금 줄여가지고 논농사나 자식들하고 먹을 수 있는 거 하고 살
아야지. 그게 제일⋯⋯. 애들이나 건강하고 며느리나 잘 얻고, 그게 제일이지.

제일 힘든 것은 노동이 너무 힘들어서⋯⋯. 밤에는 몇 시에 주무시지요?

열한 시에 자요. 열두 시에도 자고. 오늘 좀 많이 까두면 내일 한 30킬로그램 이상 받아
둘 수 있고 회관에서 25~30킬로그램 정도 까다 달라고 하고, 밤에 5킬로그램 정도 까
놓고 그렇게 하고 자니까 열두 시 정도에 자요. 열두 시 반 정도에 잘 때도 자고, 맞춘
양에도 맞게 까서 주니까 돈이 자꾸 생겨. 한 30킬로그램 까면. 금 좋을 때는 30만 원,
안 좋을 때는 18만 원, 20만 원. 아주 좋을 때도 있는데 그때는 9,000원, 9,500원, 만 원,
만 1,000원까지 하는데 오고가는 가격. 그때는 26만 원 넘어야 하는데 요즘은 안 좋아.
경기가 안 좋아가지고 (그렇죠.) 별로 돈을 못 벌어. 똑 떨어진다고.

집에 자동차 하나 있으세요?

그럼요. 트럭 하나. 아들 트럭 하나 있어. 우리 아저씨가 배 뜨면은 기름 떠야(넣어야)

할 텐데 쭈꾸미 잡으려고 하면 기름 떠야 할 텐데. 남을 얻어가지고 가야 할텐데. 조카를 데리고 가던지. 내가 끌고 다니는데. 내가 노력해서 잘 살았어. 자식들한테도 고생 안 시킨다고 노력했지. 남에게 얻어 쓰지 않고 내가 노력해서 잘 살면 되는 거지. 내가 조금 줄여서 살자고 했어.

아저씨도 이렇게 욕심이 많으세요?

아저씨는 내가 그냥 하자는 대로 하지. 아저씨는 배 타고 시간이 없어서. 굴은 잘 까는데 시간이 없어서 못하고. 혼자서 까야지 그걸 또 혼자 다 해야지. 바다 가서 고생하고 거기서 또 나가서 해야 내가 또 굴 따러 다니지. 딸 때 다 가서 따야지.

아저씨는 몇 시에 나가서 따가지고 들어오세요?

새벽 다섯 시에 나갈 때도 있고, 네 시에 나갈 때도 있고 아침에 나가지. 물살에 맞춰 나가야지.

놀러는 안 다니세요?

제주도 있다가 2박 3일 만에 오고 그랬어요. 친목계에서 다달이 한 번씩 가고 그래요. 울릉도 갔다온 월남 친목계도 있고.

아저씨 월남 갔다 오셨어요?

네. 월남 갔다 왔어요. 거기서 많이 고생했고. 너무 고생해서 열심히 노력해요. 남에게 떨어지지 않으려고.

같이 다니시면 좋으시겠어요.

뭐. 좋은 것도 없고 나쁜 것도 없고 그래요. 그저 중간이에요. 자식들이 속 안 썩이고 노력해서 돈 벌고 그냥 사는 거지. 노력만 하는 거지. 뭐, 그냥 일이 없으면 나가기 싫잖아요. 나쁜 일만 없으면 되는 거지.

앞으로도 돈 많이 버시고 건강하시고 행복하세요.

행복해야죠. 아들딸들 건강하고 아저씨 건강하시고 그게 최고죠.

감사합니다.

'마을의 소식통' 문형배 씨(73세)

상업에 천부적인 감각을 가지고 서산세무서 관리, 서산 기성복 장사, 광천 조개젓 장사, 화물선 운영, 어업에 종사하였고, 현재 마을 슈퍼를 운영하고 있다. 비록 큰 재산은 모으지 못했지만, 마을에서 경험한 일제 강점기 이야기, 징용, 좌우익 갈등에 대해 귀중한 증언을 해주었다.

할아버님 지금 연세가 어떻게 되시나요?

일흔셋이요. 형제들은 육 남매, 3남 4녀.

형제분들은 다 여기에 사세요?

없어요. 다 띠어(떨어져) 살아요. 둘은 죽고.

여기서 태어나셨나요? 몇 대 조상부터 여기에 사셨어요?

우리! 어, 우리들이 7대 8대조부터 살았는데, 할아버지 때부터 징조(증조)할아버지 고조할아버지 전부 농사짓고 사신 걸로 알고 있어. 배도 부리고. 생선도 팔고. 할아버지 때에도 조기나 뭐나 잡으면 절여났다가, 일 년 내 작업해서 절여났다가 8월 추석 전에는 다 파는 거여. 주로 태안 상인들이 주로 사러 다녔어요. 태안 땅에 가서 팔기도 하고.

아버님 대에서는 논농사는 몇 마지기쯤 하셨어요?

그때는 논농사가, 내가 국민학교 3학년 4학년쯤 되었는데 8·15 해방을 맞았는데, 그때는 우리 할아버지 적에는 논농사가 많이 지었는데, 스물댓 마지기 했나……. 머슴을 두 명 두고, 동네 사람이었어.

예. 어디 성씨예요?

김씨인디 김해 김씨여. 이름은 알지 김○○라고 하는 사람이 우리 집에서 머슴 살았고, 다른 하나도 김해 김씨인디 그 사람은 만주 어디 갔다가 와가지고 우리 집 와서 머슴 살고 그렇게 들은 걸로 기억해요. 내가 보지 않았지만……. 그때 배도 조그마한 거 했는데. 조기 잡는 배가 있었지. 조기가 그때 이 앞에서 잡았거든. 배가 지금으로 하면 열 대 자짜리. 0.5톤 나룻배지. 노 저어가지고 둘이 서이(두 명이나 세 명이) 낙씨(낚지).

국민학교 다니시고 그 다음에는 다른 교육 받으신 것 있으세요?

한문도 일부 국민학교 다니기 전에 한 1년 정도 다녔지. 김병현 선생님이라고 있어. 그 양반이 여기 이사와가지고, 할머니랑 둘이 살면서 여기서 학생들 모집해서 가르쳤어. 천리포, 의항 1, 2리 합쳐서 한 열댓 명 정도 가르쳤어. 대중없었어. 배우다가 만 놈도 있고. 우리(는) 명심보감까지 떴어(배웠어). 아니, 우리 명심보감 배우다가 말았어. 땐(끝낸) 것은 천자문 경유편까지 배웠지.

그 다음에 국민학교 들어가시게 된 거죠?

국민학교를 들어갈라다가 못 가게 돼서……. 가는 게 안 돼. 그래가지고 의항국민학교는 못 가고 방갈리 간이학교라고 있어. 2년제 간이학교. 거기서 2년 동안 졸업하고서 국민학교 3학년으로 들어가가지고 4학년 때 해방을 맞았어.

선생님은 모두 조선사람이었어요?

아니여. 그 이름은 몰라. 애명만 알아. 그 선생님 얼굴이 아주 쌔캄해. 얼굴이 나만 해. 그래가지고 별호가 자갈치선생님이라고 했어. 방갈리 학교는 그 선생님한테 졸업을 빌고 익기 와서 3학년 때 늘어와가지고. 아이고 모항분이여. 우리 담임선생님 국 선생님이라고. 이름을 잊어버렸네. 하이튼.

일본 교장선생님은 없었어요?

일본 교장선생님은 하나 있었지. 모항국민학교 때. 그래서 그놈들이 한국말을 못 쓰게 하고 일본말을 쓰게 했는디, 일본말을 많은 사람 앞에서 가르치곤 했어. 그래가지고 우리 한국말 쓰면 벌쓰고(벌서고) 맞는 거여 인제. 벌은 뭐 매 열 대, 다섯 대 맞는 거여. 아니면은 업드려서 기합 받고 그때도 똑같어 뭐.

학교 다닐 때 기억나는 것 좀 이야기 해주시죠. 일본사람들하고 얽힌 이야기라든지.

학교 다닐 때는 잘 모르지만 지금 와서 기억난다고 볼 때 다만 조선말을 쓰지 말라고 담임선생님이 예기(이야기)를 해서 최대한하고, 그러나 이따가 순시를 하는데 조선말 하다가 걸리면 혼나지. 이 근처에는 일정시대에 일본 사람들이 살지 않았어. 그때가 서산지구나 어째 하고 경찰들은 살았지 순사가 하나씩 있었으니까. 하나 아니면 둘은 근무했고 해미, 이 다음에 좀 있었지. 지서에도 일본사람이 없는 곳과 있는 곳이 있어. 지역이 넓으면 일본사람이 있어서 관리하고, 근웅이라던가 원북이라던가 관리하면서 하나 주둔해서 있고 나머지는 뭐. 둘쑥이 많더라고(들쑥날쑥하더라고).

태평양전쟁 때 학교에서 공동노동도 하셨나요?

학교에서 가면 주로 공동작업을 많이 했지. 이제 이 송진 따는 작업은 않고 모 심어주는 거. 일손도 비면 모 심는 기간에 계속 했어. 1, 2학년은 하지 않고 3학년 이상은 6학년까지는 분패 이집 저집 돌아다니면서 품팔이 하고, 일 도와주었다고. 모도 심어주고 심부름도 해주고, 밥도 가따(갖다) 주고. 그리고 인자 솔깡이 같은 것은 동내로 분패가 돼.

솔깡이가 뭐에요?

송진 따는 거. 그것이 동네로 분배가 된다고. 언제 며칠까지 얼마나 해라. 각 반별로 분배가 되면은 개인으로 분배가 돼. 얼마 따라고. 그거 하려면 아버지도 가고, 어머니도 가고, 나도 가고, 그래. 왜 그러냐면 얼마 양은 기준양은 해주어야 하니까. 확실이 기억나지는 않는데 거의 다 보면은 지금으로 말하면 한 20~30킬로그램 정도. 이 정도. 바쁠 때면. 한 이틀씩 가족 전체가 해가지고 따야 그 분배량을 다 따. 그게 힘들거든. 많이 있는게 아니고 전체가 다 따니까 한두 번 따버리면 없어.

그리고 송진 따는 거 말고 다른 것들도 있었어요? 강제로 공출한 거라던가.

공출한 거야 많지. 우리도 농사지어서 제대로 못 먹고.

얼마나 빼앗기셨어요?

나야 얼마나 빼앗겼는지 모르지. 뺏겨서 할아버지랑 싸우는 것도 보고, 이제 볏가마 몇 가마 가지가는 것도 보고. 압류하는지 알고. 또 우리 식기 같은 것도 하나 없었고, 양푼이도 없었고, 숟가락도 하나도 없었고, 그래가지고 우리 홍압(홍합)껍질 있잖아. 홍압껍질 가지고 밥도 먹은 적도 있었어. 나도.

그때 창씨개명도 하셨어요? 창씨개명, 일본어로 이름 바꾸는 거요.

그렇지. 난 이시로 쇼바이. 문가도 두 가지로 바뀌었지. 시라무라 하고 이시로 하고. 같은 성인데 그것이 어떻게 된 거냐면 장성파는 시라무라라고 하고, 지성파는 이시로라고 하고. 그게 왜냐하면 애들이 일가를 분향시킬려고 해서 그래. 분파시켜가지고 같이 있게 하지 않을려고, 김씨도 똑같지, 뭐, 김씨도 가네무라랑 가네까와가 있잖아, 같은 김해 김씨인디도 장성파는 가네무라, 지성파는 가네까와 이렇게 다 갈라놓았다고. 이씨들도 다 그렇고. 똑같은 거여. 다 그런 식으로 되어 있는거.

문중들이 단합하는 것을 막기 위해 그런 건가요?

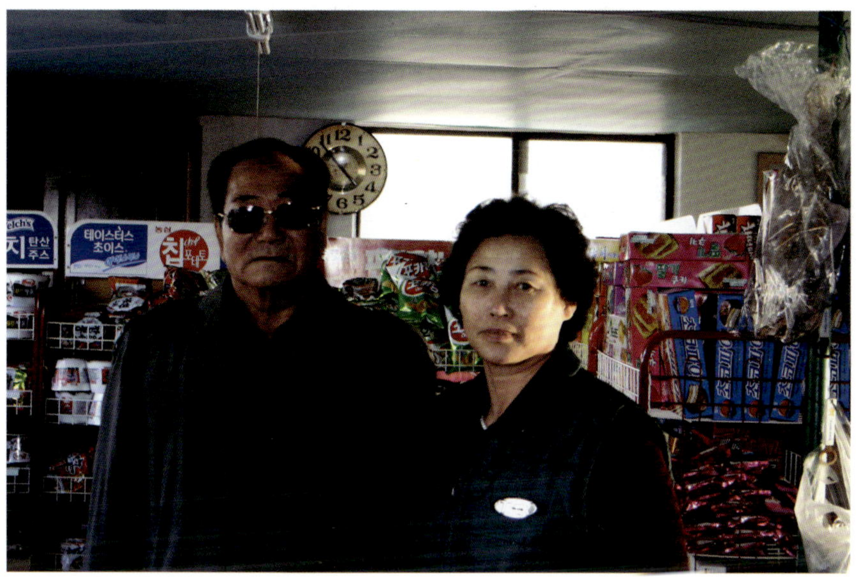

마을 슈퍼를 운영하는 문형배 씨(사진 왼쪽)

그렇다고 보아여. 그내는 그런 내용을 몰랐는데 나중에 생각해보니까 그런 거 가터(같어). 그때 우리 작은아버지가 징용 갔어. 단번에 서이가(세 명이) 징용 갔어. 사춘 두명, 오춘 하나, 서이가 징용 갔어. 미움 받아가지고.

왜요?

이장한테 미움 받아가지고. 작은아버지가 왜정 때 객지 생활을 많이 했어. 집에 올라와가지고, 그때도 이제 동네에 청년회나 이런 조직이 있었어. 무슨 이런 조직이단가 있었어. 그런데 우리 작은아버지가 담당을 하였는디, 우리 작은아버지가 실적이 남달리 유달러. 그래가지고 각 기관이 관심을 많이 하고, 동네에서 말썽이 많으니까 미움을 산 거지. 지그들 정치하는 관계가 예기(이야기)했으니까. 징용갔다 오셔가지고 6·25 때 돌아가실려다가 안 돌아가시고 살다가 돌아가셨지. 그러니까 작은아버지께서 객지 생활을 많이 하셨으니까 깨이셨나봐. 한문도 2, 3년 읽었으니까 우리 집안도 많이 배웠으니께.

나중에 그 이장님 미워했겠네요?

그 이장은 얼마 하지 못하고 여기서 쫓겨났지. 작은아버지가 올라가가지고 해가지고 무조건 가정 묵살다(몰살)시킨다고 했지만 그러지 못하고, 야간도주해서 도망가버렸지, 하루는 붙들려가지고 동네 분들에게 몰매 맞았지, 한 서너 너덜, 그때 가까이에 있었어. 민구장이라고 민씨인데, 그이 사위가 김ㅇㅇ이라고, 그 사람이 서울 지서에 통해가지고, 서울 지서랑 연계를 해가지고, 마을에 고통을 많이 주었어. 우리 집은 그때랑 6·25 때랑 똑같아 먹을 만큼 살고, 돈이 조금 있는 집은 괴로움을 많이 주었거든, 전부 다 뭘 빼서(뺏어) 갈라고 쌀을 내나라, 돈을 내나라 그러니께, 우리 집이 최고 먼저 다 빼앗겼잖아. 친척 할아버지가 백석분이고 그 할아버지의 둘째 셋째 당숙은 6·25 때 박살 당했잖아. 인천 중등학교 선생이었는데, 육이오때 피난 내려와 가지고 부잣집에 뭐 달라고 하면 뭐라도 그 할아버지가 주면 되는데 안주니까, 선생 끌어다가 가가지고 서울서 찢어 죽였어.

한국전쟁이야기는 나중에 이야기 해주시고 식민지시대 이야기를 더 해주시죠. 여자들은 근로보국대나 정신대 끌고 가지 않았어요?

여기는 정신대는 안 끌고 갔어. 고때(그때) 고렇게 다 충당이 됐어. 며칠 안 남아가지고 여기도 정신대 끌고 간다니까, 그때는 색시 공출한다고 했어. 공출 간다고 했으니 아무나 무조건 짝지으면 안 갔어. 열 살 열네 살되면은 이쁘고 말고 상관없이 남자하고 무조건 개별 행사하면 안 데려가고, 열 살 열네 살되면 무조건 데려가고 그랬다고 그 도중이었는데. 그 영향은 안 받았어. 말만 있었지. 그렇게 할라고 하다가 이게 다른 지역에서 먼저 시작했거든 원래가 이북서 먼저 시작했지.

이북서 먼저 시작했어요?

정신대 간 것이 원래 이북하고 전라도하고 경상도 지방에서 먼저 시작했거든. 가찬(가까운) 곳에서 부산으로 가지고 가. 부산에서 일본으로 가지고 가고. 가까운 곳부터 가지고 갔더라고. 여기는 아직 제일 늦었지. 중부 지방이잖아. 정신대 출신 중에 중부 지방 출신 사람들은 별로 없잖아. 전부 다 아랫녘이나 평안도지. 평양이나 이북이 왜 제일 빨랐냐면, 얘들이 중국을 점령했잖아. 그러니까 이북서 만주 가기는 쉽잖아. 그래서 얘들이 가지고 가고, 여기서는 일본으로 가지고 가고, 양쪽 끝으로 가지고 갔더라고.

그때 작은아버지 등 모두 세 분이 징용 가셨다고 했잖아요. 어디로 끌려가신지 아세요?

글쎄, 어……. 대마도 그쪽으로 갔나봐. 그렇게 멀리 가서 여기 오느라고 며칠씩 걸렸다는 것 보니까.

세 분 다 돌아오셨어요?

다 돌아왔어. 전부 다. 그것도 우리 작은아버지가 둘을 데리고 중간에 도망을 갔어. 보통 분들 같으면 도망을 올 수 있었겠어. 도망해가지고 중간에서 백석에서 붙잡혀가지고, 사고가 되는데 요령을 잘해가지고 뱃선 타고 왔디아.

일정시대에 먹고사는 데 힘들지 않았어요? 공출이 많았는데?

우리는 충분하지는 않았지만, 그냥저냥 생활은 했어. 다른 사람들은 골 아팠어. 여기.

마을에 굶어 죽는 사람은 꽤 있었어요?

굶어 죽는 사람은 못 보고, 이북서 1·4후퇴 때 내려와가지고 여기서 살면서 못 먹어가지고 부황나가지고 물만 먹고 부서가지고 죽을 뻔한 사람은 봤어.

8·15 이후에 이북에서 내려온 사람들이 있어요?

많이는 안 왔지만 몇 집 왔어. 그때는 그분들은 물고기를 잡을 형편도 안 되잖아, 왜 배도 없고 여기 사람들 식생활도 어려우니까, 그 사람들 돌볼 틈이 없지, 다른 지방 사람들도 다 못하는데 그래서 고전을 더 했지, 그래서 담배 장사도 하고 뭐 그랬어.

6·25 때 인민군들이 들어왔나요? 피해 입은 것은 없었나요?

주둔은 않고, 몇 명씩 나와서 여기가 있었지, 왔다 갔다 해가며. 개덜이 폐(피해) 끼친 건 없어. 사람들 붙들어다가 일만 시키고 했지. 개덜은 여기 오면은……. 그분들이 시켜서, 똑같어. 왜냐면 정치하는 사람이니깐. 똑같어. 그때는 그네들 정치니까. 대표 세워서 하니까.

그 양반들이 마을에 좌익들이었죠?

아니어, 좌측이 아니어도, 전체가 다 했어. 그때 정치 3개월 했는데, 꼼짝달싹 못하지. 총칼을 들고 들이대는데 어떻게 이길수 있어? 그때 6·25 지내고 나서 인민군이 내려오면 개네들 지시 안 받고, 개네들 그 보도연맹이나 가입 안 한 사람이 없어. 한국의 전체가 했어. 거기 있는 사람 여기뿐만 아니라 피난 가서 없는 사람이면 몰랐을까. 피난 안 가고 동네가 있는 데는 남아 있는 낙동강 위로는 다 가입했다고 봐야 햐. 공산주의 정치가 됐으니까. 말할 꺼 없어.

인민군이 있는 3개월 동안 마을 좌익들이 어떤 일을 했어요?

방공호도 파고. 그거 말고 딴 거는 없어. 여기서 인제 뭐라고 나왔냐면은, 정치가 좋다. 즈들 정치가 우리가 있고 없는 사람 없다, 똑같이 산다. 벼이삭까지 세고 그랬어. 가을에.

벼이삭도 세고 다녔어요?

아. 이런 거 하나 세면은, 세서 하면은. 우리가 있고 없는 사람 없다. 그렇게 계몽만 하고 다녔어. 그 남은 건 모르고. 그렇게 하다가 8월달 추석 세고서 갔지.

그때 인민재판 같은 것도 없었어요?

없어.

그럼 수복 이후 죽은 좌익들은 없었나요?

마을에서 죽었는데, 이걸 알아야 돼. 동네사람이 꼭 신고하고 잘못해서 죽은 게 아니야. 우리는 면 단위면 면 단위, 각 면 단위가 있잖아 지소가. 지금의 우리들 말로 하면 지소가 있고 면사무소가 있잖아. 거기서 주동 역할을 한 사람들이 각 리에 돌아다니며 파악을 한 거야. 하면 이 사람은 뭐다 뭐다 지명해가지고. 있는 사람들이 뭐 해달라고 한 거 안 하면 끌어다가 죽였어. 그래서 딱 세 사람 죽었어. 우익 편에서 세 사람 죽고, 좌익편에서……. 똑같앴어. 좌익에서 세 사람인가 얼마 죽고, 세 사람, 네 사람, 다섯 사람 죽었네, 좌익에서 다섯 사람 죽었네. 그랬기 때문에, 누가 의향 사람 우리 동네 사람끼리 싸우고 치고받고 죽은 것은 없고, 그렇게 신고를 해가지고. 우리도 그렇고, 이씨네서 한 분 노인네 끌어다 죽이고, 또 한 분은 이북에서 넘어온 사람 끌어다 좌익에서 세 분 끌어다가 죽였어. 그렇게 하고 복구하고 난 후로 여기서 좌익 사람들, 주동……. 좌익의 대장이다 뭐이다 한 사람들은, 거기서 행정적으로 총무다 뭐다 한 사람들……. 이 사람들 같이 협정(협력)한 사람들 해서 그 사람들 또 끌어다가 죽이고 그랬어.

어디서 죽였어요?

면사무소, 우익으로 몰린 사람들은 서산 양대리 가서 죽고. 좌익들로 몰려서 죽었던 사람들은 소원면사무소에서. 고 밑에 간사지에서.

할아버님은 사업을 많이 하셨다던데?

별거 다 했어. 안 해본 거 없어. 아 골치 아퍼 그거. 한국의 장사란 건 다 해봤어. 서산서 세무서 댕기다 8개월 다니다가 그만두고 기성복 장사 했어. 서산서. 그러다가 어머니 돌아가시는 바람에 여기로 집으로 들어오고 말았어. 광천에서는 조개 밭 갖고 조개 장사도 하고. 옛날에도 지금 우리 배보다 큰 걸 부려서. 그걸 가지고 인천 장사를 한겨. 무얼 싣는지 한 배를 실어야 갔어. 쌀이고 고추고, 마늘이고 돼지고, 소도 다 잡았거든. 내가 별것 다 해본 사람이여. 영업도 자영업도 내가 수십 년 한 사람이고, 큰 배도 부리고 작은 배도 부리고, 별것 다 해보고, 목포 어디 대한민국 땅은 내 발 안 닿은 곳이 없어. 내가 고생 무진 하고 돈도 많이 없애고, 쓰기도 하고.

장시간 감사합니다.

어촌으로 귀향한 신여성, 최경희 씨(43세)

시울에서 귀향하여 젊은 감각과 수완을 가지고 남편과 함께 굴 양식장과 정치망 어업을 하고 있으며 서울 노량진 수산시장에 직판을 하고 있다. 미래의 어부상을 전망케 해준다.

안녕하세요. 나이가 어떻게 되세요?

마흔둘이요.

의항에 사신 지 얼마나 되셨죠?

우리 아저씨는 더 먼저 살았구요. 저는 91년도에 왔던가? 90년 12월에 결혼을 하고 서울에서 잠깐 있다가 내려왔죠. 고등학교 졸업하고 시집오기 전 아남산업 자재관리부에 있었어요.

아저씨랑은 어떻게 만나셨어요?

중매요. 저의 친정언니하구요. 우리 아저씨 누나 사이에 다른 사람이 하나 들어가지고. (웃음)

지금 하시는 일이 정치망 구획어업인가요?

정치성 구획어업. 우리가 가지고 있는 허가는 여덟 틀인데. 다 들어가지는 않고, 지금

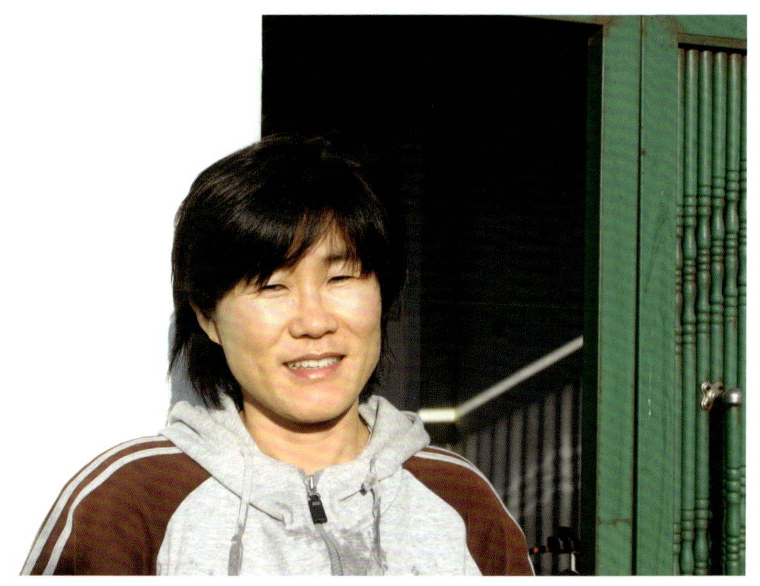

어촌으로 귀향한 신여성, 최경희 씨

은 일곱 틀만 들어가죠. 날마다. 가서 다 보는 거예요. 가서 다 보는 거예요.

그럼 일곱 틀을 매일 매일?!

아뇨. 하루 일곱 틀 다 보고, 하루 쉬었다가 그 다음. 그런데 쉬는 게 쉬는 건 아니구요. 계속 다른 일을 하죠. 쉬는 건 없어요. 우리 일이 하루걸러 하루에 바다에 나가서 고기를 잡는다는 거지. 어망을 계속 교체를 해줘야 하거든요. 바다에 뛰어들면 계속 그 상태로 있는 것이 아니라 때가 끼고 하니까. 어망을 계속 손질해줘야 해요. 주기적으로 바꿔줘야 하니까. 바다는 거의 나간다고 봐야죠. 우리 아저씨가 일을 하죠. 그런데 저도 뭐 필요에 따라서 가요. 그날 일에 따라서 가야 되면 가고.

어떠한 일이 필요하면 따라가요?!

그날……. 오늘같이……. 며칠 전에 바람이 많이 불었거든요. 그런 날은 어망 속에 고기만 들어 있는 게 아니고 온갖 쓰레기. 또 다시마 이런 게 잔뜩 들어가 있어가지고. 도저히 둘이서 작업을 못 해요. 그럴 땐 제가 같이 따라가주고. 또 어장 교체하고 그럴 때. 아저씨가 일이 좀 서툴러요. 쫌. 그러니까 어장 한 틀 들어가서 한 보름 주기로 교체를 해야 되거든요. 어망을 바꿔주는 거죠? 근데 일곱 틀이면은. 일곱 틀을 보름 동안 계속 바꿔줘야 된다는 거예요. 그리고 날이 추워지면은 20일. 한 12월 1월 되면 한 달 정도는 가요.

날이 추워지면?

때가 덜 끼니까. 추워지면 20일. 한겨울에는 한 달 정도.

여름에는?

여름에는 15일 주기로 바꿔줘야 해요. 계속 교체를 해주는 거죠. 스페어가 하나 더 있거든요. 각 틀 장소마다 어장 사이즈가 다 달라요. 그렇기 때문에 전부 스페어 그물이 있어가지고 바꿔주는 거예요. 그러면 인제 그물만 뽑으면 그걸로 끝나는 게 아니고 때가 껴 있는 어장이잖아요. 그걸 전부 다 햇볕에 말려야 돼요. 여기 밖에 널려 있는 것처럼. 그리고 도리깨라는 것을 이용해서 때려가지고 때를 다 떨어내요. 그래가지고 다시 손질을 하는 거예요. 그래가지고 다시 들어가는 거죠.

배에서 고기를 잡아도, 남자와 여자 하는 일이 구별이 있나요?

남자 하는 일, 여자 하는 일은 따로 없어요. 그런데 이제 기본적으로 우리 아저씨가 선장이니까. 배를 가지고 다니니까. 그런 일들은 다 우리 아저씨가 하죠. 선원 아저씨하고 제가 하는 일을 보면은 남자 하는 일 여자 하는 일 구분은 없어요. 선장이냐 선원이냐 하는 그 구분이지.

통발업 하는 사람들도 마찬가지인가요?

마찬가지에요. 미끼 끼고 하는 거……. 통발도 마찬가지에요. 저는 통발은 안 나가봐서 모르는데 통발도 마찬가지고. 선장은 기본적으로 선장이 할 수 있는 일이 있고, 인제 부부끼리 다니는. 저기들 있잖아요. 선원이 거기 끼어서 같이 가는 사람들도 있다구요. 근데 그게 인제 누가 어떤 일을 더 잘 하느냐에 따라서 일이 바뀌지는 거예요. 맡아지는 거예요.

능력에 따라서?

예.

배를 타신 지 얼마나 되었죠?

우리 아저씨는 처음부터 했구요. 저는 애들 쯤 크면서. 그 전에는 선원들만 데리고 일

했었는데, 점점 갈수록 사람 구하기 힘들고, 애들이 유치원 다닐 때부터 사람 구하기 더 힘들어지고 그러다 보니까 또 사람이 있다가도 금방 또 그만두는 경우도 있고 이럴 때는 급하니까 사람이 없으니까 인제 제가 따라갔다가 뭐 사람 구하면 안 따라갔다가 뭐 이런 식으로. 그리고 선원을 구해도 인건비가 많이 나가니까. 선원 한 사람을 들이면요 보통 180만 원 정도 지출이 되어야 해요.

아이들 육아문제는 어떻게 해결하셨나요?

애들 어렸을 때는 아이들만 키우다가 우리 애들 유치원 다닌 후부터 제가 일을 한 거예요. 바쁠 때는 우리 친정 엄마가 서울에 계시는데, 우리가 배 성수기, 고기가 젤 많이 잡힐 때, 제일 바쁠 때, 10월에서 12월에 엄마가 오셔요.

그럼 성수기는 10월에서 12월?

11월에서 12월에서……. 사실 고기가 이때 나는 것은 아닌데, 10월부터 일을 시작해야 돼요. 10월부터 한 12월. 2월까지 일이 끝나요. 근데 고기가 나는 시기는 거의 11월 12월밖에 안 난다고 봐야 돼요. 나머지는 뒤처리 일들이 많으니까. 고기는 안 나도 남은 일들이 많으니까.

그 다음 고기가 집중적으로 나는 때는 또 언제지요?

4월, 5월, 6월, 7월

6개월이 성수기. 딴 때는 고기가 안 들어와요?

고기가 없죠. 많이 안 들어요. 그래서 선원을 두고 일을 할 정도로……. 고기가 안들어요. 월급을 주고 어쩌고 할 정도가 안 돼요. 이때는 직접 나가서 배를 타고. 그물도 많이는 넣지 않고, 많이는 힘들고. 우리 생활비 정도나……. 다른 하는 일이 없으니까.

근데 이강망 정치사업이 돈이 많이 필요하더라구요. 그물 하나에 천만 원이라나요?

돈이 많아서, 많이 필요하기도 하지만요. 우리가 뭐 한꺼번에 이걸 전부 투자해서 한꺼번에 한 개 아니……. 돈이 많이 필요해서보다도 기술 자체가 없으면 하기 힘들어요. 또 기술이 있다 하더라도 워낙 힘들어요. 그래서 사람들이 거의 할 생각을 안 하죠. 너무 힘드니까.

아저씨는 이 마을 출신이신가요?

우리 아저씨가 이 동네 88년도에 들어왔어요. 인제 형님이, 우리 아저씨 형님이 그, 아무래도 바닷가에서 살다 보니까 인제 이런 고기 잡을 생각을 하겠죠. 바닷가에 안 사는 사람은 그런 생각 못하니까. 이 형님이 여기 먼저 충청도에 오서가지고 이 이강망을 제일 먼저 시작하셨어요. 충청도 태안에서. 그때는 자연산 고기가……. 양식고기가 많지 않았으니까. 자연산 잡으니까. 인제. 거기 돈 많이 벌었다 하더라구요. 그래가지고……. 형님 일을 잠깐 좀 우리 아저씨한테 봐달라 이러다가 그게 계기가 돼서 어떻게 어떻게 해서 이렇게.

이 마을에 젊은 세대는 얼마나 돼요? 많지는 않을 것 같은데.

아뇨. 바닷가는 오히려 젊은 사람들이 농촌보다 많아요.

돈 관리는 누가 하나요? 예전 분들은 남자들이 돈을 벌고, 여자들도 굴 까서 돈을 버는데, 다 시어머니가 갖고 여자는 경제권이 없고 시어머님이 돌아가셔야 돈을 쓸 수 있게 되더라구요.

근데 젊은 세대시잖아요. 어떠세요?

저희는 시어머니하고 같이 살지 않았으니까. 우리 아저씨는요. 사실 정확히 어느 통장에 돈이 얼마 있는지 전혀 몰라요. 제가 관리하는 거예요.

아. 확실히 뚜렷한 변화네요…….

돈 관리는 제가 하지만 가장 중요한 것은 함께 협의 하에 하고.

가사노동은 혼자 부담하세요?

아뇨. 우리 아저씨도 집에 오면 청소는 해줘요. 설거지는 안 해도.

다른 젊은 부부들도 이런 식으로 하나요? 아니면 서울에서 살았기 때문에 특이한 현상인 건가요.

아뇨. 아닌 것 같아요. 요즘 거의 다 여자들이 경제권 갖고 있지 않아요?

굴 양식도 하시나요?

굴도 해요. 굴도 하는데 이제 그게 이강망 사업이 주력 사업이고 굴은 뭐 쪼금. 흉내만 내는 정도 있어요. 열 칸 정도. 다른 사람들의 10분의 1 할 거예요. 그 정도도 안 될 거예요. 지금은 굴을 까지는 않구요. 바빠서. 굴은 까면 한 2월달이나 3월달. 우리 일이 거의 끝날 즈음에. 제가 혼자 까요. 굴은 아저씨가 날라다 주구.

아침부터 몇 시간 노동하세요?

우리 거의 쉴 짬이 없어요. 오늘……. 아니 거의 항상 일을 한다고 봐야 돼요. 우린. 사실은 우리 아저씨도 그렇고. 저도 그렇고 다른 사람의 두 배의 일은 할 거예요. 왜 그러냐면은 고기를 잡아오면 우리 활어척에 실어가지고 우리가 직접 판매를 하거든요.

활어척을 가지고 어디 가시는데요?.

인천에 가는 경우도 있지만, 주로 노량진에 노량진 수산시장에 가서 경매하는 거죠.

그럼 아저씨랑 같이 가요?

에. 활어척 타고.

수입이 훨씬 많겠네요?

그렇죠. 우리가 이렇게 부득이하게 했던 것은, 그전에는 고기를 잡기만 하고 상인이 따로 있어요. 상인이 와가지고 싸게 사가지고 가고. 근데 요즘은 고기가 너무 안 나고 그러고 고기 값도 싸고 그러니까 그렇게 할 수는 도저히 수지가 안 맞아요.

그러면은 이렇게 아침부터 몇 시까지 일하십니까. 저녁 때 판매까지 하고 오면은 뭐 24시간이 넘겠다고 생각되는데…….

그렇죠. 저녁에. 계속 노동만 하는 시간이라고 볼 수는 없고. 우리 아저씨하고 저하고 저녁일 끝나고. 오늘은 일이 굉장히 빨리 끝난 거예요. 오늘은 굉장히 빨리 끝난 거고. 지금도 끝났다고 볼 수 없고, 저희들 그물 일을 또 해야 돼요. 손질이요. 떼가지고 온 그물을 항상 이틀에 한 번씩 빼서 말려야 하니까 맨날 일이 있다고 봐야죠. 항상. 그리고 인제 해가 지면 그 일을 못하니까. 그럼 저녁 먹고 뭐 집 대충 정리하고 서울 올라가는 거예요. 거기 물 본 날은. 고기 걷어온 날은 물 본다고 그러거든요. 물 본 날은 올라가지요.

밤시간에 서울에 올라가세요?

밤에 인제 한 아홉 시에 출발하면은 서울에 도착하면. 한 아홉 시에 출발을 해도 가다가 얼음……. 냉동공장에 들러서 얼음 넣고 어떻게 하면은 한 열두 시에 노량진에 도착한다고 봐야 돼요. 그럼 거기서 좀 자죠. 한 서너 시간 자요.

어디서?

차에서. 서너 시간 자고 네 시부터 경매 시작이거든요. 경매 하고. 그거 경매는 그때그때 달라요. 네 시에 경매가 될 때도 있고. 우리 고기가 아니면 여섯 시 일곱 시까지. 봄 같은 경우는 고기가 많으니까. 전체적으로 우리나라에 봄에 고기가 많아요. 자연산 고기가. 자연산 고기도 그렇고 양식도. 그러다 보니까 인제 순서가 뒤로 처지면 일곱 시까지 갈 때도 있고, 그래서 집에 오면은. 네 시 경매가 되어도 집에 오면은 한 일곱 시. 일곱 시 반. 아니면 여름, 봄에는 쫌 늦을 때는 한 열 시 넘을 때도 있고. 집에 오면은. 오전 열 시.

그러면 그 다음에 어떻게?

그럼 또 그때 와서 바다에 나가거나…….

주무시죠?

아뇨. 잘 시간은 없죠. 그때 가서 잔 거로 끝이에요. 아침에. 새벽에. 열두 시에서 네 시 사이에 잔 걸로.

그럼 매일 이렇게 주무세요?

그러니까 하루걸러 하루씩이잖아요. 물을 보는 게. 잘 시간은 없어요. 바로 바다에 나가거나 아님 그물 일을 하거나 거의 자는 적은 없다고 봐야죠. 점심 먹고 한 삼십 분 정도. 잘 수는 있죠. 우리 아저씨는 가뜩이나 잠이 많은 사람이니까. 차에서 가면서 오면서 자고. 날마다 자요. 제가 운전하고 가지.

돈을 많이 버시죠?

돈이야 뭐 많이 번다 안 번다 하기 힘들고. 우리 노력에 비하면은 별거 아니고. 그냥 앉아서 그냥 우리같이 직접 판매를 안 하고, 상인한테 넘기는 경우도 있거든요. 이강망 하는 사람들도. 그런 사람들보다는 더 소득이 많다고 봐야죠.

어촌계 멤버시나요? 어촌계 회원 가입하는 데 얼마 냈어요?

많지 않았을걸요. 근데 지금은. 그전에 우리 가입할 당시에는 그 정도 어촌계 수입이 없었어요. 어촌계 수입이 그 정도 없었기 때문에, 그때는 몇십만 원 정도. 그렇게 했지. 지금처럼 이렇게 500만 원 정도 하지는 않았어요. 지금 어촌계 수입이 조금 있어서 1년에 한 100만 원 정도 배당이 돌아가요.

작년에는 어촌계장님 말이 전복이랑 해삼이랑 재미가 좋아서 가호당 120만 원, 130만 원. 나눠 주셨다고 그러시더라고요.

예.

어촌계원이 된다는 게 사실은 이 동네 성원이 됐다 하는 일종의 그런 소속감도 높여주는 것 같은데, 그런가요?

그렇죠. 요즘은 500만 원으로 어촌계에 가입할 수 있는 게 아니구요. 공석이 있어야 하고 총대회의에서 받아야 되는데, 거의 뭐 불가능한 것 같더라구요. 들어가기. 지금 있는 자리에서 딴 사람이 나가게 돼서 그 자리에 들어오면 몰라도. 어촌계 회원 수를 늘리지는 않는 것 같아요.

바쁘신데 장시간 고맙습니다.

(김현숙)

개미목의 민속

민간신앙

이 장에서는 공동체를 중심으로 이루어진 집단신앙과 개인이 중심이 된 가택신앙으로 구분하여 정리한다. 의항리의 집단신앙으로는 당제가 있고, 개인신앙은 울타리를 경계로 한 가신신앙(家神信仰)이 있다. 그런데 이들 신앙유형은 모두 단절되었거나 전승이 되더라도 아주 미약하게 유지되고 있는 현실이다. 이런 이유로 여기에서의 기술은 과거의 시점에 맞춘 복원 관점에서의 기술이라는 한계를 갖는다.

당제

의항리에는 마을공동체의 제사의식이 있었다. 이곳에서는 이 의식을 당제 혹은 당산제라 하였다. 당제의 가장 큰 목적은 고기잡이를 하는 데 있어서의 안전 기원이다. 이외에 제의 목적은 마을의 평안과 개개 가정의 번영, 풍어 소망의 성취와 같은 것이다.[1]

제의에서 해상의 안전을 제일로 꼽은 데에는 당시 고기잡이배의 여건과 깊이 관련되어 있다. 1960년대 이전만 하더라도 대부분의 고기잡이배는 목선으로 돛배였다. 물때와 바람에 의해 고기잡이 현장으로 나아가고 돌아왔다. 때문에 바다라는 거대한 자연의 활용이 인공에 의하기보다 자연의 순리를 이용하는 방식이었다. 그러다 보니 태풍이나 해일과 같은 불가항력적 상황에 놓일 때에 이를 대처하기가 어려웠다. 또 이때에 어민들이 치명적인 피해를 입게 되었다. 대개 이러한 해상 사고는 배의 전복뿐 아니라 인명의 손실을 가져왔다. 제보자에 따르면 의항리 역시 이러한 해상사고를 여러 차례 겪었다고 한다. 의항리의 당제는 바로 이러한 불가항력의 자연에 순응하고 자연의 가호를 발원하는 차원에서 이루어졌다고 할 수 있다.

제보자는 의항리의 당제가 단절된 시기를 1960~70년대로 추정한다. 제의 단절의 정확한 시기가 명료치 않다. 다만, 미신타파 바람이 불 때에 없어진 것 같다고 한다. 이미 단절된 당제이지만, 여기에서는 기왕의 의항리 당제 모습을 복원하려 한다. 이러한 당제의 복원은 의항리 마을의 정체성을 모색하는 데 긴요한 자료가 될 것이다.

당제의 명칭은 당산제라고도 하였다. 당제와 당산제를 구분하지 않고 사용하였다. 당굿이란 명칭도 있었지만 이 명칭상의 당굿은 보편성을 확보하지 못했다고 한다. 이는 제의 과정에 배치된 굿의 비중이 약한 데에 기인하는 것으로 볼 수 있다. 실제, 이 마을의 당제에는 독경을 전문으로 하는 법사가 참여하였는데, 그의 독경은 30분 내외에 그쳐 굿의 면모를 제대로 표현하지 못하였다고 한다.

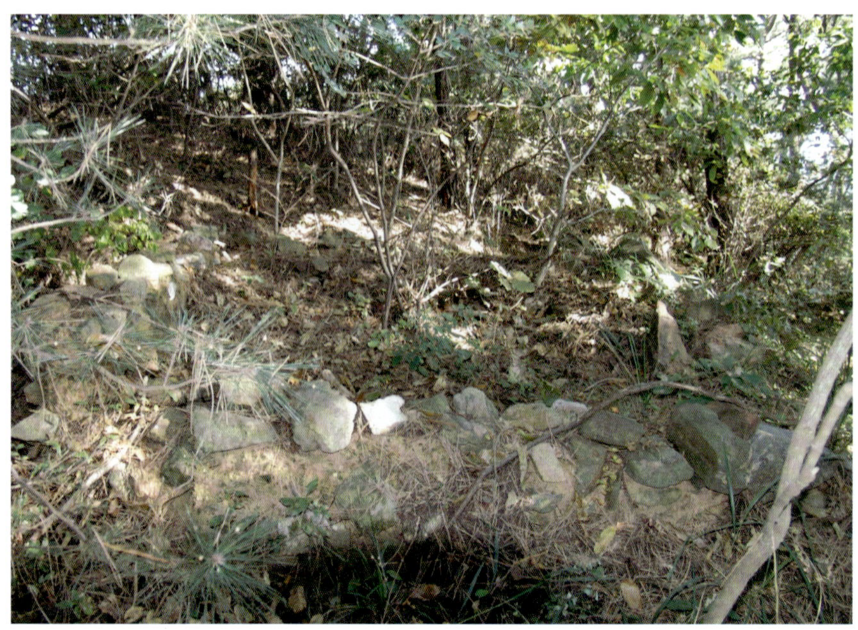

개미목 당제장 옛 터

당제를 지내기 위해 첫 번째 하는 일이 날을 잡는 것이다. 당제의 제일(祭日)은 그해의 정초에 마을의 배 부리는 선주와 유지들이 모여 정하였다. 제보자의 기억에 의하면 보름 전후의 날로 택일하였다고 한다. 또, 당제가 단절되던 무렵에는 정월 보름날을 당제 제일로 정했다고 한다.

이때에는 이렇게 날을 잡는 것과 아울러 제관을 선정하였다. 제관의 대상이 되는 인물은 깨끗하고 부정이 없어야 하였다. 여기에서 부정이란 집안의 상사나 출산과 같은 것이다. 좀더 확대한다면 가정에 월경하는 여성이 없는 사람이어야 한다고 한다. 이외에도 가족 중 누가 다쳤다거나 아파서 누워 있다거나 해서도 안 된다. 이렇게 여러 조건을 가려 해당 사항이 없는 인물을 제관의 후보로 가렸다. 그리고는 이들을 대상으로 생기복덕을 짚어 제관으로 정하였다. 제관은 달리 유사라고도 하였는데, 한 집을 택하였다. 따라서 그 집의 남자가 유사가 되고 안에서는 제의에 필요한 제수 조리의 역을 담당하였다. 유사로 선정된 사람은 부부가 함께 근신생활을 하였다. 자신의 집 대문에 금줄을 걸고, 대문 앞에 황토를 놓았다. 부부관계를 금할 뿐 아니라 문밖출입도 삼갔다. 살생, 다툼, 궂은 일 등을 하지 않았다. 술, 담배를 피하였고 비린 음식이나 고기를 먹지 않았다. 상가에 출입하지 않았으며 출산이 있는 집에도 가지 않았다. 제일 당일에는 목욕재계를 하고 제장에 나아갔다.

의항리의 당제에는 마을의 대표인 유사 외에도 또 한 사람의 제의 진행자가 있다. 이 사람을 이 마을에서는 무당이라고 부른다. 그런데 이 무당의 제의 관여 과정을 보면 무당이라고 하기보다 법사에 가깝다. 곧, 무당으로 초청된 사람의 역할은 독경과 소지 올림인데 이것은 법사의 일반적 소임이기 때문이다. 이러함에도 시대를 소급하여 1960년대로 올라가면 무당이나 법사의 분명한 역할 구분 내지 명칭에 따른 역할의 정의가 오늘날과 다를 수 있음을 감안해야 할 듯하다. 다만 여기에서는 제의에 참여한 무당을 법사란 용어로 적는다.

한편, 제보자가 기억하는 법사는 김별동(남)이다. 현재 그는 돌아갔으나 의항리 당제의 법사로 오래도록 제의에 참여하였다. 현재 이 근동에 이름 있는 독경사는 모항의 정찬영(남, 60대)이라고 한다.

제장(祭場)은 마을의 서쪽 뒷산에 위치하였다. 이곳은 큰말의 뒷산 초입이 되는데 적현(붉은재)과 경계를 이루는 얕은 야산이다. 그런데 이 산이 외지인에게 팔리면서 제장이 100~150미터 서쪽 산중으로 이동하게 되었다. 이 산 역시 큰말과 적현 사이에 위치한 산인데 별도의 이름은 없다. 다만, 이 당산의 아래쪽 산기슭으로 난 작은 길이 적현으로 이어져 있는데, 이 길로 고개를 넘어가는 것을 '당재 너머로 간다' 고 표현한다. 여기에서의 당은 곧 '당 제장' 이란 의미로 볼 수 있다. 이 제장에는 당집이 있었다. 당집의 규모는 1평이 조금 넘을 듯한데 흙과 돌로 벽을 세우고 지붕은 짚으로 이엉을 엮어 지었다. 이 지붕은 2년에 한 번씩 갈아주었다. 의항리에서는 이러한 지붕갈이 작업을 '개초' 하였다고 표현한다.

부연하면, 의항리의 당제 제장은 마을 서쪽의 뒷산에 위치한다. 이 제장에는 1평이 넘는 당집이 있었다. 당 내부의 안쪽 정면에는 선반이 있었다. 그리고 선반의 한쪽에 오색천의 기가 있었다. 당집은 제사 지내는 공간으로도 활용되고 유사와 법사가 머무는 공간이 되었다. 현재 이 제장에는 소나무 등의 잡목이 우거져 흔적만 남아 있다. 당집은 무너졌고 바닥으로로부터 30~40센티미터 정도의 사방 벽만이 남아 있다.

제의 비용은 마을 기금에서 일정액을 내어 사용하였다.[2] 제물의 수나 양이 많지 않아 큰 비용은 아니었다고 한다. 또, 예전에는 마을의 가가호호를 돌며 거출하여 제사 비용을 마련한 예도 있다고 한다. 제물은 쇠고기를 익혀서 놓았고 술, 삼색실과, 포 등이었다. 이외에 제사에 쓸 용품으로 초와 소지종이를 준비한다.

제의 진행을 보면 정월 14일 오후 10시경부터 제의 준비를 한다. 이 시간이 되면 유사와 법사가 함께 제장에 올라간다. 이들은 제장 주변을 다시 한번 정리하고 당제를 지내기 위한 준비를 한다. 이어 11시가 지나면 제물을 진설하고 당제를 시작한다. 제주가 단 앞에 나아가 법사로부터 술을 받아 올리고 재배한다. 술은 석 잔을 올린다. 이어서 법사가 독경을 한다. 독경의 경문은 전하지 않는다. 제보자는 법사가 '마을이 평안하게 해주시고, 해상사고를 없게 하여주시고, 마을의 선주들이 많은 고기를 잡게 해주시고, 마을 사람들이 잘살게 하여주십사' 하고 빌었다 한다. 이러한 내용의 독경을 30~40분에 걸쳐 지속하였다. 독경이 끝난 뒤에 소지를 올렸다. 소지는 법사가 올렸는데, '이 소지는 만동소지입니다. 온 동네가 동티 없이 평안하게 하여주십소사' 한다거나 '이 소지는 선주소지입니다. 의항리 선주들이 배에 가득가득 고기를 잡게 하여 주십소사' 하는 등의 축원과 함께 소지를 올렸다.

당제는 소지를 올림으로써 갈무리된다. 보통 소지를 올리고 나면 자정이 넘는다. 이후 유사와 법사가 제장을 정리하고 마을로 내려온다. 그리고 다음 날 오전에 마을 사람들을 불러 산제 지낸 뒷이야기를 한다. 소지가 잘 올라가서 금년에는 고기를 많이 잡을 것이라는 등의 덕담을 나눈다. 또, 유사의 집에서 음식을 내어 술잔을 나누는 예도 있다.

뱃고사

일시 뱃고사를 지내는 시기는 대략 네 가지 유형으로 나누어볼 수 있다. 첫째, 배를 처음 지었거나 구입하였을 때에 뱃고사를 지낸다. 의항리 사람들은 새 배를 직접 짓기도 하지만 사용하던 배를 구입하기도 한다. 어느 경우든 새로이 배를 구입하게 되면 뱃고사를 지냈다.

둘째, 징월 초 첫 출어를 나가기 전에 지낸다. 이때에는 새해에 대한 풍어의 기대와 해상 안전을 소망하면서 뱃고사를 지낸다.

셋째, 선주를 비롯한 가족에게 변고가 있을 때에 지낸다. 의항리의 선주들은 대부분 자신이 직접 배를 운항한다. 그것은 이곳 배들의 규모가 대부분 10톤 이내의 소형 배이고, 또 사람을 두어 운항하기에는 경제적으로 부담이 있기 때문이다. 이런 이유 등으로 선주가 직접 배를 운항하며 고기잡이를 한다. 그런데 이러한 고기잡이철에 가족이나 본인에게 좋지 않은 일이 발생하면 이 일이 고기잡이에 영향을 줄 것으로 추측하는 경우가 있다. 바로 이런 불길함의 해소를 위하여 뱃고사를 지낸다는 것이다. 한때 배를 부린 적이 있는 김형수는 꿈에 궂은 것을 보았는데, 이로 인해 고기가 잘 잡히지 않았다고 한다. 그래서 뱃고사를 지냈다는 것이다. 의항리 금강호의 김인식 선장 또한 유사한 제보를 하였다.

넷째, 고기가 잡히지 않거나 어획량이 줄 때에 지낸다. 이 경우, 고기를 많이 잡기 위한 방편으로 수신(水神)의 가호를 소망하는 고사를 준비한다고 한다. 그리고 이때에는 물매를 가려 고사를 지낸다. 보통 서매날을 기점으로 고사를 지내는 예가 많다고 한다.

이외에도 뱃고사를 지내는 이유가 없는 것은 아니지만 의항리의 경우에는 대개 앞에 든 네 가지 사례에 의해서 뱃고사가 이루어지고 있다.

장소와 제의 진행   뱃고사의 고사 장소는 갑판 중앙이다. 배의 한쪽에 서낭기[3]를 꽂아두고 갑판의 중앙에 깨끗한 짚을 깔거나 아니면 맨바닥에 제물을 진설한다. 이어 선주가 중심이 되어 고사를 지낸다. 고사를 지낸 뒤에는 시루의 떡을 떼어다가 기관실과 선미 등에 놓아둔다.

제의의 중심인물은 그 배의 선주이다. 예전에는 무당을 부르는 예도 있었으나 지금은 선주가 중심이 되어 한다. 곧, 선주가 준비해온 음식을 갑판 중앙에 늘어놓는다. 보통 제물은 돼지머리, 시루떡, 쇠고기탕, 명태포, 과일, 술 등이다. 선주는 이들 음식을 줄을 맞추어 갑판에 늘어놓은 뒤 바로 고사를 올린다.[4] 제의 진행을 보면, 선주가 술을 채운 잔을 갑판에 놓고 재배한다. 만일 배를 처음 지었거나 새로 구입한 경우에는 선주의 친구와 가족이 고사상 앞에 나와서 재배를 하고, 돈을 돼지머리 앞에 놓는다.

요컨대, 술 한 잔 올리고 재배함으로써 고사의 중심 의식이 갈무리된다. 이어 시루에서 떡을 떼어다가 한 그릇은 서낭기 앞에다 놓고, 또 한 그릇은 음식 만드는 공간, 또 한 그릇은 잠자는 공간에 놓는다. 이어 고사 지낸 음식을 바가지에 조금씩 떼어 담은 뒤에 이것을 바다에 뿌리며 주술적인 말을 한다. 이 말은 용왕에게 고기잡이 할 때의 안전과 많은 고기를 잡게 해달라는 기원이라고 한다.

한편, 배의 구입과 같은 시기의 고사는 무당을 부르는 예도 있다. 이럴 경우 무당이 고사의 전반적인 진행을 한다. 또, 용왕신과 배서낭에게 안전한 고기잡이를 위한 축원을 한다. 이때의 축원은 대개 독경을 통해서 이루어진다. 무당을 부르더라도 그 고사가 1시간 내외라고 한다. 그리고 무당을 초청하였을 경우에는 별도의 비용을 무당에게 지불해야 한다.

배서낭

불과 30~40년 전만 하여도 의항리 앞바다에서는 범선을 가지고 고기잡이를 하였다. 기계선이 마을에 보급되기 시작한 것은 1960년 중반부터이지만 본격적인 기계선의 등장은 1970년대 후반과 1980년대 초로 볼 수 있다. 그 이전에는 대부분 돛을 단 목선을 바다에 띄워놓고 고기잡이를 하였다. 그리고 이들 범선은 대부분 1톤 내외의 소형 선박이 주를 이루었다. 그럼에도 고기잡이 때에는 매번 만족할 만한 어획고를 올릴 수 있었다. 마을 입구만 나가도 고기가 풍부하여 다량의 수확을 올릴 수 있었다고 한다. 1960년대까지 목선으로 고기를 잡았던 제보자의 경험담을 옮겨본다.

배는 풍선. 쪼끄만한 1톤 정도 되는 옛날 배. (배의 길이가) 한 20자? 6미터 정도? (마을 앞바다를 손으로 가리키며) 요 앞에서 조기가 바글바글 났었어. 주낫(주낙)이, 주낫으로 주로 조기를 잡았지. (조기가) 음력 5월부터 났었어. 5월 단오쯤 해서 나면은 음력 7월 스무날, 8월까지……. 3월부터 단오 무렵까지는, 그 안에는 간자미, 우럭……. 옛날에는 바다가 오염이 안 돼서 고기가 많았지. 간만조를 이용해서 (낚시를) 물에 넣으면, 간조가 됐을 때 주낫을 깔아놔. 한 30분 정도 깔아놓고 다시 건져. 고기가 많았지. 잘 잡히는 날은 (조기) 200~300마리. 너 살 삽는 날은 400~500마리. 안 잡힐 때는 100개도 못 했어. 그러니께 물때를 봐서 고기가 계속 무는 거여.
한 물 직입하는 걸 한 손이라고 했어. 한 물이라고 하는 것은 물이 한 번 들어오고 나가는 거여. 두 물 보는 것을 두 손. 하루에 두 손. 새벽에 나가면 해가 져야 들어와. (고기를) 요기. 근해에서 잡어. 여기쯤에서 20분 정도? 요즘은 근해에 고기가 거의 안 나.
— 김형수(남, 65)

제보자의 말처럼 최근 들어와서는 근해에 고기가 많이 나지 않는다고 한다. 때문에 고기잡이를 위하여 보다 먼 바다로 나가야 하는 형편에 놓여 있다.

고기잡이는 해상을 무대로 이루어진다. 어부들은 바다라고 하는 거대하고 변화무쌍한 대자연의 공간에서 바다의 심연에 낚시나 그물을 드리워 고기를 잡아 올린다. 이처럼 바다는 어부들에게 무한한 자원을 공급한다. 하지만 반드시 자혜로운 것만은 아니다. 감당 못할 파도나 바람으로 순식간에 어부들의 생명을 위협하고 또는 앗아가기도 한다. 배서낭은 바로 이러한 두려움의 위안을 위해 출현하였다. 육지의 노신(路神)이 서낭(성황)인 것처럼 바닷길의 해로신(海路神) 역시 서낭으로 상정한 것이다. 같은 맥락으로 배의 안전한 해상 운항을 담보하는 신명으로 배서낭을 택하였던 것이다.

배서낭의 존재에 대한 인식은 비교적 추상적이다. 그리고 이들 서낭은 여성으로 상정되는 것이 보편적인 사례이다. 의항리에서 배를 부리고 있는 선장들의 의식을 통해서도 이러한 면을 확인할 수 있다. 이들 여성의 서낭 가운데 가장 보편적인 예가 각시서낭이다. 각시서낭은 말 그대로 20대 전후의 각시를 연상할 수 있다. 이외에 애기서낭이나 거지서낭이 등장하기도 한다. 실제로 문경운 선장은 애기서낭을 모셨는데, 그 성별이 여성이라 하였다.

서낭의 존재가 여성이기 때문에 서낭을 모시는 데에는 여성과 관련된 물품이 요구된다. 이를테면 가상의 여성 서낭을 상정하였을 때 그를 즐겁게 해주기 위한 일종의 폐백이 요구되는데, 그 존재가 여성이다 보니 폐백의 내용물이 여성의 물품이 된다는 것이다. 따라서, 서낭의 물품으로 '적·청·황·백색의 옷감, 바늘, 실, 꽃신, 빗(참빗)' 등을 준비하는 예가 있다. 이외에도 바느질함에 위와 같은 바느질 도구를 구비하여 놓는 예[5]도 있다. 또한 뱃고사를 지낸 뒤에 명태를 실로 감아 선장실이나 운전실의 벽에 매달아두는 예가 보인다.

서낭은 앞에서 언급한 것처럼 해상의 안전과 밀접하게 관련되어 있는 것으로 인식된다. 제보자 김형수는 배서낭의 종류가 거지서낭[6]과 각시서낭으로 나뉘는데, 거지서낭은 제사만 잘 지내주면 되지만 각시서낭은 몹시 까다롭다고 한다. 그런데 그의 경험에 의할 때 이러한 서낭의 존재는 꿈에 의해 선주에게 현몽하게 되는데, 대개 자신이 체험한 꿈의 해석을 통하여 서낭의 존재를 정하게 된다고 한다. 아울러 고기잡이에 있어서도 꿈을 통한 배서낭의 의도가 제시된다고 말한다. 이를테면 서낭으로 추정되는 존재가 꿈에 등장하여 어떠한 징조를 보여주는데, 그 징조에 따라 고기가 잡히지 않기도 하고 또는 반대의 경우 많은 고기를 잡게도 된다는 것이다. 이럴 경우 부정한 징후의 꿈을 꾸게 되면 바로 뱃고사를 지내어 배서낭을 위로하고, 아울러 부정한 요소를 제거해야만 한다고 언급한다.

한 제보자는 각시서낭을 모시는 사람의 경우 출항하기 전날 여성과 잠자리를 해서는 안 된다고 주장한다. 각시서낭이 좋지 않게 생각하거나 시샘할 수 있기 때문이라는 것이다. 특히 배서낭이 여성인 배의 경우는 더욱 여성과 관련된 금기를 엄격하게 지켜야 한다. 비록 그 대상이 자신의 처라 할지라도 배서낭의 관점에서 보았을 때 시샘의 원인이 될 수 있다는 것이다. 이런 맥락에서 부부동침은 배서낭의 심기를 불편하게 하는 하나의 원인으로 작용한다고 보았다.

요컨대, 배서낭은 해상의 안전과 풍어에 긴밀하게 작용하는 신명으로 선주에 의해 신앙의 대상이 된다. 이들 신명은 대체로 각시서낭, 애기서낭, 거지서낭으로 불리며 여성으로 설정된다. 선장은 이들 배서낭을 위하여 폐백을 준비한다. 그 종목을 보면, 반짇고리에 바느질도구, 청·홍·백색의 옷감, 치마, 저고리, 꽃신 등과 같은 물품이다. 이외에 배서낭에게 올리는 것으로 뱃고사 뒤에 명태를 실로 묶어 선실에 달아두는 것이다. 서낭을 상징하는 특별한 신체로는 서낭기가 보인다. 대개 배를 지으면 주변의 배 부리는 친구나 선주들로부터 뱃기를 선물 받는데, 이러한 뱃기 가운데 자신이 직접 만든 뱃기를 서낭기라 한다고 한다. 한 선주는 자신이 만든 기를 서낭기라 히는 것은 그 배의 중심이 되는 뱃기이기 때문이라고 말한다.

가신신앙

성주 현재 이 마을의 가신신앙 가운데 가장 전승력을 갖고 유지되는 것이 성주이다. 내륙의 성주가 단지나 바가지, 꽃 형태로 유지 전승되고 있는 것에 반해 의항리에서는 성주의 특별한 형체가 없다. 이곳 사람들은 성주를 주택의 상량에 머무는 무형의 존재로 본다. 때문에 특별한 형태는 없되 상량이나 그 주변에 존재하는 것으로 여긴다.[7]

성주는 집안 가신 가운데 으뜸 신으로 여긴다. 따라서 조왕이나 터주와 같은 가신이 신앙 대상에서 제외되는 것과 달리 성주는 지금까지도 가신으로 인정받고 있다. 아울러 성주는 집안의 대소사에 깊이 관여하는 신명으로 인식된다. 행불행은 물론이요 재복 등에도 성주의 영력이 영향을 미치는 것으로 본다.

성주를 위하는 방법으로 과거에는 고사를 지냈다. 시루떡과 과일, 포 등을 상에 차려놓고 성주고사를 지냈다. 또, 안택고사에서 중심이 되는 신명으로 성주가 채택되었다. 그런데 지금은 이러한 고사 형태로 성주를 위하는 집이 거의 사라졌다. 다만,

설과 추석날 성주를 위하는 것이 남아 있다. 설·추석에 성주를 위하는 일련의 의례는 아주 오래 전부터 내려오던 것이라고 한다.

그 방법을 보면, 명절에 차례를 지내기 위하여 상을 차릴 경우 본상 옆에 성줏상을 놓고, 조상을 위한 차례상과 똑같이 제물을 차린 뒤에 차례 지내듯 위하는 것이다. 이를테면 조상의 영전에 헌주를 하듯 성줏상에도 술을 따르고 조상님께 참배할 때에 성주도 포함하여 배례하는 형식이다. 이러한 사례는 이곳의 여러 가정에서 나타난다.

한편, 성주는 집을 짓고 나서 위하는 것으로 조사되었다. 이를테면, 집을 짓고 난 뒤 백지에 집 지은 사람(집주인)의 이름과 사주(생년월일시)를 써서 천으로 된 보에 싼다. 그리고는 상량의 나무 위쪽에 골을 판 뒤, 사주를 담은 보를 넣어둔다. 제보자 김씨는 이 성주를 '양해군'이라고 설명하였다. 이렇게 한 뒤에 시루떡과 포, 과일, 술 등을 놓고 성주 제사를 지낸다고 한다. 이어 앞서 언급한 것처럼 설과 추석의 차례 때에 성주를 위한 별도의 상을 준비하거나 아니면 차례상 한쪽에 성주를 위한 밥과 국 또는 떡국과 송편을 놓고 조상 차례와 함께 위한다고 한다. 제보자는 시어머니 때부터 해오던 것이란 말을 덧붙인다.

터주 이곳에서는 터주란 말보다 지신이란 용어를 사용한다. 지신은 말 그대로 울타리 안의 터를 관장하는 신명으로 볼 수 있다. 그런데 의항리에서는 이 지신의 존재가 거의 잊혀져가고 있다. 현재 이 마을에서 지신에 대한 신앙은 거의 사라진 듯 하다. 적어도 조사자의 현지답사의 결과에 따를 때 그러하다. 하지만 이러한 표면적인 응답이 실제와 다를 수도 있기 때문에 지신 존재가 완전히 사라졌다고 단정하기는 어렵다.

한편, 개인이 중심이 되어 지신제를 지내는 예도 전한다. 이 사례는 울타리 밖에서 행해졌기 때문에 가신의 범주에 속한다고는 볼 수 없으나 별도의 항을 설정하기에 부족함이 있어 여기에 옮겨둔다. 제보자는 김형수 씨의 처로 시아버지가 중심이 되어 지신제를 지냈다고 한다. 장소는 집 뒤의 야산이었다. 보통 정초에 날을 잡아서 제를 지냈는데, 제 지내는 날은 출입을 삼가고 근신하였다. 집 앞에 세 무더기의 황토를 놓아 부정을 쫓았다.[8] 제 음식으로 백설기 한 시루, 북어포나 우럭포, 청수 한 그릇을 놓았다. 이러한 지신제는 시아버지가 돌아간 뒤부터 지내지 않게 되었다고 한다.

이외에 조왕이나 삼신 등이 가신의 대상으로 신앙되었음을 확인할 수 있었다. 조왕은 부엌의 중심 신으로 여겼고 삼신은 아기의 출산 성장과 관련된 산육신(産育神)으로 신앙의 대상이 되었다. 특히, 삼신은 출산 때에 영향을 미치는 신명으로 보았다. 보통, 삼신을 위해서는 쌀밥 세 그릇과 미역국 세 그릇, 물 세 그릇이 준비된다. 산모가 해산한 뒤에 앞의 제물을 차려놓고 아기의 할머니나 친인척이 비손을 하였다고 한다. 그리고 이 밥과 국은 모두 산모가 먹도록 하였다.

통과의례

출생

의항리에서의 출산과 관련된 조사는 주로 60대 이상의 노년층 여성을 대상으로 하였다. 제보자의 선정을 60대 이상 연령층으로 설정한 것은 현재의 시점이 아닌 1960년대 전후의 출산 사례를 통한 과거의 출산속을 탐색하기 위함이었다. 출산 관련 조사에서 어려웠던 점은 대부분의 제보자가 생활고에 시달려 추억할 만한 것이 없다고 하는 반응이었다. 따라서 조사결과가 미흡하지만, 기왕에 수집한 자료를 근거로 간단하게나마 정리한다.

임신 이후 이루어지는 태교는 크게 정신, 행위, 음식과 관련된 것이다. 의항리에서는 주로 음식과 행위와 관련된 태교의 사례가 보인다. 먼저 음식과 관련된 사례는 대부분 금기 형식으로 나타나는데, 가장 일반적인 사례가 오리고기를 먹지 말라거나 상가 음식을 먹지 말라는 것이다. 이에 대한 이유로 오리고기를 먹으면 아기의 발가락이 오리발처럼 붙어서 난다 하고, 상가의 음식은 부정이 끼어 있어 아기에게 해롭다고 설명한다. 이외에도 음식 금기와 관련 사항을 들어보면 다음과 같은 것이 있다.

① 닭고기를 먹지 마라. 발가락이나 손가락이 닭발처럼 붙을 수 있다. 또는 아기의 피

부가 닭발처럼 우툴두툴해진다.

② 개고기를 먹지 마라. 산모가 개고기를 먹으면 나중에 형제들끼리 다툼이 잦다.

③ 참새고기를 먹지 마라. 참새고기를 먹으면 아기가 장수하지 못한다.

태교에 있어서 행위와 관련된 금기의 사례도 다수 보인다. 그리고 이러한 행위 관련 태교 사례는 대부분 산모의 안정을 도모하는 방편의 것이 다수를 이룬다. 그 사례를 들어본다.

① 상가에 가지 마라. 상가에 가면 울부짖음이나 눈물이 있어서 아기에게 해롭다. 또, 아기나 산모가 부정에 감염될 수 있다.

② 길을 걸을 때 길의 중앙을 택하여 걸어라.

③ 무거운 것을 머리에 이거나 들지 마라.

④ 이웃이나 타인과 싸우지 않아야 한다.

⑤ 닭을 잡는 등의 살생은 가급적 하지 않는 것이 좋다.

제보자 연창열은 임신을 하였을 때 자신이 먹고 싶지 않은 음식은 먹지 않는 것이 좋다고 한다. 심리적으로 부담이 되는 음식은 소화도 잘 안 되고 결과적으로 아기에게 좋지 않다는 생각이다. 이와 비슷한 대답으로 제보자 방귀남은 임신 때에 김치나 된장찌개도 먹기 싫은 적이 있었다고 한다. 그러면서 임신 때에 행동이나 음식을 꺼리기도 했지만 사는 형편이 그렇게 이것저것 가릴 만한 처지가 아니었다고 한다. 남녀 가릴 것 없이 의항리 사람 대부분이 어로나 농경 활동에 분주하였기 때문에 한가하게 태교를 생각할 겨를이 없었다는 대답이다.

해산 때에 아기를 받는 사람은 보통 경험이 많은 마을 사람이나 시어머니였다. 내륙과 달리 의항리의 경우 친정에 가서 아기를 낳아오는 사례가 그리 흔치 않았다. 이는 친정에 가보아야 친정 역시 바빠서 딸을 돌보아주기가 쉽지 않았던 때문이라고 한다. 아기가 나오면 바로 탯줄을 자른다. 아기 배꼽으로부터 한 뼘 정도의 위치를 실로 묶는다. 이때 아기 쪽과 산모 쪽으로 모두 묶는다. 그리고는 그 가운데를 가위로 자른다. 태는 조금 길게 잘라야 좋다고 한다. 그리고 이 태는 보통 2주를 전후하여 아기의 배꼽에서 떨어진다. 아기의 배꼽에서 떨어져 나온 태는 버리지 않았다. 태를 실로 묶어 횃대에 걸어두었다. 아기가 성장하면서 머리나 얼굴이 헐 때 이 태를 조금 잘라내어 갈아서, 물에 갠 뒤 상처 부위에 발라주는 예도 있었다.

해산 때에는 삼신상을 차려두었다. 아기를 낳은 산모의 방 한쪽에 상을 놓고 그 위에 밥 세 그릇, 국 세 그릇, 물 세 그릇을 놓았다. 보통, 시어머니가 삼신상을 차려놓으며, 역시 시어머니가 간단하게 비손을 하였다. 그리고는 이 국밥을 출산한 산모가 먹도록 하였다. 한번 차린 삼신상은 산모가 상 위의 음식을 다 먹을 때까지 물리지 않았다. 제보자는 삼신밥을 밖으로 물리면 산모나 아기에게 좋지 않다고 답한다. 물론, 상 위의 음식은 산모가 먹어야 하며, 다른 사람이 먹어서는 안 되었다.

삼신상 위에 밥과 국을 놓고 비는 이유는 '삼신할머니가 자손을 잘 보살펴달라는 뜻'이라고 한다. 대부분의 제보자가 이에 대해 동일한 답을 하였다. 또, 삼신에 대해 아기의 출산과 성상을 놉는 신명이라고 응답하였다.

아기의 출산이 확인되면 아기의 할아버지나 아버지가 금줄을 꼬아 출입문 앞에 달았다. 이때 꼬는 금줄은 왼새끼이다. 이 왼새끼에 남자인 경우는 고추, 건방(숯), 종이를 꽂았다. 여자인 경우는 종이와 숯을 꽂았다. 숯이 없는 경우에는 솔가지를 꽂기도 하였다. 제보자는 솔가지를 꽂는 이유에 대해 '솔가지가 나무이기 때문'이라고 하였다. 곧, 소나무를 태우면 거기에서 숯이 나오기 때문에 숯을 구하지 못할 경우에는 솔가지를 꽂아도 무방하다는 주장이다.

1960년대만 하더라도 금줄은 보통 3·7일을 걸었다. 그런데 그 뒤로 7일을 걸다가 1970년대 이후부터는 3일 정도 금줄을 걸어두었다. 제보자는 이렇게 금줄을 매는 이유로 두 가지를 들었다. 하나는 우리 집에 아기를 낳았다고 알리는 것이고 다른 하나는 우리 집에 출산이 있으니 출입하지 말라는 뜻이라고 한다. 또, 이 출입하지 말라는 뜻에는 잡귀나 질병 귀신이 들어오지 말라는 뜻도 있다고 한다.

산모의 산후조리에 대해 대부분의 제보자가 특별한 것이 없었다고 한다. 일하던 것을 조금 쉬는 것이 산후조리였다는 주장이다. 한 제보자는 산후 가리는 음식이 있느냐고 묻자, "없어서 못 먹었다. 지금 생각해도 애 낳고 못 먹었던 것이 한이었다"

고 답한다. 다수가 응답한 사항은 산후 호박을 다려 그 물을 먹는 것이었다. 이는 산모의 부기를 내리게 하는 데 효험이 있었다고 한다.

백일과 돌 때 밥과 떡을 쪄 아기의 성장을 축하해준다. 그런데 이곳에서는 백일보다 돌잔치를 해주었던 것이 일반적인 사례라 한다. 곧, 백일 기념은 보통 생략하는 예가 많았다는 것이다. 백일이나 돌 기념에 준비하는 음식으로는 백떡(백설기), 수수팥떡(수수팥단지), 송편 등이다. 이 중 수수팥단지를 해주는 이유에 대해 한 제보자는 아기의 살풀이를 위한 것이라고 한다. 따라서 이를 '백살풀이' 라고도 하였는데, 아기에게 좋지 못한 것이 모두 풀어지는 뜻이라고 한다. 이날 삼신에게 비는 예도 있다. 백일상이나 돌상을 놓고 간단하게 비손을 통하여 삼신에게 감사하고, 한편으로 아기의 건강한 성장을 역시 삼신에게 축원한다는 것이다. 그리고 돌에는 백일과 달리 돌잡이를 하거나 아기에게 새 옷을 지어주던 습속이 있었다.

혼례

전통혼례의 과정은 의혼(議婚), 납채(納采), 납길(納吉), 납폐(納幣), 친영(親迎)의 순으로 전개된다. 사례에 따라 규모나 과정이 축소되고 생략되는 부분이 있기도 하지만 대부분의 전통혼례는 이러한 흐름에 의해 결정되고 이루어진다.

의항리의 경우 전통혼례에 의해 혼인한 연령층은 60대 이후에서 주로 나타난다. 1960~70년을 기점으로 전통혼례의 사례가 극도로 축소되면서 요즘과 같은 형태의 예식이 성행하게 된 것이다.

혼인의 첫 단계로 의혼을 들 수 있다. 의혼은 말 그대로 혼인을 논의하는 과정이라 할 수 있다. 일반적으로 혼인에 대한 의사 교환은 중매쟁이에 의해 이루어진다. 그렇다고 마을에 전문 중매쟁이가 존재하였던 것은 아니다. 대개 마을의 말 잘하는 이가 혼기가 찬 남녀의 집안을 오가며 의사를 전달하고, 그런 가운데 양자가 선을 보아 혼인을 결정하는 것이 1950~60년대의 풍속이었다. 물론, 해방 이전으로 넘어가면 맞선의 기회도 주어지지 않았다고 한다. 집안의 부모가 정한 배필과 혼인을 하고 일가를 이루는 것이 하나의 관행이었다고 한다. 이를테면, 부모가 혼인할 상대 집안에 대한 사전 정보를 중매쟁이나 기타 인연 있는 인물로부터 전해 듣고 이에 근거하여 혼인을 모색한다는 것이다.

납채는 남성의 집에서 신랑 될 남성의 생년월일시를 적은 사주를 작성하여 여자의 집에 전하는 것이다. 여자의 집에서는 이 사주를 받아 신부 될 사람의 사주와 맞추어보았다. 또, 한편으로 혼인할 날을 받아 신랑 집에 전하였다. 이 혼인 날의 선정을 보통 납길이라 한다. 그런데 제보자 중 다수는 혼인날의 선정을 여자 집에서 하였는지 남자 집에서 하였는지 불분명하다고 한다. 보통 여자 집에서 날을 받지만 남자 집에서 먼저 날을 받아 좋은 날이라고 주장하면 거기에 따라 한다는 것이다.

납폐는 남자 집에서 여자 집으로 보내는 폐백 행사라 할 수 있다. 이 폐백은 함진아비를 통하여 여자 집에 보낸다. 함 속에는 혼서지와 여성의 옷을 지을 옷감이나 옷, 예물 등을 넣어 보낸다. 제보자는 1960년대 이전만 하더라도 특별한 것이 없었다고 한다. 함 속에 신부의 치마저고리 감 정도를 넣어 보냈다는 것이다. 당시만 하더라도 살기 어려운 때라 예단이 넉넉지 못하였다는 것이다. 또, 혼서지를 작성하여 함 속에 보내는 집도 많지 않았을 것이라고 한다. 우선, 대다수의 혼주가 무학인 경우가 많아 혼서지 작성이 불가능하지 않았겠느냐고 한다.

대례를 어느 곳에서 치르는가에 대해 제보자의 대부분이 남자 집에서 치른다고 답한다. 여자 집에서 하는 예도 있지만 이러한 사례는 드문 것이라고 한다. 그 이유

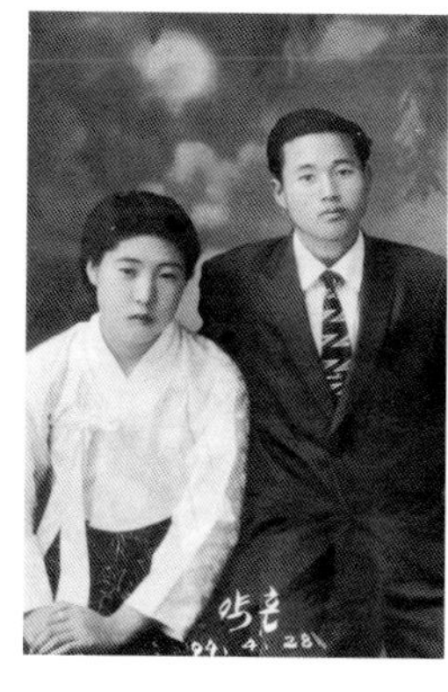

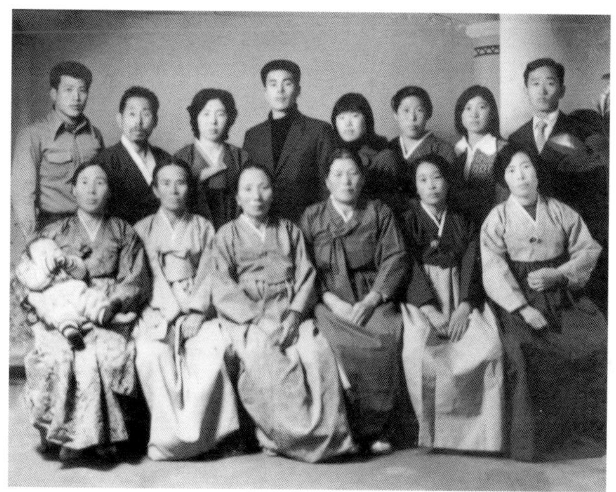

약혼사진(왼쪽)
약혼 후 가족사진(오른쪽)

에 대해 이전부터 남자 집에서 해왔다고 하는 주장과 여자 집에서 의식을 올릴 경우 남자 집에서 다시 해야 하는데, 그러면 많은 비용이 들기 때문이라고 한다. 곧, 경제적 비용 절감과 이 일대의 보편적 관행에 의해 남자 집에서 대례식을 하였다는 것이다. 신두리에서 의항리 건넌말로 시집온 연창열의 사례를 간단히 기술한다.

> 혼인날 신랑 집에서 가마를 보내왔다. 가마는 장정 두 사람이 앞뒤에서 메었다. 신두리에서 가마를 타고 건넌말 신랑 집에 도착하였는데, 문 앞에 짚불을 피워놓고 가마꾼에게 그 불을 타고 넘으라 하였다. 가마꾼이 가마를 멘 채로 그 불을 뛰어 넘어갔다. 그리고 신랑 집 마당에서 혼인식을 하였다.　　　　　　　　　　　　　　－연창열(여, 73)

해방 전후만 하더라도 혼인집의 부조는 옷이나 곡식, 말린 생선류를 하였다고 한다. 돈으로 부조를 하는 예도 있었으나 그 사례가 많지 않았다고 한다.

한편, 1960년대의 약혼 당사자 사진과 1970년대의 약혼식 후 가족사진이 있어 앞에 실었다. 사진 제공자는 적현마을 주민 김형수이다.

상례

출산속을 비롯하여 관례, 혼례의 민속이 대부분 사라진 데 비하여 상례속은 비교적 옛 모습 그대로 유지되고 있음을 볼 수 있다. 다만, 전과 같이 대소상(大小祥)을 가려 일정 기간 상기(喪期)를 두고 상주로서의 역할을 수행하는 사례는 흔치 않다. 이를테면 기간을 49일이나 100일로 축소하는 등의 변화된 방식을 택하고 있음이 나타난다.

집안에 환자가 있어서 운명할 즈음이 되면 안방에 모신다. 명이 다하여 돌아가면 바로 수족을 걷는다. 손발을 주물러 펴서 베 끈으로 묶는 작업이다. 이렇게 수족을 거둔 뒤에 방의 안쪽에 모셔두고 그 앞으로 병풍을 쳐 가린다.

이어 시신을 보지 않은 사람이 돌아간 이의 윗옷을 가지고 마당에서 초혼(招魂)을 한다.

돌아가시면 돌아가실 때 참관 안 했던 분이, 유지분을 초대해서 죽은 망인의 생년월일과 주소를 세 번 하더라고? 그리고 복! 복! 복! 세 번 하더라고. 망인이 평소에 입던 속옷이나 이런 것을 지붕 위에 던져놓더라고…….

—문용배(남, 64)

지문에 보이듯 마을의 유지가 초혼을 한다고 한다. 방법은 돌아간 이의 윗옷을 머리 위로 돌리며 돌아간 이의 생년월일과 주소 곧, '대한민국 태안군 소원면 의항리에 사는 ○년 ○월 ○일 ○생 본관성씨 아무개 복! 복! 복!' 과 같이 한다는 것이다. 이러한 구술에 대해 이병혁 전 이장은 초혼한 뒤 옷을 대문 앞에 놓기도 한다고 덧붙인다.

그런데 이렇게 초혼을 하는 이유는 돌아간 망자의 영혼을 부르는 것이다. 불시에 돌아간 이의 혼령을 불러 다시 육체에 이입하고자 하는 것이 바로 초혼이다. 따라서 초혼 때에 윗옷을 휘두르는 것은 영혼을 감싸기 위한 행위가 된다. 따라서 초혼 후에 망자의 윗옷은 돌아간 이의 가슴에 덮어주는 것이 전통적인 예라 할 수 있다.

초혼 뒤에는 사자상(使者床)을 차려놓는다. 위치는 대문 앞이나 마루의 한옆이다. 이 곳에 키를 놓고 그 안에 밥 세 그릇, 물 세 그릇을 놓았다. 반찬은 없었다고 한다. 이외에도 키 옆에 동전, 망자의 신발을 놓아둔다.

돌아간 지 이틀째 되는 날 습(襲)과 염(殮)을 한다. 습은 망자를 씻기는 일이다. 습은 마을에서 다수 경험한 사람을 불러서 한다. 전에는 습을 할 때에 돌아간 이의 전신을 씻기는 사례도 있었으나 지금은 얼굴이나 손, 발 등을 주로 씻는다. 머리를 감겨주는 예도 있다. 이때 사용하는 물은 향나무나 약쑥을 삶은 물이다. 곧, 수건을 물에 찍어서 노출된 신체 부위를 닦는 방법으로 습을 한다.[9]

습이 끝나면 망자에게 수의를 입히는데 이를 염이라 한다. 일반적으로 수의는 속옷과 겉옷, 도포이다. 대개 한 번에 옷을 입히기 위하여 겉옷 속에 속옷을 미리 끼워놓는다. 그리고는 씻긴 시신에 옷을 입힌다. 옷을 입힌 뒤에는 망자에게서 손발톱과 머리카락을 떼어내 주머니에 넣는다. 주머니는 모두 다섯 개인데 이는 좌우 손발을 위한 주머니 네 개, 머리카락을 담기 위한 주머니 한 개이다. 제보자는 "지금은 돌아간 이의 몸에서 손발톱과 머리카락을 잘라 주머니에 담지만, 예전에는 평상시 모아

두었던 손발톱과 머리카락을 주머니에 담았다"고 한다. 이 주머니를 조발낭(爪髮囊)
이라 한다. 이 조발낭은 다리의 경우에 버선 속에, 손은 옷소매에 넣어 수습한다.

　이어 망자의 입을 벌리고 쌀을 넣어준다. 이러한 행위를 보통 반함이라 하는데 의
항리에서도 반함의 사례가 전함을 볼 수 있다.

　　돈 넣는 건 못 봤는데, 쌀하고 뭐 그 잡곡……. (쌀 넣으면서) 하는 소리가 있어요. (망
　　자의 입에 불린 쌀 한 수저를 떠 넣으며) 양미 일천 석이요! (두 수저 넣으며) 양미 이천
　　석이요! 삼천 석까지 하지? 코, 귀, 눈 이런 거 덮으면서 하는 소리도 있더라고? 귀는
　　귀 어린 이야기 듣지 말라고, 코는 드러운 냄새 맡지 말라고, 눈은 보기 흉한 것 보지
　　말라고……. 눈은 솜으로 덮어주고 잎도 솜으로 덮지.　　　　　　　　─이병혁(남, 73)

　반함을 한 뒤에 턱을 괴어 올려 입을 다물게 한다. 그리고는 얼굴가리개라 할 명목
으로 얼굴을 가리고 또 모자를 씌워 주검을 수습한다. 그러면 염의 첫 단계인 소렴이
어느 정도 갈무리 된 것이라 한다. 이어 망자를 이불에 싸서 묶은 뒤에 이를 관에 입
관한다. 이것은 대렴의 절차라 할 수 있다.

　이렇게 망자를 씻겨 수의를 입히고 관에 모신 뒤에 성복제(成服祭)를 지낸다. 성
복제는 상주가 망자의 죽음을 잘 수습하고 돌아간 이의 죽음을 공식화하는 하나의
의례이다. 아울러 상복을 갖추어 입고 망자에게 제를 올림과 동시에 정식으로 상주
의 역에 임하게 되는 계기성을 띤 제의라 할 수 있다. 이러한 성복제에서 전에 볼 수
있었던 것이 혼백(魂帛)이다. 여기에서의 혼백은 돌아간 이의 영혼이 머무는 공간으
로 말하자면 영혼의 임시 거소이다. 상주들은 성복제를 지내기 위해서 이 혼백을 만
들고, 이것을 상 중앙에 함 또는 의자를 놓고 모셔두었다. 그런데 근래 들어와서 혼
백이 대부분 사라졌다. 제보자는 이러한 현상을 사진에서 찾고 있다. 이를테면 이전
에는 혼백이 영혼의 임시 거소였던 데 반해 지금은 사진 자체에 망자의 혼령이 머물
러 있다고 본다는 것이다. 때문에 요즘 들어와서는 성복제 때에 대부분 돌아간 이의
사진을 상 중앙에 모셔두고 제를 지낸다. 성복제를 지낸 이후 조문을 받는다. 조문객
은 돌아간 이와 알고 지내는 사람이나 망자의 자식과 친분관계를 맺고 있는 사람들

이 대부분이다.

한편, 의항리에는 상여패가 존재한다. 이 상여패는 1에서 7패까지 존재하는데 이들 가운데 4패는 결번이다. 따라서 도합 6개의 상여패가 실재한다. 이 상여패는 의항리에 거주하는 결혼한 남성이 중심이 되어 이루어진다. 대개 하나의 패에 10여 명의 패원을 두는데, 이들은 패원 중 어느 개인이 상사를 당하였을 때보다 적극적으로 도우며, 또한 상여의 운구를 담당한다. 곧, 상여패는 계원의 상사를 당하여 서로 돕는 일종의 계조직으로 해석할 수 있다.

의항리에는 지금도 나무로 만든 상여가 있다. 이 상여는 최근 들어 거의 사용되지 않는다. 상여 자체가 통나무로 제작되어 무겁기도 하지만 여러 집에서 사용하다 보니 깨끗하지 않다고 생각하여 사용하려 하지 않는다. 10여 년 전, 이 상여가 사용될 때에는 상여를 대여한 상여패에서 1만 원가량의 돈을 상여 관리자에게 내놓았다.[10] 최근의 상사에는 대부분 자체 제작한 꽃상여가 사용된다.

빌인하기 선날 밤에 댓돌이(대떨이, 대돋음)를 한다. 댓돌이는 일종의 상여놀이다. 대개 천수를 다한 노인이 원만하게 돌아갔을 때에 이 상여놀이를 한다. 상여놀이는 빈 상여를 가지고 한다. 발인 날 상여를 멜 마을 사람들이 미리 상여를 메고, 그 위에 상가의 사람을 태운 뒤 마을을 돈다. 상여에 타는 상가의 사람은 대개 그 집의 사위라고 한다. 이 댓돌이 시연 시에는 실제 운구 과정과 마찬가지로 북수소리를 하면서 이동한다.

북수소리는 요령소리 또는 향두가의 이곳 이름이다. 대다수의 내륙 지방에서 상여의 운구시 요령을 흔들고 소리를 메기는 것과 달리 이곳에서는 북을 치며 소리를 메긴다. 이런 이유로 이곳에서는 상여 운구의 지휘자를 요령잡이라 하지 않고 북수라 한다. 운구 시 북수가 메기는 소리는 다른 지역과 크게 다르지 않다. 대개 돌아간 이의 살아생전 추억거리를 연상하여 한 소절씩 읊조리고, 경우에 따라서는 회심곡과 같은 애잔한 소리를 메기면서 상여꾼들을 이끈다.

돌아간 셋째 날에 발인을 한다. 간혹 사일장이나 오일장을 치르는 예도 있다. 한 예로 2004년 11월 중에 이병혁 전 이장의 어머니가 돌아갔다. 이 상가에서는 어머니의 상사를 맞아 사일장으로 장례를 모셨다. 이처럼 이제는 보편 장속인 삼일장이 사일장이나 오일장으로 이루어지는 데에는 여러 이유가 있다. 그 가운데 가장 일반적인 것이 매장하기에 좋지 않은 날을 피하려는 인식에서 나온다.

먼저 방에서 관을 들고 나와 상여에 옮겨 싣는 것으로부터 발인이 시작된다. 그런데 관을 들고 방 밖으로 나오기 전에 하는 행위가 있다. 그것은 관의 모서리로 방의 벽면을 치는 행위이다. 이 마을에서는 보통 방의 벽을 두어 번 친다고 한다. 제보자는 이러한 행위가 액상인 경우에 주로 이루어진다고 한다. 호상인 경우에는 이러한 행위를 하지 않는다는 것이다. 또, 상여를 옮길 때에 발 맞추는 소리를 하기도 하는데, 보통 '응씨너, 응씬응' 과 같은 소리를 메긴다고 한다.

관을 상여에 옮겨놓고 발인제를 지낸다. 발인제는 주검이 이제 집을 떠나 장지로 옮겨간다는 내용을 알리는 것이라고 한다. 이 발인제를 지낸 뒤에 북수가 상여를 이끌고 장지로 이동한다. 나무상여의 경우 상여꾼은 10명 정도이고 꽃상여는 보통 8명이 상여를 멘다. 마을에 보관중인 나무상여에 보다 많은 사람이 참여하는 것은 상여의 크기나 무게가 꽃상여보다 크고 무겁기 때문이다.

발인 과정에 있어서 북수는 상여 앞에서 북을 치며 상여를 이끈다. 이렇게 운구가 이루어지는 중에 몇 차례 휴식을 취하게 되는데, 그 장소는 평평한 곳이나 양지바른 곳, 또는 다리 앞이라고 한다. 이렇게 휴식할 때에는 노잣돈을 요구하기도 한다. 노잣돈의 요구는 호상인 경우에 주로 한다. 부연하면 상여의 순탄한 운구에 비용이 필요한데, 이것을 망자의 자손들에게 성의껏 내놓으라고 하는 것이다. 그러면 대부분의 자손들이 흰 봉투에 지폐를 넣어 내놓는다. 제보자는 이때 봉투 속의 금액이 5,000원부터 2만 원 정도인데, 그 가운데 1만 원인 사례가 가장 많다고 한다. 그리고 가족 수에 따라 다르지만 보통 5~20개 정도의 봉투를 받는다고 한다.[11]

장지의 무덤 조성 작업은 발인 당일 오전부터 시작된다. 전에는 산역(山役) 때에 인부를 사서 땅을 팠다. 그런데 1980년대 중반부터는 포크레인을 동원하여 무덤 공간을 파고, 아울러 무덤 주위의 정지작업을 한다. 주검을 매장하기 위한 준비작업은 하관 시간 이전에 반드시 완료되어야 하는 것이 관행으로 전해 내려온다.

하관 시간을 지키려는 태도는 불교 또는 기독교인에 관계없이 폭넓게 유지되고 있다. 정해진 시간에 맞추어 주검을 내광(內壙)에 안치하고 간단한 의식을 행한다.

이 과정에서 동전 3~5개를 주검의 허리 부분에 넣어주는 예도 있다. 주검을 모신 뒤에 주변 공간에 고운 흙을 채우고 관 뚜껑을 덮기 전에 취토(就土)를 한다. 취토는 상주가 고운 흙을 떠서 주검의 머리, 배, 가슴에 한 줌씩 놓아주는 것이다. 그리고 낮은 소리로 흙을 놓으면서 '취토!' 라 한다. 또, 폐백이라 하여 옷감을 주검의 한쪽에 넣어준다.[12]

관의 뚜껑을 덮고 광중에 흙을 채운다. 이때에 관의 바로 위로부터 30센티미터 내외로 흙에 회를 섞어 채우는 예가 있다. 이 마을에서는 회를 구하기 어려워 굴 껍질을 가지고 회를 만들어 사용한 예가 있다.[13] 회다지를 하는 이유는 주검의 보호와 함께 나무뿌리가 주검에 접근하는 것을 차단하는 데 있다.

이러한 과정을 거쳐 봉분을 지으면 상주 일행이 성분제를 지낸다. 제를 마치고 나서는 영정을 모시고 집에 돌아와 우제를 지낸다. 우제는 3회를 지낸다. 발인 당일 지내는 우제를 초우(初虞), 둘째 날 지내는 우제를 재우(再虞), 셋째 날 지내는 우제를 삼우(三虞)라 한다.

전통적으로 아버지는 만 2년, 어머니는 만 1년을 상기(喪期)로 정하여 상청을 차리고 모셔왔다. 하지만 내륙에서는 근래 이러한 모습이 거의 자취를 감추었다. 드물게 상청을 유지하는 집에서도 상기를 단축하는 예가 흔하다. 한편, 2004년 11월에 어머니를 잃은 이병혁 전 이장은 어머니가 거처하던 방에 어머니의 상청을 모시고 상

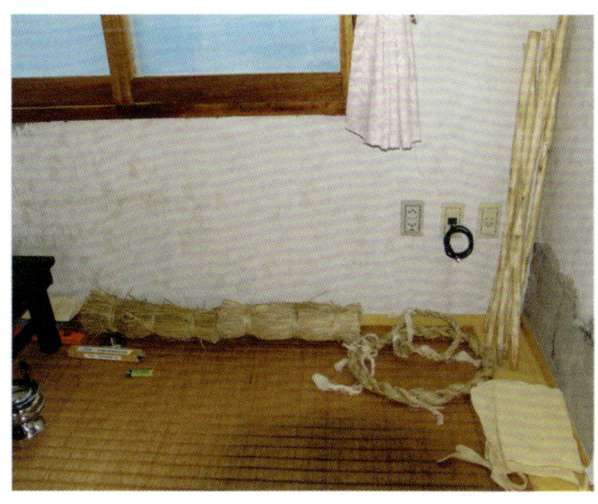
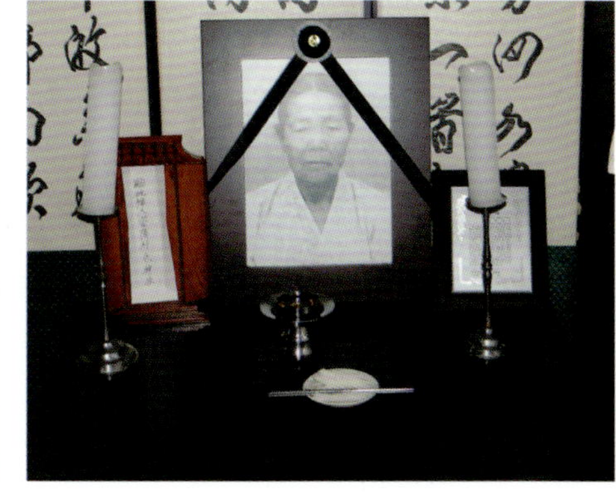

이병혁 상가 제청의 상주석(왼쪽)과 고인의 영정

주로서의 소임을 다하고 있다. 이처럼 상주는 대소상의 상기를 마친 뒤에 정상생활로 돌아간다.

제례

기제　제례는 크게 방안제사인 기제(忌祭)와 무덤이 있는 현장에서 지내는 묘제(墓祭)로 구분하여 살펴볼 수 있다. 먼저 기제를 중심으로 기술하고 이어 묘제에 대해 정리한다. 기제는 4대조 이내의 돌아간 조상을 대상으로 하였다. 이때 4대조의 기준은 제사를 책임진 맏자손이 된다. 제사는 돌아간 날 첫새벽이 기준이 된다. 그런데 근래 들어와 조금씩 제사 시간이 앞당겨진다고 한다. 몇몇 제보자는 시간을 앞으로 당겼을 때 좋은 시간대로 밤 9~10시 사이를 꼽는다.

제사는 먼저 제물을 진설하고 상의 중앙에 지방을 모시면서 시작된다. 제차(祭次)를 보면, 분향, 강신, 초헌, 독축, 아헌, 종헌, 계반, 삽시, 합문, 헌다, 사신의 순이다. 단, 가정에 따라서 축이 생략되는 예도 있으며, 설이나 추석과 같은 날에는 축을 사용하지 않는다.

의항리 기제에 있어서 주목되는 사항은 제물이다. 의항 사람들의 대부분이 바다를 생업의 터로 삼고 있기에 이곳 제사상에 올라가는 제물은 바다에서 채취한 해산물이 많다. 조사자가 제상 차림에 대해 질문하였는데, 그 응답을 간단히 정리한다.

생선, 우럭, 상어, 굴로 탕하고 굴부침도 하고, 바다에서 나는 거 많이 해요. 여기는 바다음식을 많이 하더라고. 그런 거 다 해요. 쪄서 내노코 구워서도 내노코. 참치튀김, 꽃게찜, 낙지 삶어서 노코. (조사자: 제사상에 안 올라가는 고기가 뭐가 있을까요?) 치자 들어가는 생선 안 올라가고. 갈치, 삼치, 꽁지, 비늘 없는 고기도 안 올라가고. 요즘은 삼치도 올리대? 아나고, 깽어, 개숭어, 숭어, 비젓한 거. 뱀대가리같이 생겨서 모양이 흉측하니까 안 올린다고. 아구, 삼식이도 안 올리고. 제사상에는 얌전하고 이쁜 것만. 농어 이런 게 올라가지. ─박희자

제보자는 1960년대 전후만 하더라도 돈이 귀해 제수를 시장에서 사오기가 어려웠

다고 한다. 때문에 자신이 직접 바다에서 잡아 올리거나 채취한 해산물을 가지고 제
사상을 차렸다고 한다. 또, 그러한 전통이 하나의 습속이 되어 지금도 제사상에 다수
의 해산물 재료를 조리하여 올린다고 한다.

아래의 기술은 제보자의 상차림과 관련된 구술을 정리한 것이다.

사례 1 : 김해 김씨 댁

제사상에는 광어, 숭어, 꽃게, 낙지, 우럭, 굴, 전복, 민어 등의 생선이 올라가며 숭어,
민어 등은 통째로 쪄서 제사상에 올리며 광어는 굽거나 탕을 만들어 올린다. 꽃게와
낙지는 삶아서 올리며 굴은 탕으로 끓여 올리며 전복은 젓갈로 만들어 상에 올린다.

제사상에 올라가는 음식이지만 평상시의 음식과 마찬가지로 간을 한다. 곧, 음식에 적
절한 간을 하여 제사를 모신 뒤 다 같이 음복을 한다. 술은 청주로 집에서 만들어 상에
올린다. 술은 기제로부터 일주일 전에 빚는다. 집에서 빚는 술은 일주일 정도 숙성하
여야 한다고 한다.

구체적으로 술을 빚기 위해서는 먼저 쌀을 불려 시루에 찐다. 시루에 찔 때는 밥이 꼬
들꼬들한 상태가 되도록 해야 하기 때문에 평소 밥을 지을 때보다 물을 약간 적게 넣
는다. 꼬들꼬들하게 지어진 밥을 멍석에다 말린 뒤 밥과 같은 양의 누룩을 넣고 잘 섞
는다. 누룩과 밥의 비율은 1:1이 되도록 한다. 밥과 누룩을 잘 섞은 후에 항아리에 넣고
쌀과 누룩이 잠기도록 물을 넣는다. 그 후 그늘진 곳에 일주일 정도 보관하면 술은 완
성된다. 완성된 술은 윗부분의 맑은 부분만을 살짝 떠서 제사를 모신다.

— 이찬규(여, 73)

사례 2 : 김해 김씨 댁

제사음식을 차릴 때에는 명절과 기일을 구분하여 음식을 선택한다. 명절에는 모든 음
식을 다 올리지만 기일 제사를 모실 때에는 모든 음식을 올리지 않는다.

제사상의 바깥 줄에는 대추, 밤, 곶감, 배, 사과 등의 과일을 놓는다. 전은 밖으로부터
셋째 줄에 놓는데 종류는 굴전, 두부전 등이다. 해산물로는 도다리, 상어, 민어, 조기,
숭어, 쭈꾸미, 낙지, 굴 등이 있으며 상어, 민어, 조기는 소금 간을 살짝 해서 구워서 상

에 올린다. 주꾸미와 낙지는 삶아서 올리며, 굴은 탕으로 조리해서 올린다. 전에는 술을 직접 빚어 올렸으나, 지금은 시중에서 파는 청주를 구입해 사용한다.

—김용하(남, 74)

사례 3 : 김해 김씨 댁

제보자는 전주 이씨로 김해 김씨 집에 시집을 왔다. 현재 4대 봉사를 하고 있다. 따라서 매년 10회의 제사를 모신다. 이외에 설, 추석의 명절 차례까지 더하면 12회의 제사를 모시고 있는 셈이다.

이 집의 제사상에는 해산물이 많이 올라간다. 그런데 계절에 따라 나는 고기가 다르므로 그때그때 쉽게 구할 수 있는 생선을 구해서 상에 올린다. 상에 올리는 어류로는 노래미, 숭어, 쭈꾸미, 낙지, 우럭, 굴, 민어 등이 있다. 굴은 탕으로 지어 올리고 쭈꾸미와 낚지는 통째로 삶아서 올린다. 생선은 쪄서 올리는데 모양이 흐트러지지 않도록 주의해서 찐다. 찜을 하는 데는 두 가지 방법이 있다. 하나는 생선을 통째로 손질하여 찌는 방법이고, 다른 하나는 말린 고기를 양념하여 찌는 것이다. 상에 올리는 음식은 대부분 소금으로 간을 한다. 탕은 3탕을 쓰는데 생선탕, 두부탕, 고기탕이다. 술은 빚어서 썼으나 지금은 청주를 구입해서 사용한다. —이원란(여, 50)

사례 4 : 평산 신씨 댁

앞의 김해 김씨 댁과 크게 다르지 않다. 대개 자신이 포획하거나 채취한 해산물을 가지고 상을 차렸다. 제사상에 올리는 생선으로는 상어와 조기인데 상어는 포를 쓰고 조기는 쪄서 올린다. 숭어와 같은 큰 고기는 간을 해서 쪄 통째로 올린다. 이외에 쭈꾸미와 낚지, 우럭과 같은 생선을 올렸다. 굴은 어탕으로 끓여서 쓴다. —홍정옥(여, 69)

사례 5 : 전주 이씨 댁

제사에 있어서 무엇보다 정성을 중시하였다. 때문에 직접 포획하거나 채취한 재료를 가지고 상을 차렸다. 과일은 대추, 밤, 곶감, 배, 사과의 순으로 배열하였다. 상에 올리는 생선은 광어, 숭어, 조기, 미나(민어), 고등어, 쭈꾸미, 낙지, 굴, 전복 등이었다. 조기는 굽고 광어와 미나, 고등어는 쪄서 올린다. 쭈꾸미와 낙지는 삶아서 올린다.

술은 빚어서 사용하였다. 찹쌀과 멥쌀을 1:1의 비율로 섞어서 술밥을 찐다. 이것을 말린 뒤 누룩과 1:1의 비율로 혼합하여 단지에 넣고 물을 부어 숙성시킨다. 일주일 정도 되면 술이 알맞게 익는다. 보통 여름에는 5~6일 정도, 겨울에는 10일 정도 되어야 알맞게 술이 익는다.

―박정례(여, 76)

묘제 시제라고도 불리는 묘제(墓祭)는 5대조 이상의 조상을 대상으로 묘가 있는 현장에서 올리는 제의이다. 의항리의 경우 묘제는 10월 중에 지낸다. 한식날 묘제를 올리는 집도 있었지만 지금은 그 사례를 보기 어렵다. 10월 중의 시제는 종중이 단위가 되어 올리는데, 날짜는 종중 사람들이 상의하여 결정한다. 김해 김씨의 경우 10월 15일을 시제 날로 정하여 시행하고 있다.

10월에 하지. 음력 10월, 10월달, 보통 날짜를 보통 초정, 중정, 종정. 옛날에는 중정 날에 날짜를 잡아시 지냈어. 우리 할아버지늘이. 지금은 달력을 안 보고 그러니까 날짜를 알 수가 있어야지. 그래서 대개 시월 보름날 날짜를 못박아놨지.　　　　　―김형수

여기에서 정은 정일(丁日)을 말한다. 그 달에 첫 번째 드는 정일을 초정(初丁)이라 하고, 두 번째 드는 정일을 중정(中丁)이라 한다는 것이다. 그리고 이 두 번째 드는 정일인 중정에 시제를 많이 지냈는데, 지금은 이 날을 가릴 만한 사람이 없어 10월 보름을 시제 지내는 날로 정하였다는 구술이다.

시제를 위한 비용은 위토답(位土畓)을 통하여 조성하기도 하고, 종중의 자손들이 일정 금액을 내어 마련하기도 한다. 제물은 방안제사인 기제와 유사하며, 종손과 종중 원로가 중심이 되어 묘제가 시행된다. 실제 시제의 경험을 제보자 김형수의 구술에 근거하여 제시한다.

산소가 두 군데, 세 군데 있는데, 지게에 음식을 짊어지고 여기저기 다니며 제사를 지내지. 묘이가 선산에, 그러니까 나는 11대, 10대, 9대 중에서 내외분 여덟 분 시제를 모시지. 동네에 사는 십여 명 정도가 참석해. (조사자: 비용은?) 종답이라고 해서, 위토답

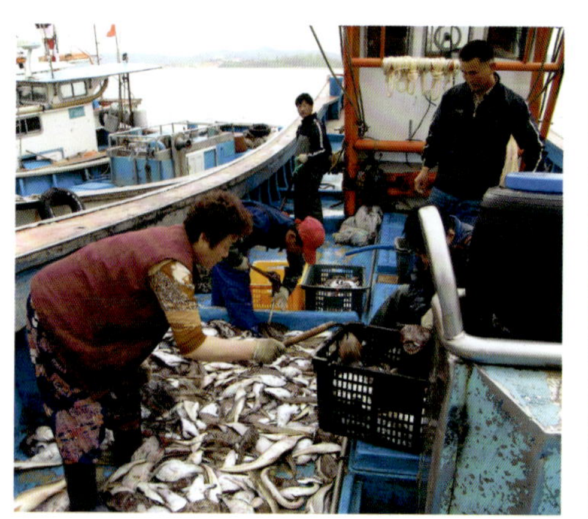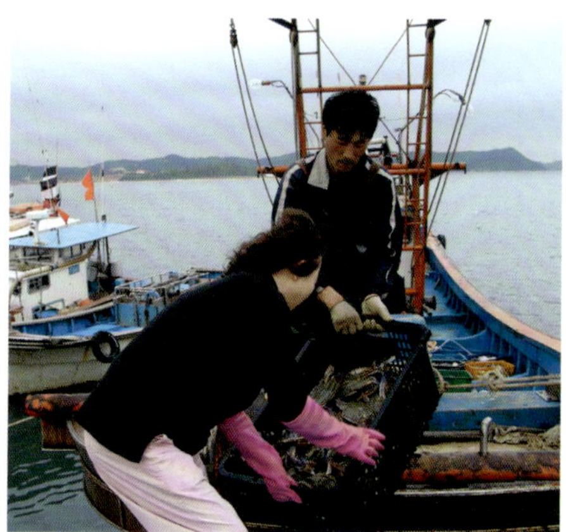

선상의 고기 분류(왼쪽)와 하역 작업

에서 농사를 지어 하는 거지. (조사자: 위토답 얼마나 될까요?) 가난해서……. 한 480평 정도 될까? (조사자: 그러면 480평으로 여덟 분을 다 모시는 거네요? 위토답은 후손이 경작하세요?) 그렇죠. 그러니까 제사는 약식으로 검소하게 하지.　　　　　—김형수

세시풍속

세시풍속은 매년 같은 시기에 주기적(週期的)으로 반복되는 민간전승이다. 따라서 세시풍속은 현재를 중시하며 살아 있는 현재진행형이어야 한다. 이를테면, 지금도 사람들에 의해 이행되고 있는 전통문화라야 한다는 것이다.

이처럼 살아 있는 문화로서의 세시풍속은 지역성을 반영한다. 작게는 마을로부터 크게는 시나 도를 단위로 그들 지역 나름의 개성을 갖고 있다. 이러한 개성은 대개 생활경제와 밀접하게 연관되어 나타난다. 이를테면 해안마을은 경제활동 공간이 바다가 되는데, 바다는 대지보다 다루기 쉽지 않은 대상이다. 대지에 씨를 뿌리고 이를 관리하는 생업형태와 거친 바다에서 물고기를 낚아야 하는 생업의 양상은 사뭇 비교가 된다. 전자가 자연에 순응하는 형태의 생업이라 한다면, 후자는 자연을 대상으로 사냥하는 도전적 형태의 생업이다. 바로 이러한 생업의 면모, 곧, 경제활동의 차

이가 문화의 차이로, 세시풍속의 지역성 반영으로 나타난다.

대표적인 사례가 당제나 용왕제와 같은 것이다. 내륙은 보통 산신제가 주를 이루지만 해안마을은 당제 또는 당산제, 용왕제가 주를 이룬다. 제의 속에 등장하는 주신(主神) 또한 산신과 용왕신으로 서로 다른 신격이 나타난다. 여기에 내륙의 제의는 유교식 기제의 양상으로 진행되는 데 반해 해안의 제의는 무당이 참여하여 제와 굿의 복합형식으로 이루어진다. 내륙보다 치열한 구원 양상이 엿보이는 것이다. 태안군 소원면 의항리의 세시풍속에서도 이러한 면모가 나타난다. 물론 세시풍속의 전 영역이 모두 그런 것은 아니지만 몇몇 풍속은 분명 의항리만의 풍속으로 인정할 수 있다.

여기에서는 의항리의 일 년 사계절 풍속을 두루 다룬다. 그리고 의항리의 세시풍속을 정리하면서 지역성을 반영하고 있는 사례는 보다 상세하게 정리할 것이다. 이는 의항리 나름의 정체성 모색으로도 볼 수 있다. 아울러, 이미 옛 풍속이 되어버린 사례라 할지라도 그 흔적이 남아 있는 예가 있다면 이 또한 자료로서 의미가 있다고 보아 간략하게나마 여기에 옮겨둘 것이다.

정월

설날 차례와 성묘　설이 다가오면 객지에 나가 사는 자녀들이 고향에 돌아온다. 의항리의 젊은이들은 대개 도시에서 생활한다. 직장이나 수학을 위하여 고향을 떠나 있는 젊은이들이 다수이다. 이들이 설을 맞아 고향에 들어오는 것이다.

그리고 설날 아침에 차례를 지낸다. 설 차례는 고조 이내의 4대조를 대상으로 한다. 이른 아침에 차례상을 차리고 가족과 친척이 모여 차례를 모신다. 차례를 지내기 위해서는 먼저 진설을 해야 한다. 상의 중앙에 지방(紙榜)이나 영정을 모시고 차례를 지낸다. 지방은 합설(合設)로 하는 것이 하나의 관행이다.

상차림은 기제사 때와 크게 다르지 않다. 다만, 이 날은 설 차례이기 때문에 밥 대신 떡국을 올린다. 상차림에 있어서 주목할 만한 것은 해산물을 재료로 하는 음식이 많다는 것이다. 이는 내륙과 다소 차별적인 것으로 의항리를 비롯한 해안마을의 특징이라 할 수 있다. 상차림의 몇 가지 사례를 제시한다.

〔상차림 사례〕

첫째 줄: 떡국[14](추석에는 송편), 술잔, 촛불, 시저그릇과 시저(匙箸)

둘째 줄: 육적, 육전, 어전, 채소전,

셋째 줄: 생선찜 등의 요리[15](조기, 감성돔, 민어), 탕[16](육탕, 채소탕, 어탕)

넷째 줄: 포, 식혜, 패류 무침이나 구이 등의 요리(굴, 홍합, 소라, 고동 등), 나물(더덕,
　　　　도라지, 고사리), 김

다섯째 줄: 실과류(대추, 밤, 곶감, 배, 사과, 호두, 은행 등), 과자류

이곳의 설 차례는 보통 다음과 같은 순서로 이루어진다. 먼저 차례상 중앙에 신위를 모시는데, 실제 방위와 관계없이 신위가 놓은 곳을 북쪽으로 본다. 제물 진설이 이루어지고 가족이 차례상 앞에 모이면 제주가 상 앞으로 나와 분향(焚香) 강신(降神)을 한다. 이어서 참사자(參祀者)의 배례와 초헌(初獻), 아헌(亞獻), 종헌(終獻)의 순으로 진행된다. 차례가 끝나면 상을 물리고, 떡국을 내와 아침을 먹는다.

이 마을은 김해 김씨 40여 호, 전주 이씨 20여 호, 남평 문씨 10여 호가 집성을 이루고 있다. 이들 성씨의 경우는 설날 차례를 종가에서부터 지낸다. 이를테면 큰집에서 먼저 차례를 모시고 작은집으로 내려가면서 차례를 모신다. 차례를 지낸 뒤에는 조상의 묘를 찾아간다. 이때에는 4대뿐 아니라 지근에 있는 조상 묘역을 두루 찾아가 새해 인사를 올린다.

설빔과 세배　설빔은 설날을 맞아 부모가 자식에게 해주는 옷가지다. 1960~70년대만 해도 설빔은 부모가 직접 옷감을 구해 바느질을 해서 주었다. 명주나 무명을 구하여 재단하고, 천 속에 솜을 넣어 옷을 지었다는 것이다. 하지만, 요즘은 옷을 만들기 위해 직접 바느질하는 예가 없다. 또, 전과 달리 부모가 자식에게 옷을 지어주기보다 자식이 부모를 위하여 옷을 사오는 예가 더 흔하다. 이러한 현상은 이 마을 주민 다수의 자녀가 이미 장성하여 독립적인 경제활동을 하고 있음을 말해주는 것이다.

설날 차례를 지내고 나면 세배를 한다. 세배는 우선 직계를 대상으로 하되 제일 어른부터 먼저 한다. 직계에 대한 세배가 끝나면 친척들을 대상으로 세배를 한다. 같은 항렬은 나이에 관계없이 맞절을 한다.

성주고사　이 마을의 독특한 제의 사례로 성주고사가 있다. 성주고사는 설날 차례와 함께 이루어진다. 이를테면, 설 차례상의 바로 옆에 별도의 성줏상을 놓고 차례상과 마찬가지로 음식을 차린다. 그리고는 조상의 신위에 술을 올리는 것처럼 성줏상에도 헌주를 하고 함께 제를 지내는 것이다. 이러한 성주고사는 이 마을의 전주 이씨, 김해 김씨 집안에서 두루 발견되는 사례이다.

제보자들은 성주가 집안의 최고신이라고 한다. 말하자면, 울타리 안의 주거공간을 대상으로 할 때 성주가 최고신이라는 것이다. 그리고 성주의 주된 공간을 상량으로 생각한다. 때문에 일부 가정에서는 성줏상을 대청의 상량 아래에 놓기도 한다.

복조리　근래에는 복조리를 산다거나 이와 관련된 풍속이 지극히 약화되었다. 전에는 섣달그믐이나 정초에 조리장수가 복조리를 팔았으나 지금은 이러한 예가 사라졌다. 한 예로 1970년대까지만 해도 조리장수가 복조리를 팔았다. 또는, 울타리 안에 조리를 던져두고 며칠 뒤에 와서 조리 값을 받아갔다. 구입한 조리는 안방의 천장에 매달아두었다. 더러는 조리 안에 논이나 곡식을 넣어두기도 하였다.

안택고사　전에는 정초에 안택고사(安宅告祀)를 올리는 집이 다수 있었다. 이때에는 무당이나 법사를 불러 고사를 지냈는데[17] 이 일대에는 모항의 정찬영 법사가 이름이 있다.

일반적으로 안택고사는 초저녁에 준비하여 밤부터 다음 날 새벽까지 지속된다. 안택고사는 보통 안방에서 많은 시간 행해진다. 안방에서의 의식이 마무리되면 부엌으로, 다시 뒤꼍으로 나와 고사가 이어진다. 이때에도 안방에서와 마찬가지로 무당이 경을 읽으면 그 집의 안주인이 곁에서 비손한다. 고사에 준비하는 제물은 떡 한 시루, 과일, 포, 청수 등이다.

안택고사의 목적은 일 년 내내 가정이 평안하기를 비는 것이다. 아울러 그 해의 농사나 어로에서 많은 수확을 올리기를 축원한다. 대개 이러한 소망은 무당의 경문과 해당 가정 안주인의 발원을 통하여 표현된다.

보름날 지신밟기　정월 보름의 지신밟기는 의항리의 대표적인 공동체 행사였다. 지신제(地神祭)라고 불리는 이 지신밟기는 1960~70년대까지만 하더라도 마을 사람들이 많은 관심을 두었던 풍속이었다. 당시만 하더라도 의항리에서는 풍물이 명성을 얻었다고 한다. 이 풍물패는 달리 두레·두레패로 불리기도 한다. 고인이 된 김영구·김의권·김주식과 현재 건넌말에 거주하는 최병국(남, 72) 씨가 풍물을 잘 다루었다. 특히 김영구는 꽹과리를 잘 다루었을 뿐 아니라 상쇠재비로서 소리를 잘하였다. 당시에 두레패가 사용한 악기를 보면, 꽹맥이(꽹과리), 양판(징), 북, 장고, 소고 등이었다. 이들 패는 상모돌리기도 능하였다고 한다.

지신밟기는 말 그대로 집집마다 돌면서 그 집의 지신을 밟아주는 것이다. 상쇠가 패를 이끌고 개인 가정을 방문한 뒤 제일 먼저 가는 곳이 부엌이다. 부엌에서의 터밟기가 끝나면 마당의 뜰 앞으로 나온다. 그리고는 뜰 앞에서 풍물을 흐드러지게 울리며 터를 밟는다. 이어 집안의 여러 곳을 돌며 풍물을 울린다. 제보자는 풍물패가 돌며 지신밟기를 하는 것을 '칸칸마다 구석구석에서 친다'고 설명한다.

제보자는 지신밟기를 하는 이유에 대해 '마을이나 가정의 안전을 기원하기 위함'이라 한다. 여기에 보태서 1960~70년대만 하더라도 돛배가 많아 해상사고가 잦았다고 한다. 이런 이유로 가정의 무고함에 무엇보다 비중을 두었다는 것이다.

한편, 지신을 밟아준 해당 가정에서는 쌀이나 돈으로 감사의 표시를 하였다. 두레패가 집을 방문하면 술상을 차려 마당에 내놓았고, 지신을 밟고 난 뒤에는 재화로써 감사의 표시를 하였다는 것이다. 그리고 이렇게 모은 돈이나 쌀은 보통 마을 기금으로 적립하였다. 경우에 따라서는 가정 형편이 어려운 마을 주민에게 기부하기도 하였다.

오곡밥　정월 보름에 시절음식으로 오곡밥을 해먹었다. 오곡밥에 들어가는 재료로는 수수, 조, 기장, 콩, 팥, 쌀, 찹쌀 등이다. 오곡밥은 오곡(五穀)이란 이름의 다섯 가지 곡식에 제한 받지 않는다고 한다. 곧, 다섯 가지로도 할 수 있지만 각자 수확한 여러 곡식을 섞어서 밥을 지었다고 한다.

지금도 보름날 오곡밥을 지어 먹는 가정이 다수 있다. 다만, 예전처럼 이웃과 밥을 나누어 먹는 예는 전하지 않는다. 또, 전처럼 말린 나물로 찬을 해 먹는 예도 전한다.

부럼과 귀밝이술　부럼과 귀밝이술의 풍속은 무병식재(無病息災)를 바라는 데에서 나온 것이다. 부럼은 딱딱한 것을 깨물어서 그 해의 무병을 꾀하는 주술성의 건강 기원 풍속이다. 이러한 부럼속은 의항리에도 남아 있다. 부럼의 종류로는 밤, 땅콩,

은행, 호두, 잣, 무 등이다. 이것을 보름날 아침에 깨물면 그 해에 종기나 부스럼이 나지 않는다고 하여 깨물었다고 한다.

귀밝이술을 마시는 예 또한 전한다. 보름날 이른 아침에 차가운 청주를 마시면 귀가 밝아진다고 하여 마셨다고 한다. 그런데 현재 부럼과 달리 귀밝이술의 습속은 미미하게 전할 뿐이다.

두더지와 노래기 쫓기   정월 보름의 기풍주술(祈豊呪術)로 두더지 쫓기가 있다. 두더지는 야산을 개간한 산밭에 자주 나타났다. 이들 두더지는 밭고랑과 밭두둑, 논둑에 길을 내고 다녔다. 또, 작물에 피해를 주는 예가 종종 있었다. 이런 이유로 밭농사를 짓는 사람들이 보름에 자신의 밭에 나가 두더지 쫓기를 하였다.

두더지 쫓기는 지극히 단순하면서도 내면에 주술성을 띠고 있다. 방식을 보면, 밭임자가 괭이나 몽둥이로 자신의 밭을 친다. 그러면서 "네 땅이냐 내 땅이지! 네 땅이냐 내 땅이지!"를 외친다. 밭의 중간 중간을 옮겨가면서 이러한 행위를 반복한다. 그러면 두더지가 자기 땅으로 불러간다고 한다.

정월 보름에 행하는 또 다른 풍속으로 노래기 쫓기가 있다. 이 노래기 쫓기는 짚으로 이엉을 엮어 지붕을 올리던 시기에 주로 행하던 것이다. 제보자는 짚을 엮어 지붕을 이면 노래기가 많이 생겼다고 한다. 지붕의 짚이 썩으면서 노래기가 많이 생겼다는 것이다. 이렇게 발생하는 노래기를 쫓기 위한 행위가 바로 노래기 쫓기이다.

방식을 보면, 그 집의 주인이 이른 아침에 솔잎을 지붕 위 여기저기에 뿌려놓는 것이다. 부연하면, 전날 솔잎이 달린 나뭇가지를 20센티미터 내외로 잘라 많이 준비해둔다. 그리고는 보름날 이른 아침에 솔잎을 지붕 위에 던진다. 솔잎을 던지면서 "노래기 침 놓는다! 노래기 침이다! 노래기 침이다!"라고 외친다. 제보자는 "효과도 효과이지만 예방 차원에서 많이 하였다"고 한다.

뱃고사와 뚝고사   배 부리는 선주 가운데에는 지금도 정월 보름을 전후하여 뱃고사를 지낸다. 뱃고사는 배의 갑판 위에 제물을 차려놓고 지낸다. 선주가 중심이 되어 그 해의 풍어와 안전한 항해를 기원한다. 선주 가운데에는 그 해의 정초에 배가 최초 출어할 때 뱃고사를 지낸다고 하는 예도 있다. 뱃고사에는 제수로 돼지머리나 돼지고기를 비롯하여 과일, 북어포 등을 쓴다.

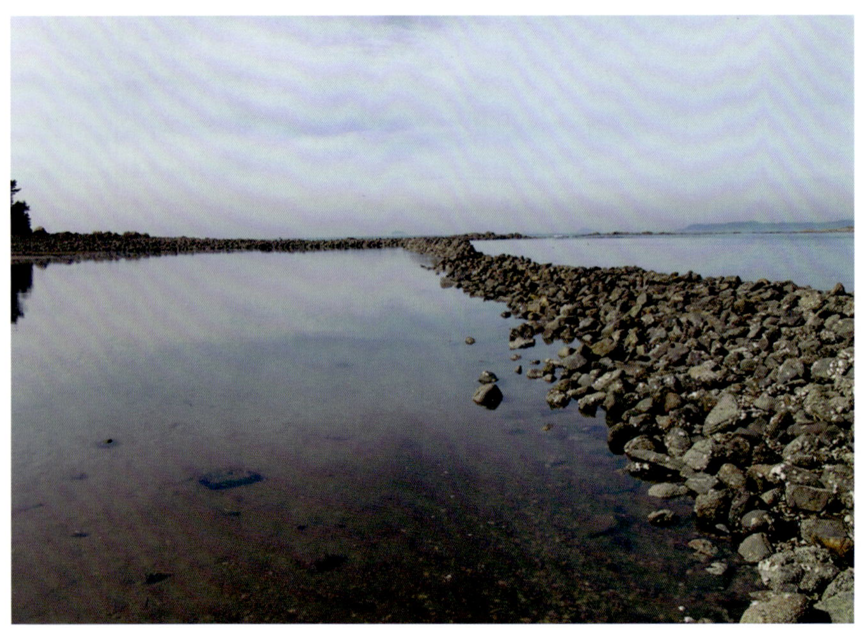

개미목 독살

뚝(둑)고사는 제방의 수문에서 지내는 고사이다. 의항리에는 갯벌에 제방을 쌓아 확보된 농지가 마을 전면에 펼쳐져 있다. 대개 뚝고사를 지내는 사람은 이 제방 안에 농지를 가지고 있는 주민이다. 해안과 접한 제방의 수문 근처에 제물을 차려놓고 헌주 배례의 방법으로 고사를 지낸다. 제물은 떡 한 시루, 쇠고기 탕, 과일, 술 등이다.

독살고사 의항리의 또 하나의 고사는 독살고사이다. 한때 의항리에는 24개의 독살이 존재하였다. 그리고 이러한 독살은 1950년대 전후까지도 고기잡이의 중요한 장치였다. 그러던 것이 1960년대를 넘어서면서 외면 받기 시작하였다. 동력선의 출현과 함께 연안의 어족자원이 고갈되고, 그러면서 독살에도 전처럼 고기가 잘 들지 않게 되었다. 이와 맞물려 독살을 통한 고기잡이가 서서히 쇠퇴하기 시작하였다.

한편, 독살고사는 매년 정초에 독살의 수문 근처에서 이루어졌다. 독살 주인은 떡을 찌고 과일과 포 등을 독살 전면 수문 앞에 차려놓고 많은 고기가 들기를 빌었다. 그리고 그 대상 신격은 용왕으로 물참봉이었다고 한다.

쥐불놀이　전에는 정월 열나흗날 쥐불놀이를 하였다. 청소년들이 불깡통을 만들어 돌리면서 마을 앞 해안에서 밤새는 줄 몰랐다. 옷을 태우기도 다반사였고 간혹 건넌말과 큰말로 편을 나누어 다투기도 하였다. 지금은 보름 깡통을 보기가 쉽지 않다.

2월 농군의 날

2월은 정월에 비하여 세시속이 거의 전하지 않는다. 내륙에서 2월 1일을 머슴날이라고 하는 데 비해 이곳에서는 농군의 날이라고 하였다. 이 날에는 농사짓는 사람들끼리 모여 음식을 하여 나누어 먹었다고 한다. 그런데 이러한 일도 1960년대 전후의 이야기라고 한다.

3월 삼짇날과 한식

의항리의 한 제보자는 3월 3일을 삼짇날이라 하면서 '제비가 돌아오는 날'로 기억하고 있다. 이 날은 강남 갔던 제비가 돌아온다는 속설이 전한다는 것이다. 또, 전에는 삼짇날을 맞아 화전(花煎)을 부쳐 먹던 관습이 있었다 하나 지금은 전하지 않는다.

봄을 맞아 답청이나 천렵이 있을 법도 한데 이 마을에는 이러한 예가 없다고 한다. 제보자의 대부분은 어로와 농경으로 바쁘기 때문에 쉴 틈이 없다고 한다.

한식(寒食)에는 조상의 묘를 찾아 살피는 관습이 전한다. 이러한 예는 지금도 남아 있다. 예전에는 한식에 시제를 모시는 예도 있었으나 지금은 전하지 않는다. 보통, 해동기를 맞아 조상의 묘를 살피고 훼손된 부분이 있으면 이를 보수하는 정도라고 한다.

4월 초파일

석가탄신일인 4월 초파일에는 사찰을 찾아 공양을 올린다. 사찰을 찾는 사람들은 불자로 여성들이 주를 이룬다. 그런데 이 인근에는 사찰이 드물다. 모항의 정찬영 법사나 태안에 소재한 사찰을 주로 찾는다고 한다.

사찰을 찾을 때에는 나름의 공양물을 가지고 간다. 이를테면, 떡과 밥을 지을 쌀과 초, 북어포, 과일, 약간의 돈을 공양한다. 예전에는 쌀을 가지고 가서 직접 빻아 떡을 쪄 올렸다고 한다. 그런데 최근에는 돈을 놓고 기도하는 예가 우세하다. 제보자 가운데에는 떡을 지어 올리고 싶어도 늙고 힘이 없어 그렇게 하지 못한다고 하는 이도 있다.

기원 내용으로 가장 일반적인 예는 가정이 일 년 내내 편안하게 하여 달라는 것이라고 한다. 또, 배 부리는 집에서는 고기잡이 때에 가장이 안전하게 하여 달라는 것과 고기가 많이 잡히게 하여 달라는 것이라고 한다.

5월 단오와 굴씨 받기

지금은 전하지 않지만 전에는 5월 5일 단오에 그네를 뛰었다고 한다. 마을의 노거수(老巨樹)에 그네를 묶고 뛰었다는 것이다. 그런데 이 그네뛰기는 이미 오래전부터 하지 않는다. 정확히 언제부터 그네뛰기가 중단되었는지는 확실치 않다.

전에는 5월 중에 근해에서 조기가 많이 났다고 한다. 1960년대 전후만 하더라도 낚시를 가지고 알이 굵은 조기를 많이 잡았다는 것이다.

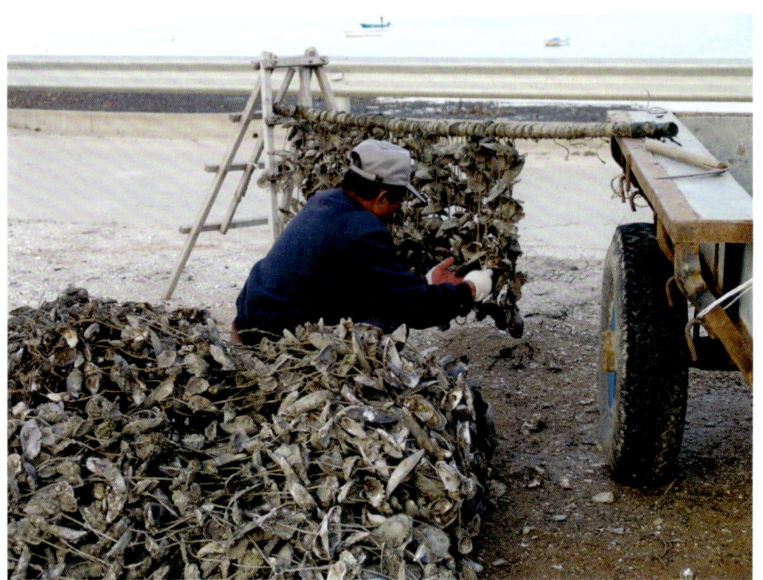

공각을 끈으로 꿰어 실에 매단 모습

의항리의 굴 양식장은 70헥타르에 이른다. 이처럼 너른 지역에서 주민들이 굴 양식을 하고 있다. 일반적으로 굴은 4~5월에 산란을 한다. 따라서 이 무렵이 되면 굴씨를 받기(채묘) 위해 어민들이 분주해진다. 굴씨를 받기 위해서는 먼저 빈 굴 껍데기(공각)를 일정한 길이의 끈으로 꿴다. 그 수량은 자신이 가지고 있는 굴밭의 규모에 비례한다. 그리고 이것을 자신의 양식장에 가져다 건다. 그러면 바닷물에 떠돌던 굴의 포자가 이 공각에 정착하게 되고 또 그곳에서 성장한다.

6월

6월에는 삼복(三伏)이 들어 있다. 대개 복날을 전후하여 개장(보신탕)을 먹어왔던 관습이 있다. 그런데 이곳에서는 복날의 개장이 보편 음식이 되지 못한다. 주민의 다수는 개고기가 부정한 음식이라고 생각한다. 항상 위험이 잠재한 공간을 생업의 터전으로 삼고 있는 마당에 부정한 것을 먹어 불운을 초래하지 않겠다는 생각이다. 이처럼 개고기를 먹지 않는 대신에 삼계탕은 즐기는 것으로 나타난다.

7월

음력 7월에는 칠석과 백중이 들어 있다. 이 마을에서는 칠석날에 대해 나름의 의미를 부여하지만 백중에 대해서는 그다지 관심이 없다. 이처럼 백중에 관심을 두지 않는 것은 이곳의 생업이 농사가 아닌 어로에 있기 때문인 것으로 볼 수 있다.

칠석은 음력 7월 7일이다. 이 날은 견우(牽牛)와 직녀(織女)가 만나는 날이라고 한다. 제보자 가운데에는 칠석날 까치와 까마귀가 놓아준 오작교(烏鵲橋)를 건너서 견우와 직녀가 사랑을 나눈다는 인식을 갖고 있는 이도 있다.

칠석날 마을을 단위로 한 행사는 없다. 다만, 개인적으로 사찰을 찾거나 떡을 찧어 고사하는 예는 전한다. 건넌말의 제보자 김씨는 칠석날 태안 읍내에 위치한 절에 간다고 한다. 또 이씨는 모항의 정찬영 법사에게 찾아가 기도하고 온다고 한다. 불당에 갈 때에는 공양으로 쌀이나 돈을 가지고 간다. 쌀은 밥이나 떡을 지어 올리기 위해 가져가는 것이고, 돈은 불전에 올리는 헌금이라고 한다. 돈의 액수는 개인에 따라 다르겠으나 제보자 이씨는 헌금으로 2만 원을 준비하였다고 한다.

8월

추석 차례 음력 8월 15일을 한가위 또는 추석이라 한다. 추석은 설과 더불어 우리 나라의 가장 큰 명절 중 하나로 친다. 추석에는 조상을 대상으로 하는 차례와 놀이가 전한다. 차례의 진행은 설 차례와 다르지 않다. 다만, 설날 떡국을 올리는 것과 달리 이 날은 송편을 올린다. 차례를 지낸 뒤에 성묘를 가는 것도 설과 동일하다.

추석 차례는 설 차례와 달리 추수감사 제의적 성격이 강하다. 의항리는 비록 어촌 이지만 비교적 너른 농토가 있어 주민들이 농사를 겸하고 있다. 이러한 여건으로 인 해 이곳 사람들은 내륙 사람들과 마찬가지로 자신이 수확한 쌀로 송편을 빚는다. 건 넌말의 원로 이병혁은 벼가 익기 전에 추석이 닥치면 추석 지나 구구절(중양)에 햇곡 을 베어 떡이나 밥을 지어 상에 놓고 별도로 천신제(薦新祭)를 하였다고 한다. 물론, 추석 차례는 그대로 지내지만, 후일 별도의 천신의식을 가졌다는 것이다.

뱃놀이 의항리에는 추석날 오후에 뱃놀이를 하였다. 추석날 오후를 뱃놀이 시간 으로 택한 이유는 이 시간이 되어야 차례와 성묘를 마칠 수 있고, 또 이때가 되면 만 조가 되기 때문이다. 뱃놀이는 말 그대로 배에 올라 흥겹게 즐기는 것이다. 가까운 사람들이 한 패가 되어 동료 중 한 사람의 배에 탄다. 그리고는 갑판 위에 술과 음식 을 차려놓고 주거니 받거니 하며 흥겨운 놀이판을 조성한다.

제보자는 40~50년 전의 뱃놀이를 회상하며 당시에는 범선을 가지고 뱃놀이를 하 였다고 한다. 대개 가깝게 동무하던 이들끼리 배에 올라 배를 띄운 후 노래도 하고 술잔도 기울이며 놀았다는 것이다. 큰말 앞에서 배를 띄우고 돛을 올리면 상류인 소 근진이나 서둘 끝까지 갔다. 의도한 것은 아니지만 우연히 경합을 하는 예도 있었다 고 한다. 이를테면 큰말에서 여러 척의 배를 띄운 후 소근진까지 어느 배가 먼저 가 는지 경쟁하였다는 것이다. 하지만, 이러한 경쟁도 승부에 의미를 두기보다 즐기는 차원의 경합이었다고 한다. 이러한 놀이는 건넌말과 큰말에 가로놓인 제방 조성 이 전에 주로 하였던 놀이이다.

한편, 여자들은 널뛰기나 그네를 뛰었다고 한다.

9월

음력 9월 9일을 중구일 또는 중양(重陽)이라고 한다. 여기에서 중(重)은 겹친다는 뜻으로 볼 수 있다. 곧, 9와 같은 양수(陽數)가 두 번 반복된다는 뜻에서 중양이란 말이 나왔다. 의항리에서 중양은 특별한 날이 되지 못한다. 다만, 전주 이씨 집안에서 추석 차례 때에 햇곡으로 차례를 지내지 못하였을 경우 이날 천신(薦新)을 하였다는 사례가 전한다.

10월

시제   의항리의 10월은 시제(時祭)로 분주하다. 시제는 문중을 단위로 하는데, 의항리의 대표적인 성씨는 전주 이씨, 김해 김씨이다. 이들 문중에서는 10월 중에 일정한 날을 정하여 시제를 올리고 있다. 시제의 대상은 5대조 이상의 조상이다. 곧, 이들 조상을 대상으로 그들의 묘를 찾아가 제를 올린다.

시제에 침가하는 사람들은 당연히 돌아간 이들의 후손이다. 이들 후손은 시제의 날을 맞아 묘 앞에 제물을 차려놓고 제사를 올린다. 시제에 올리는 제수는 가정에서 기제를 올릴 때와 크게 다르지 않다. 다만, 이곳이 어촌이기 때문에 해산물이 제사음식으로 다수 차려짐을 볼 수 있다. 우럭을 찌거나 상어포, 문어포 등이 상에 오르고, 굴탕과 굴부침 등의 음식이 상에 놓임을 볼 수 있다.

한편, 김해 김씨 문중인 김형수 댁에서는 '밤시제'를 지내 주목된다. 밤시제란 후손을 두지 못한 친척의 시제를 지내는 것이라 한다. 방 안에서 제를 지내고 몇 대인가 보다 후손을 두지 못한 점을 근거로 한다고 할 때 이는 시제라기보다 기제사에 가깝다. 아무튼 김씨는 매년 정월 보름을 붙박이 날로 정하여 이 제사를 모시고 있다.

시제의 대상이 되는 조상의 묘에는 대개 위토답이 연결되어 있는 예가 많다. 위토답은 특정한 묘를 대상으로 하기도 하지만 돌아간 조상 전체를 하나의 단위로 하여 위토를 마련하는 예도 흔하다. 토지 비용이 크게 상승한 요즘에는 대체로 여러 조상을 하나의 단위로 하여 위토를 장만한다. 그리고 이 위토로 인해 발생한 금전은 조상의 시제를 지내는 비용으로 활용된다.

10월고사와 굴 작업   지금은 그 사례가 흔치 않지만 30여 년 전만 하여도 10월고

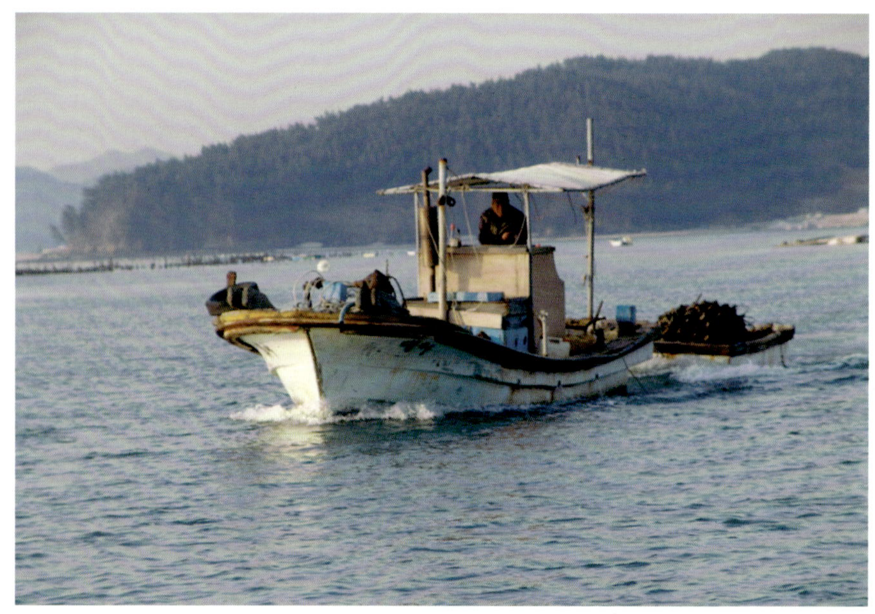

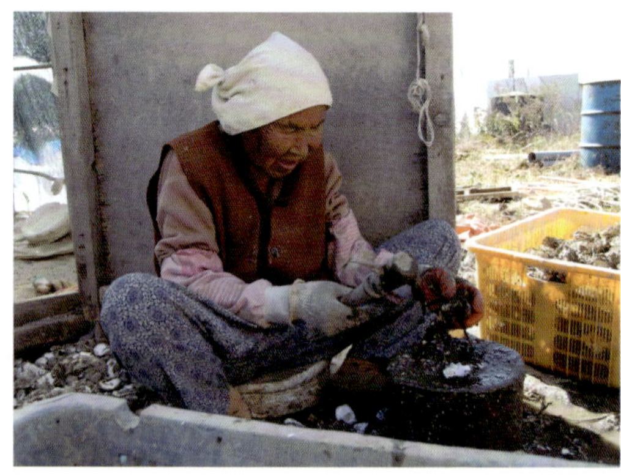

굴 수확(위) 해안의 굴 양식장에서 다 자란 굴을 배에 싣고 마을로 돌아오고 있다.
굴 까기 작업(오른쪽) 마을에서는 이 굴을 받아 굴막에서 굴 까는 작업을 한다.

사를 지내는 가정이 많았다. 특히 배 부리는 집에서는 10월고사를 당연한 것으로 여겼다.

의항리의 경우 음력 10월은 그 어느 달보다 분주하다. 9월부터 시작한 굴 채취 작업이 이 즈음에 이르면 한층 탄력을 받는다. 그리고 무엇보다 음력 10월과 11월은 김장이 들어 있어 다른 달보다 굴 까는 일에 더 많이 매달린다. 굴 작업은 개인의 양식 규모에 따라 조금씩 다르지만 보통 9월부터 시작하여 다음 해 2~3월까지 지속된다.

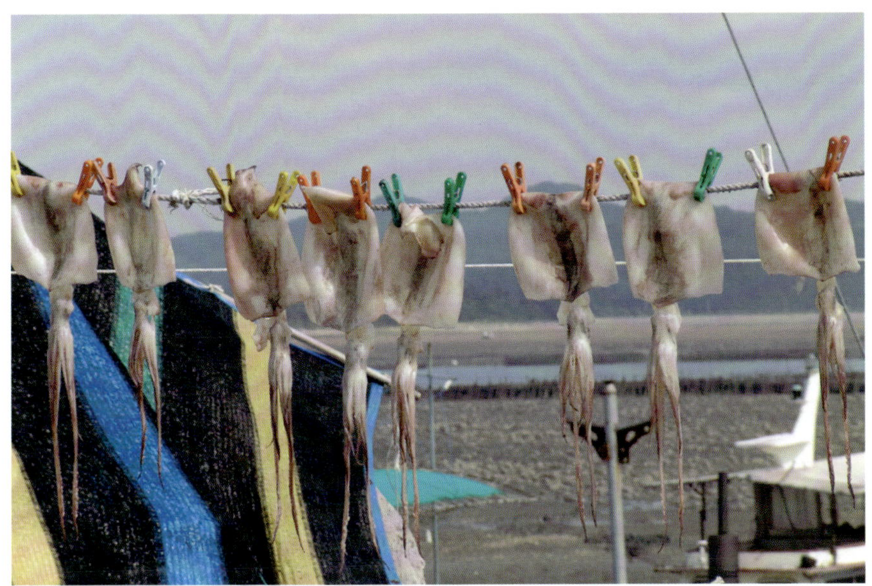

바닷가에서 오징어를 말리는 모습

11월

동지 전처럼 마을의 거의 모든 집에서 팥죽을 쑤는 것은 아니지만 지금도 다수의 가정에서 동짓날 팥죽을 쑤어 먹는다. 다만, 애동지에는 팥죽을 쑤지 않는다고 한다.

팥죽을 쑤면 제일 먼저 성주 아래에 팥죽 한 그릇을 떠다놓았다. 의항리에서는 성주가 대청의 상량에 위치하는 것으로 본다. 따라서 대청의 중앙이나 한쪽에 작은 상을 놓고 여기에 팥죽을 한 그릇 놓아둔다. 이외에 집안의 여러 곳에 팥죽을 떠다놓는 예도 있다. 또는, 팥죽을 한 그릇 펴서 집안 여러 곳을 옮겨 다니며 숟가락으로 뿌리기도 하였다. 그런데 지금은 이러한 습속이 전보다 많이 줄어들었다고 한다. 곧, 팥죽을 쑤어 가족끼리 먹는 것으로 그친다는 것이다.

김장과 고기 건조 가정에 따라 10월에도 김장을 담지만 대개 11월에 김장을 담근다. 김장은 가족 수에 알맞게 담는데, 그 종류가 다양하다. 배추김치부터 백김치, 총각김치 등 여러 종류의 김치를 볼 수 있다. 제보자 김씨는 전에는 반찬이 별다른 게 없었기 때문에 김치를 여러 단지 담았다고 한다. 그런데 지금은 찬의 종류가 많아져 전처럼 그렇게 많은 양의 김치를 담지 않는다고 한다. 이곳에서는 김치를 담글 때 자신이 채취한 굴을 넣는 예가 일반적이다.

한편, 잡은 고기는 대부분 부두에서 도매인에게 넘긴다. 그 가운데 수량이 부족하여 거래를 하기 어렵거나 어종이 판매하기 곤란한 경우에는 선주가 직접 소비한다. 또, 이들 생선은 건조하여 저장해두기도 한다. 시기적으로 생선을 건조하기 좋은 때는 늦가을부터 겨울철이라고 한다.

12월

음력 12월을 섣달이라 한다. 섣달은 한 해를 마감하는 달이다. 따라서 내륙에서는 섣달의 여러 풍속이 전한다. 하지만 이곳 의항리에서는 내륙처럼 다양한 섣달속을 찾아보기 어렵다. 70대의 제보자는 자신이 시집올 무렵인 50년 전에는 섣달에 여러 풍속이 있었으나 근래에는 그런 것을 하지 않는다고 한다. 그리고 섣달 풍속을 비롯한 일반적인 사계절 풍속이 극단적으로 위축되고 사라진 이유로 다양한 노동을 꼽았다. 일반적으로 세시풍속에서는 여성들이 많은 부분을 주관하는데, 이곳 의항리에서는 여성들이 사시사철 노동으로 눈 돌릴 겨를이 없다는 것이다. 곧, 봄이면 농사짓는 데 관심을 두어야 하고 여름 지나 가을이면 다음 해 봄까지 굴을 까느라 한눈팔 겨를이 없다는 것이다.

그러면서도 희미하게 남아 있는 것이 섣달 그믐의 수세(守歲)이다. 가는 해의 마지막 날 집안의 구석구석에 불을 밝히는 관습을 지금도 찾아볼 수 있다고 한다. 그리고 이러한 수세속을 따르는 집은 대개 60대 이상의 주부가 있는 집이라야 한다고 말한다.

(박종익)

주(註)

1) 조사자가 당제를 지내는 이유에 대해 물었다. "당제라 하면 해상관계를 중심으로 해서 어업 하는 분들이 주로 참여하게 되고, 거기에 대해서 기원하게 되고……. 부락적으로는 이장이나 대표자들 이런 전부 다 통일적으로 이야기하는데, 배 하는 사람들에게는 개개인 지명을 해서 안전을 위하는 이런 방향으로 했어. 지금들은 해상 유고가 없으니까, 전에는 해상사고가 많았어. 기상통보를 아나? 그리고 배가 풍선이고……. (조사자: 풍선은 돛배란 얘긴가요?) 그렇지. 돛배 사고가 자자하기 때문에……. 풍랑으로 전복되고 파손되고……. 〔이병혁〕"

2) 마을 기금 조성과 관련한 전 이장과 현 이장의 대화 일부를 소개하면 다음과 같다. "처음에는 성미라고 해서 각출을 하고 움직였는데, 나날이 인식도가 희박해지니까 부락 기금에서 충당하는 이런 경향이 있었는데, 그 후에 이런 문제가 잘 안 되니까…….〔이병혁〕 그때는 이장들 동모(수당)를 여름에는 보리로 받고 가을에는 벼로 받았단 말이여. 거기서 약간의 (수당을 가지고) 부락 적립을 했시여. (이장 수당이) 벼 두 말 반 정도 했을 껴? (조사자: 그때가 언제죠?) 1970년대라고 봐야지. 반장 수당도 거기서 나눠가지고, 일 서기 수당도 나눠주고. 동네 기금한다고 해서 약간 떼놓고 그랬지. 이장이 한 말, 일 서기 여덟 되, 반장이 닷 되 이렇게 됐지. (조사자: 그러면 두 되가 동네 기금이겠네요?) 그렇게 되것구먼.〔문용배〕" 이상의 내용 가운데, 전 이장 이병혁의 진술은 당제의 비용 조성과 관련이 있는 내용이다. 반면, 현 이장 문용배의 구술은 당제와 관계없는 마을행사를 위한 기금 조성으로 볼 수 있다.

3) 이곳에서는 뱃기를 서낭기라 하다 또 이 서낭기를 줄여서 서낭이라 부르기도 한다.

4) 음식의 종류는 고사를 준비하는 선주에 따라 다를 수 있다.

5) 배서낭을 위해 준비하는 물품으로 '반짇고리나 분, 치마저고리' 등을 배의 구석에 모시고 다녔다고 한다. 배서낭의 형상은 별도로 없었으나 그가 사용할 만한 물품을 보관하여 두었다는 것이다. 이외에 명태를 선실의 벽에 매달아놓는 예가 흔하였다고 한다.

6) 거지서낭의 경우는 상별이 분명치 않다. 대개, 선주가 꿈에 '배고프니 밥 달라' 고 하는 거지가 등장하는데, 이러한 일이 반복되면 자신의 배에 거지서낭이 든 것으로 판단한다고 한다. 이럴 경우는 음식을 넉넉하게 차려두고 고사를 지내 거지서낭의 허기를 채워주어야 한다고 한다.

7) 의항리의 경우 대개의 가정에서 성주의 위치를 대청의 상량이라고 하였다. 하지만, 성주의 위치가 반드시 상량이라고 단정하기는 어렵다. 다음의 구술을 소개한다. 조사자가 가신에 대해 물으면서 "안방에 무엇이 있나요?" 라고 물었다. "성주지. 전에는 안방에 있었는데 지금은 집을 고쳐서 대청 대들보에 있지. (조사자: 또 무엇이?) 있긴 뭐가 있어? 아 옛날에 자식들 나 길르면 삼신이라고 하고, 밥도 해놓고 별짓 다 했지. 지금은 머 싹 없어졌지? 머 있슈? (조사자: 성주를 어떻게 모시죠?) 지금은 집집마다 성주께 명일 때고 밥 한 술씩 떠서 둘러너요.〔신동옥(여, 78)〕"

8) 제보자의 다음 구술은 당시 지신제에 대한 태도를 엿볼 수 있는 대목이 된다. "옛날에 우리 증조할머니가 지신 날을 받아놨는데, 텔레비전에서 소 잡는 것을 보고 정성스럽게 준비 다 해놨는데, 제를 지내지 못하게 해서 안 지낸 적도 있어. (조사자: 그게 시기적으로 언제일까요?) 한 30년 됐을꺼야? 〔박희자(여, 61)〕"

9) 조사자가 씻긴 뒤에 화장을 하는가 하고 물어보았다. "여자는 염할 때 분가루를 가지고 잘 칠해주지. 머

리도 빗기고 하지. 여자만 화장을 해. (조사자: 연지곤지를 찍던가요?) 연지곤지 찍는 건 보지 못했어. 옛날에는 머리를 잘 틀어서 양쪽으로 올려가지고 이르케 했지. 그리고 비녀를 꽂는 것도 보지 못하고…….〔김형수〕"

10) 조사자가 현재 마을 상여의 사용 여부를 물었다. "한 10년? 아니여, 5~6년……. 지금도 사용하는 것 같어. (상여가) 있으니까. 경제적으로 어려운 사람이든지 뭐 하는 사람은 이용하지. (조사자: 사용하는 데 비용은 없을까요?) 비용 같은 건 없었고, 상여 줄, 상여 줄이 광목으로 있거든요. 예전에는 한 번 쓰고 버리고 이랬는데, 그러면 낭비다 해가지고 그 눔을 잘 쓰고, 보관했다 다음에 쓰고……. 대신 그 광목 값을 내놨지 상주가.〔문용배〕"

11) 조사자가 상주들로부터 받은 봉투로 무엇을 하느냐고 물었다. "여기서는 패라는 계가 구성되어 있거든요. 일패, 이패, 삼패……. 거기서 나오는 돈으로……, 지금은 장비를 쓰잔여. 거기서 나오는 돈으로 장비대를 줘요. 돈이 남으면 계 내에서 적립을 하고. (조사자: 그 돈으로 술 잡숫거나 그런 건 없나요?) 그런 건 없어요. 지금 실정으로는 한 30만 원 나오면 돼요.〔문용배〕"

12) "동심결이라고 해서는 청실홍실, 그 뭐 실, 실로 옷감을 맺든 거 그것을 동심결이라고, 그것을 바로 넣지. 상주 가슴 곁에다가…….〔문용배〕"

13) "옛날에는 여기가 해변가라 굴 껍데기가 많았거등요. 그걸 불에다 귀가꼬, 물을 확 부면 확 가루가 되여. 그 눔하고 흙허고 섞어서 넣어. (파묘 때에) 섞은 거 보며는 깨쳐지도 안 허여. 파묘하는데, 그런 데 나오는 디 보니께 그러태.〔문용배〕"

14) 차례 시에는 당연히 떡국을 밥(메) 대신 올린다. 한편, 기일에 생선으로 국을 끓이는 점이 육지와 다소 차이가 있다. 곧, 민어나 조기, 능성어 등 맛있는 고기를 가지고 국을 끓여 상에 올린다.

15) 이곳이 섬이기 때문에 차례상에 해산물 요리가 다수 오른다. 생선은 주로 찜이나 구이 등의 요리과정을 거쳐 상에 놓인다. 종류도 다양하다. 조리의 대상이 되는 생선을 보면 조기, 준어, 능성어, 뱅어, 감생이(감성돔), 민어, 광어, 부서, 양대, 서대 등 근해에서 잡히는 어종이다. 또, 홍합, 바지락, 굴, 소라, 포차리(조개류), 똥똥배미리(조개류) 등은 꼬챙이에 꿰어 구워 올리거나 무쳐서 접시에 담아 올린다.

16) 탕은 한 그릇에 고기와 채소, 생선 세 가지를 옆옆이 놓아 만드는 경우도 있지만, 전복, 해삼, 소라 등을 사용해서 조리하는 경우도 있다.

17) "(조사자; 예전에 무당 불러서 안택고사 한 적 있어요?) 옌날이 옌날이, 시어머니 모시고 시할머니 모시고 시아버지 모시고 헐 때는 나 시집 오고서 그러케 했지면 이 근래는 안 허요. 그냥 (무당 집에) 댕이기만 허지. 나 시집 오고서 항 거니께. (안택고사는) 저녁이 허쥬. 저녁이. 그런디 이 근래는 안 허요. 그냥 하루 저녁 쪼끔 지성만 들인거지유. 지끔은 안 해유. 그대신 지끔은 댕이지.〔연창열(여, 73)〕"

구비전승

설화

태배

태배의 지명 유래담으로 이태백이 이곳에서 놀고 시를 남긴 데서 지명이 나왔다는 이야기다.

(조사자: 이 마을에 태배란 바위가 있다고 하던데요?) 태배? 태배가 그게 지명이여. 이태백이 중국 사람이라며? 거기가 가서 놀았다는 거지. 그래서 태배, 이태백이라고 태배. 그런디 누가 아나? 아는 사람이 누가 있어. 말만 태배라고 하지. 지명이 태배지. 오래전부터 전해오지.

—김주영(남, 77), 태안군 소원면 의항리. 2004. 11. 13.

태배

이태백이 여기 놀러와서 여, 여기 놀러왔는지, 그 사람 중국 사람이잖어. 어떻게 왔는진 몰라도 그 사람이 여기 경치가 하도 좋아서 바위에 글씨를 새기고 갔다고. (조사자: 시를, 시를 바위에다 새기고?) 예, 예. 나도 몰라. 들은 이야기니까. (조사자: 거기가 어디죠?) 태배. 이태백이, 이태백이라는 데는 저기 군부대 있는디, 옛날에 놀러 대니는 사람들이 거기다가 이태백이라고 써 놓았었지. 써서 놀구 가구.

—박정례(여, 77), 태안군 소원면 의항리 개미목. 2005. 5. 20.

태배

이태백이라고 있어. 지명이 이태백이라는데 어째서 이태백이냐면, 중국 사신이 와서 놀다가 하도 경치가 좋으니까 거기서 참 세월 가는 줄을 모르고서, 거기 인제 시가 몇 구절 있어. 돌에다, 옛날에는 붓으로다가 먹 갈아서 써 논……. 지금도 나타나가지고 잘 알아볼깐 몰라도, 이태백이가 와서 하도 경치가 좋아서 세월 가는 줄 모르고 놀았다고 그런 데가 있어.　　　　　—김중관(남, 75), 태안군 소원면 의항리 개미목, 2005. 5. 20.

도깨비 출현

말은 옌날 도깨비불이라고 허는디 누가 봤어야지. 현재. 돌아댕기는 것이, 저기 돌아댕기는 거슬 보이는디 그거슬 누가 볼 수가 있나? 그냥 멀리서 돌어댕기는디. 등불처럼. 잉. 옌날 초롱불처럼. 사람 안 사는 디서. 밤중이. 해변까시 그런디. 번쩍허믄 여기 있든 거시 저기가서 그러고……. 그런디 누군 머 빗지락이 오래되믄 그러타고, 핑계 대믄 빗지락이 그런다고, 누군 머 도리깨, 콩 뚜드리는 도리께 그러 거시 그린다고……. 말은 뭐시 어티기…….　　—김주영(남, 77), 태안군 소원면 의항리. 2004. 11. 13.

도깨비

(조사자: 도깨비 얘기 들어보신 적 있나요?) 그런 건 있지. 등불처럼 싸 갖고 다니는 거 모르남? 도깨비. 도깨비가 별것 있남. 도리깨 고 있지? 고것이 오래되면 도깨비 되는 거지. 철사나……. 지금 시대가 변동 돼가꾸 다 없어졌지. (조사자: 마을에 돌아다녀요?) 마을에 돌아댕기는 데가 있지. 어딜 돌아다니나? 가차운 데서 사람 만나면 사람 부르고, 도망 안 가. 흐흐흐.　　　　　—김주영(남, 77), 태안군 소원면 의항리. 2004. 11. 14.

불도깨비

(조사자: 혹시 도깨비 보신 적 있나요?) 그전에 저기 저 온 뚝이, 거기 날 이렇게 궂을라면 나타나서 돌아다니고……. 도깨비불이 우뚝 써서 하늘로 불이 바짝 쳐들면 밑에가 다 이렇게 되지. 윗도린(상체) 암 것도 없이 불만 올라가고 아래는 다리가 이렇게 있어. 도깨비가 근본 불 써가지고 뻗치면은 위는 없어. (조사자: 몇 번이나 보셨어요?)

두 번. (조사자: 언제?) 그건 기억이 잘 안 나지. 한 사십 넘어서 될껴. 가을이. (조사자: 어떻게 하면 도깨비를 쫓을까요?) 아니, 그것도 또 쫓으는 방법이 있대. 걸어가면서 어떻게, 그 얼미 남자들이 그러는가봐? 오줌 누면서 쫓는다고. 남자들이 걸어가면서 오줌을 누면은 쫓는대.　　　　　―박정례(여, 77), 태안군 소원면 의항리 개미목, 2005. 5. 20.

도깨비에 홀린 사람

(조사자: 박쥐구녕이 사람을 홀린다고 하던데요?) 저 이 동네에서 사는 사람이었었는데, 정신이 이상 돼가지고서 도깨비에게 홀린다는 이야기 있잖어, 사실 자다가 무연고로 나가가지고 없어졌단 말이여. 사람이. 그 때는 몹시 아파서 그런 게 아니고 정신이 쪼금 이상해서 그런 사람이었어. 간다 온다 말도 없이 밤에 없어졌으니 뭐, 참 식구들이 발칵 뒤집혀서 찾으러 다닐 꺼 아니여? 못 찾았어. 동네에 소문이 나가지고 다 나서가지고 곳곳에 찾아나섰어, 어떻게 하다 보니까, 발자국이 모래땅에 나타나서 그쪽으로 가니까, 그래서 참 사박사박 가보니까, 그 근처 가서 또 모래사장이 있어. 보리미 가봤나? (조사자: 예.) 근디. 곳곳을 찾아봐도 없으니까, 찾으러 다니는 사람들이 그쪽으로 가서 보니까 참 무엇이 하나가 웅크리고 있거든? 물체가. 사람이 직접 들어가지는 않고. 나도 그거 구경은 가보지는 않았어. 그런 이야기만 듣고 전설만 알 뿐이지, 사람들이 돌맹이를 가지고 집어던진 모양이여. 그 물체 있는 디루. 그러니까 움직이더랴. 그래서 아, 이제 사람이 아니면 뭔가 하고 들어가 보니께 그 사람이었더래, 찾을라고 했던 사람. 그래서 찾아서 데리고 왔던 사례가 있어. 지금으로부터 연도로 본다면 십오 년 전. 십오 년 전 내지는 이십 년 전. 그래서 도깨비한테 홀려서 그리루 간다고 그려. 지금은 해수욕장이지. 여름에 사람이 많이 와서 그런 일이 없어.

　　　　　―김중관(남, 75), 태안군 소원면 의항리 개미목, 2005. 5. 20.

해변의 용 구멍

십리포 해변에 용 구멍이 있다는 이야기다. 내용은 다소 장난기가 담긴 작의적인 것이다. 내용 중 제보자가 즉흥적으로 지어낸 부분이 상당수 있다. 용 구멍이란 증거물에 비중을 두어 여기에 옮긴다.

용구랭이 여기 있어. 쟈기 가면. 용 구멍. 밤에 가. 밤에 가. (조사자: 용 구멍이 있다고요?) 자기. 해변 가시. 밤에 간단께. 끝이 없다니까. 밤에 가. 해변가 부락부락 다 있어. 원북면, 다 있다니게. 해변은. (조사자: 해변에 용이 나타났다구요?) 응. 나왔대. 옛날에. 아, 이루 가고 저루 가구. 용이 다……. 용이 8년 도 닦아서, 잘 닦으면 하늘로 올라가는 겨. 도를 8년을 닦았으면 큰 이무기 되아. 이무기……. (조사자: 봤어요?) 봤지. 크~은 이마통마네. 이거는, 기럭지는 여기서 저기 갈 만큼. 이루(이쪽으로)는 안 댕겨. 바다에서만, 저기 딴 마을 용구렁이로 갈라면 드러왔다 났다 하지. (조사자: 배탈 때 보신 거예요?) 아니. 그냥 이렇게 산에루 가서. 놀러가서……. 시커머치. 시염은, 시염도 나지. 기다라케. 수놈, 암놈. 사람이랑 똑같어. 사람들도 수놈, 암놈 있지. 여자, 남자. 용 될라고 떨어지면, 도 잘못 닦아서 떨어지면 이무기 되는 겨. 도 닦다가 시 번 떨어지면 거 아주 저 하지.　　　　　　　　　　－김주영(남, 77), 태안군 소원면 의항리. 2004. 11. 14.

용굴

용 같은 건 저기 구녕에서 나타나. 그전에 용구녕이라고 그랬지. (조사자: 용이 나왔나요?) 안 나타났지. 옛날부터 전해져서 나타나니께 우리들도 그렇게 알았지.

　　　　　　　　－김중관(남, 75), 태안군 소원면 의항리 개미목. 2005. 5. 20.

용굴

전설이야기를 들어보면 커다란 뱀이 용이 되어 올라간다고 하잖아. 용이 나와서 올라간 건 보지 못했지만 구녕이 깊이 뚫려 있으니게 용이 나왔다고……. 의향리 지역에도 용두섬이라고 그러면 옛날에는 한 없이 깊었었는디, 옛날에는 후라시 없었을 때는 이렇게 등잔, 후남불 피워 들어가면 꺼져서 못 들어가고 했는데, 그 후 후라시가 생긴 이후로 들어가고 했다고. 들어가고 하니까, 오래 돼가지고 파도로다가 자갈들이 들어와서 맥혔대. 외져가지고 지금은 한 열 발자국도 안 뚫렸다고 그래. 그 구녕이 괭장히 길었었는데……. 용구녕이, 또 천리포에 갑섬이라고 있어, 거기도 용구녕이 있는데 서로 통해져서 왔다 갔다 하는 전설이 있어. 뚫어져 있는지, 그랬는지 지금은 잘 모르지.

　　　　　　　　－김중관(남, 75), 태안군 소원면 의항리 개미목. 2005. 5. 20.

효자 발복

없이 사는 가정에 이제 자식을 놓고 보니까 부모하고 같이 3대가 살고 있는데, 찬을 만들어 노면 손주가 할아버지 먹기 전에 다 먹거든? 아버지가 보기엔 할아버지 자식일지라도 부모봉양을 하기 위해서 아들도 안 먹고 하는데 손주 녀석이 자꾸 먹고 한단 말이야. 그래서 손주를 매장시킬라고 산으로 왔어. 어느 마큼 올라가니까 산에서 보니까 산신령이라고 할까? 지금으로 보면 물체가 나타나가지고,

"너 정성은 지극한테 아들마저 참 없으면 안 되니까, 내가 부모를 극진히 모실 수 있는 돈을 줄 테니까 도루 데려가라."

하면서 돈을, 이런 지화가 아니고 구리동전 보따리 하나가 앞에 있더랴. 그래서 그눔 가지고 와가지고 자식도 같이 데리고 와가꾸, 그 돈 가지고 참 부모, 아버지를 극진히 모셨다는 전설이 있어, 그래서 효자의 손이 역시 효자를 갖다가 따른다는 얘기가 있어. 아버지가 효자하면 아들이 또 효자한다는 이야기가 있어.

―김중관(남, 75), 태안군 소원면 의항리 개미목. 2005. 5. 20

민요

모내기 소리

이논배미를	다심고서	장구배미로	넘어가세
어히여	상사디여		
못줄잡는	못줄�잽이야	줄을슬슬	잘넘겨라
어히여	상사디여		
장구배미를	다심었으니	갈치배미로	넘어가세
어히여	상사디여		
세모진배미로	넘어왔으니	거쩐거쩐이	심어보세
어히여	상사디여		

이논배미를   다심고서   두멍배미로   넘어가세
어히여   상사디여

—김형수(남, 65), 태안군 소원면 의항리. 2005. 4. 23.

상두가

어−허어 어−하 어힐리 어−하

북망산천이   머다더니   대문밖이가   북망일세

어−허어 어−하 어힐리 어−하(후렴)

가세가세   어서 가세   시간이 바쁘니 어서 가세

어−허어 어−하 어힐리 어−하(후렴)

황천길이   멀다드니   대문 밖이가   황천이다.

어−허어 어−하 어힐리 어−하(후렴)

친구들도   많지만은   어떤 친구가   대신 가나

어−허어 어−하 어힐리 어−하(후렴)

어−허어 어−하 어힐리 어−하

어−허어 어−하 어힐리 어−하(후렴)

시장한데   점심 먹고   쉬엄쉬엄   쉬어가세

어−허어 어−하 어힐리 어−하(후렴)

일락서산   해는 지고   월출 동녘   달이 솟네

어−허어 어−하 어힐리 어−하(후렴)

마지막   가는 길에   애들아 여비   한 푼도   안 주느냐

어−허어 어−하 어힐리 어−하(후렴)

이제 가면   언제 오나   이제 가면   언제 오나

어−허어 어−하 어힐리 어−하(후렴)

여기여기   애들아   복만 입으면   상주이냐

어−허어 어−하 어힐리 어−하(후렴)

오진고개   잠깐 쉬니   재배하고   돈 걸어라

어—허어 어—하 어힐리 어—하(후렴)

—김형수(남, 65), 태안군 소원면 의항리. 2005. 4. 23.

(박종익)

어촌계(서산수협 의항 2리 비법인 어촌계) 자치규약

제1장 총칙

제1조 〈명칭〉

이 어촌계는 의항 2리 비법인 어촌계라 칭한다.(이하 "계"라 한다)

제2조 〈목적〉

본 "계"는 계원의 생산력 증진과 생활향상을 위한 공동사업의 수행 및 그 경제적 사회적

지위의 향상을 도모함을 목적으로 한다.

제3조 〈구역〉

본 "계"의 구역은 의항 2리 행정구역으로 형성된 위치 및 지선해면으로 한다.

제4조 〈사무소〉

본 "계"의 사무소는 의항 2리 311-5번지 소재, "계" 사무소에 둔다.

제5조 〈사업의 종류〉

1. 1종 공동 어업권의 취득 및 어업경영.

2. 어촌 공동시설의 설치 및 운영.

3. 각종 수산물의 판매사업.

4. 구역 내 관습적으로 생산되는 어산물 판매사업.

5. 행정사업 및 수협 위촉사업 그리고 보조에 의한 사업.

※ 모든 사업은 직영으로 함을 원칙으로 한다.

제2장 계원

제6조 〈계원의 자격〉

본 "계" 계원은 의항 2리 거주자로써 95년도 이전에 출자금 납입자로 한다. 단, 1가구 1인

이어야 한다. 만일 거주지 이동으로 6개월 이상 경과되는 경우에는 계원의 자격을 상실하

기로 한다. 단, "계원" 자격을 양수도시에는 양수자는 총대회의 승인을 득하고 계원 가입

신청서를 제출하여야 한다.

※ 조건 : 생활형태의 주택 소유 연한(월) 이상 경과된 정주권 주민이어야 한다.

제7조 〈상속에 의한 가입〉

본 "계"는 전 계원이 사망으로 인하여 상속인이 가입을 할 경우에는 소정의 서류를 정비하고 총대회의 승인하에 가입신청서를 제출하여야 한다.

제8조 〈제명 대상자〉

1. 본 계는 "계"의 명예 또는 신용을 현저히 손상하였을 때.

2. 본 계의 사업을 방해하였을 때.

위 계원에 대하여는 총회의 의결하에 제명하기로 한다.

제9조 〈사용료 및 수수료〉

본 계는 "계"의 모든 사업을 집행에는 사용료 및 수수료(%)를 부과 징수하기로 한다. 그리고 어획물 판매마다 정한 수수료를 징수한다.

제10조 〈어장개발 및 어장관리〉

본 계는 어장이용 개발을 사실대로 완전히 정리할 때까지 완수하기로 한다. 그리고 어장관리상 타지인의 지역해변 출입을 통제하는 의무를 갖기로 한다. 그리고 계몽과 선전을 위하여 요소에 현수막을 설치하도록 하며 계원에게는 관리용 모자도 착용하고 순시하기로 한다. 만일 양식장 주변에서 불법투기 행위자는 누구든지 고발조치 하도록 한다.

제3장 총회(총대회)

제11조 〈총회〉

총회는 정기총회와 임시총회로 구분한다.

1. 정기총회는 사업계획 및 수지, 예산 의결의 예산총회와 결산보고 및 사업보고의 결산총회가 있다.

2. 그리고 임시총회는 계장이 사업추진상 또는 필요하다고 인정할 때 소집하기로 한다.

3. 총대회의는 정기총회를 제외하고는 임시총회로 대할 수 있다.

제12조 〈총회의 의결사항〉

1. 규약의 변경

2. 계원의 제명

3. 사업계획(행사) 및 수지예산의 산정과 변경

4. 결산의 승인

5. 수수료 사용료의 요율 결정

6. 재산의 취득 처분

7. 해산 합병 및 분할.

8. 계원의 가입

9. 임원의 선출과 해임

10. 기타 계장이 필요한 사항

11. 각종 해상 보상금 신청 및 처리

12. 1종 공동어장에 대해 입어 및 행사규정에 관한 사항

제13조 〈총회(총대)의 개의와 의결 정족수〉

1. 계원 과반수 출석으로 개의하고 출석 계원 과반수의 찬성으로 의결한다.

2. 1차 소집에 과반수의 출석이 미달되어 유회가 발생 시에는 재차 소집을 하는데 2차 회의 소집에서 정족수가 미달시에는 3차 소집에는 참석인 과반수의 찬성으로 의결하기로 한다.

3. 총대회의 규정 또한 같다.

제14조 〈의사록 작성〉

1. 총회의 의사록에는 의사경과 요령 및 결과를 기제하고 의장과 총회에서 선출한 5명의 의사록 서명 계원이 기명날인하여야 한다.

제4장 임원과 직무

제15조 〈임원〉

본 "계"는 다음의 임원을 둔다.

계장 1인, 간사 1인, 감사 2인, 총대 8인.

제16조 〈선임〉

1. 계장은 계원 중에서 계원이 직접 선출하되 계원 과반수 이상의 투표에 의한 다수 득표자를 당선인으로 한다. 단, 다수득표자가 2인 이상이면 그 중 연장자를 당선인으로 한다.

2. 감사는 총회에서 선출하되 과반수 출석에서 다수 득표자로 한다. 다수 득표자 2인의 경
   우 연장자로 한다.

3. 간사는 계장이 임명한다.

4. 총대는 각 마을별로 선출한다. 건넌말 2명, 큰마을 3명, 재너머마을 2명, 말막금마을
   1명.

제17조 〈임원의 직무〉

1. 계장은 계를 대표하고 업무를 집행하며 총회의 의장이 된다.

2. 간사는 계장을 보좌한다.

3. 감사는 매회계년도의 재산 및 업무 집행상황을 감사하고 그 결과를 총회에 보고한다.

4. 총대는 총회를 대행하고, 또한 총회의 의안을 사전에 심의 의결한다.

5. 계장 유고시 수석감사가 임시직무를 대행한다.

제18조 〈임원의 임기〉

계상과 감사, 종대의 임기는 2년으로 한다. 임기 만료 전 임원의 궐위로 취임한 임원은 잔
임 기간으로 한다. 단, 계장의 임기를 수협 정관규정과 같이 임기 4년으로 정하는 데는 총
회의 승인을 득하여야 한다.

제19조 〈계장의 재정보증〉

본 계는 계장의 성실한 직무수행 보장을 위하여 후보자는 "계"에 2,000만원 상당의 현금,
신원보증, 재산담보 등 보장 하에 입후보하기로 한다.

제20조 〈임원의 보수〉

1. 계장, 간사는 당해연도 사업실적에서 "계"와 배분하는 판매 수수료 중 계장 60대 "계"
   40에서의 소득금으로 결정한다. 총대 감사는 년 급여금으로 총대 10만원, 감사 15만원
   으로 한다.

제21조 〈자금 및 재산관리〉

1. 본 계는 "계"의 자금 관리를 위한 공동계좌를 정하고 계장, 수석총대 간사 공동명의로
   금융기관에 예치한다. 그리고 총대지급 결의하에 처리한다.

2. "계"의 모든 재산(어업권 및 부동산) 관리는 "계"의 명의로 하여 공동관리한다.

제22조 〈이월금〉

본 계는 다음해 사업 준비금으로 결산금 잔액 중 500만원 범위로 이월하기로 한다.

제23조 〈기타사항〉

위 조항에 규정하지 않은 사안에 대하여는 총회(총대)의 의결을 거쳐 규정하기로 한다.

〔부칙〕

본 계 규약 시행을 총회의 결의한 날부터 적용한다.

2004년 2월 3일 총대회의에서 심의 의결하다.

임원과 명단

계장: 김석수

감사: 이병혁, 김삼진

총대: 강성주, 이병석, 권석조, 이생규, 문홍배, 김인남, 김명선, 이태인

의항 2리 간사지 수리계 규약

제1조 〈명칭〉

본 계는 의항 2리 간사지 월촌 수리계라 칭한다.

제2조 〈목적〉

본 계는 간사지 매립 준공으로 조성된 몽리지구에서 농사소득을 위하여 농지를 개량하고 농사편의 사업을 하여 생산력 증진과 생활 향상을 도모함을 목적으로 한다.

제3조 〈사무소〉

본 계의 사무소는 의항 2리 마을에 둔다.

제4조 〈계원자격〉

본 계의 계원은 본계의 규약을 찬동하고 농용수 이용으로 농사경영을 위하여 소정의 가입금을 납입해야 한다.

제5조 〈임원〉

임원의 구성과 임기 및 임무는 다음과 같다.

계장 1인, 총무 1인, 수감 1인, 배수갑문수 1인, 대위원 6인, 감사 2인을 둔다. 각 임원의 임기는 2년으로 한다. 단 재선에 의하여 연임할 수 있다.

ㄱ. 계장 : 본 계를 대표하고 계 업무를 통할한다. 그리고 수리계 회의 시에는 의장이 된다.

ㄴ. 총무 : 계장을 보좌하고 경리사무 일절을 처리한다.

ㄷ. 수감 : 농사수리(농수용 전기관리, 양수관리, 배수관리)의 모든 책임을 진다.

ㄹ. 배수갑문수 : 배수 갑문 관리 책임을 진다.

ㅁ. 대위원 : 임시총회 대행으로 수리계 업무 추진을 의결한다.

ㅂ. 감사 : 수리계 업무를 감사하고 그 결과를 총회에 보고한다.

제6조 〈임원선출〉

계장과 감사, 대위원은 정기총회에서 계원 과반수 이상 출석에서 다수 득표자로 선출한다. 그리고 총무, 배수갑문수는 계장이 임명하고 수감은 총회에서 추천으로 선출한다.

제7조 〈임원의 보수〉

계장의 수당은 30만원으로 하고, 판공비는 별도로 지급한다. 총무 수당은 20만원으로 한다. 수감의 수당은 250만원으로 하고 배수갑문수 수당은 10만원으로 한다. 그리고 대위원은 참석 수당으로 지급한다.(보류)

제8조 〈회의〉

정기총회와 임시총회로 하고 정기총회는 매년 12월 중 사업보고 및 결산안 승인의 결과 다음해 사업계획 예산안 승인 의결시 1회로 하고 임시총회는 대위원이 대행하기로 한다.

ㄱ. 총회의 의결은 계원 과반수 이상의 출석과 참석계원 과반수 이상의 찬성으로 의결한다.

ㄴ. 회의는 계장이 소집한다.

제9조 〈총회 및 대의원회 의결사항〉

ㄱ. 규약의 신설과 개정사항

ㄴ. 농지개량 및 농사관련의 사업계획 추진사항

ㄷ. 수리계 행사 및 결산안 승인 그리고 예산안 승인사항

ㄹ. 수리계 임원 보수 규정에 관한 사항

ㅁ. 수리계 가입금 규정사항

ㅂ. 기타 수리계 활성화 방향 협의사항

제10조 〈수리계 운영 및 사업비〉

본 계는 행정기관에서 지급하는 지원금과 추수 시에 계원이 부담하는 수세로 운영한다.

제11조 〈수리계 가입비 근기〉

본 계는 1983년 소류지 준설 당시 공사비 정리관계로 수익자 부담원측 하에 시행된 근본에서 추리한다.

제12조

본 규약은 서기 2002년 2월 8일부터 시행한다.

－계장 : 이병혁

대의원 : 표정운, 이상규, 김주영, 김동진, 김삼진, 김형수

수문관리인 : 문형배

상여패 2패의 정관(規約) ; 1985년 改訂

제1조 〈명칭〉

　본 패의 명칭은 소원면 의항 2리 제2패라 칭한다

제2조 〈목적〉

　본 패는 패원 상호간의 친목을 도모하며 패원 가족 운명히 요구에 따라 발인(운구)를 하는 데 주 목적을 둔다.

제3조 〈자격〉

　본 패원은 의항 2리에 거주하는 희망자에 한하여 구성한다.(단 가입후 주거 이전할 시에는 패원 협의에 따라 결정한다)

제4조 〈권리〉

　본 패원은 다음의 권리를 갖는다.

　1. 본 패의 소속 자산에 대한 균등한 참여권

　2. 회의에서의 의결권 등

제5조 〈의무〉

　본 패원은 다음의 의무를 진다.

　1. 본 패의 규약의 준수

　2. 각급회의의 결의 사항 준수

　3. 회의에서의 의결권 등

제6조 〈재정(경리)〉

　수입 본패의 재정 수입은 다음과 같다.

　1. 본패 소유 재산의 부대 수입

　2. 사업에 수반되는 수입

　3. 회의의 결의에 의한 거출금품

　4. 기타 수입

제7조 〈지출〉

본 패의 재정 지출은 다음의 항목에 한한다.

1. 패원이 지정한 위친인의 초상시 포(베) 상품 壹百자를 시중가에 의하여 지급한다.

2. 白米는 초상시 패원당 1斗(8.7킬로그램)씩을 지급한다.

제8조 〈자격정지(제명)〉

패원 가운데 다음 행위를 한 자는 자격 정지 또는 제명할 수 있다.

1. 상당한 이유없이 회원의 돈목을 해치는 행위를 한 자.

2. 본 패에 경제적 손실을 입힌 자.

3. 회의의 결의 사항을 준수하지 아니한 자.

4. 개인 사정으로 인하여 부득이 탈퇴할 경우 5만원 이상의 범칙금을 물기로 한다.

제9조 〈임원〉

공원(회장) 1명

문서(서무) 1명

감사 2명 이상(처리 당시 선임)

제10조 〈운영〉

1. 본 패는 운영금은 설입시 패원 1인당 5,000원을 거출하였으며

2. 처리는 매년 순번에 의하여 처리하고, 처리장소에서 재정을 결산 운영한다.

3. 본 패 작업도구(연장)는 문서가 보관한다.

4. 작업 운영(연락)은 공원이 하기로 한다.

5. 발인(운구)시 부득이한 사정으로 참석치 못할 시에는 패내에서 인부를 매인 보충하고
   인건비를 패내에 지출하기로 한다.

제11조 〈부칙〉

기타 규약 개정은 총회에서 패원 다수(2/3)의 의결에 따라 보안 증강하며 채택된 사항은
그 다음 회부터 효력을 갖는다.

패원 명단

	패원	완의(위친)	재급	비고
1	金和鎭	母親	1988. 7.	
2	金成玉	本人(내외)	1992. 8. 1.	
3	文洪爀	本人(내외)	1985. 12. 10.	
4	文亨培	叔母	1982. 1. 17.	
5	金甲濟	父母	1998. 12. 31.	母亡
6	金炳洙	父母	1985. 2. 3.	
7	金興坤	叔母	1988. 3. 15.	
8	李炳基	母親	1983. 1. 27.	탈퇴
9	李文奎	父母	1999. 9. 16.	父亡/탈퇴
10	金明先	丈母	1982. 6. 8.	
11	李榮奎	外母		탈퇴
12	金鍾先→태수	母親		탈퇴
13	金振錫	父母	1991. 1. 9.	
14	文敏爀	母親		1988년 탈퇴
15	文龍培	父母	1980. 9. 12.	
16	金泰權	母親	1980. 10. 9.	
17	金榮鎭	母親		

상여패 6패 完議文

본 稧는 各其 爲親 爲身으로 入稧하되 初喪時에 葬儀를 擔當하여 如何한 難關이 有하더라도 葬禮에 投身盡力하여 完結하기로 한다.

契員 中에 初喪은 1次, 2次 以上이라도 노력만은 얼마든지 하여도 異議없이 葬禮式을 奉行하기로 한다.

財給은 順次的으로 1回만은 白米 갈림 小 五升式 受捧하고 夏節 六, 七月間은 精麥 小 高峰 五升式 受捧하기로 한다. 財給時에는 保證人 1人 以上을 選定 捺印하기로 한다.

단기 4275年(壬午, 1942) 12月 30日 成立

상어패 7패 완의

−1963년 결성

−완의

1. 계의 조목과 규칙

2. 계명은 패계라 함.

3. 초상시에는 계원 1인당 백미 갈림 5승씩 수렴하되 위친 또는 신위를 막론하고 2인분만
   재급 수렴하기로 조약함(4시절)

4. 초상시 발인은 위친도 계원이 담당하기로 조약함.

5. 초상시 계원 영자는 계원을 통솔하되 20세 미만자를 제외할 것.

6. 계원 중 그 마을에서 동거하다가 타향으로 이사할 때는 계도 떠날 것.

7. 이상 조약을 어김없이 이행할 것.

8. 발인과 재급기한은 癸卯年 陰 三月 이상부터 계중 담당하기로 승낙한다.

9. 백미 수렴은 하년하시를 막론하고 백미로 수렴키로 약속함.

충남대학교 충청문화연구소 마을연구단(2004~2005년)

연구책임자	김필동(충남대학교 사회학과 교수)
공동연구원	박찬승(한양대학교 사학과 부교수)
	고동환(한국과학기술원 인문사회과학부 교수. 국사학)
	김경수(청운대학교 교양학부 조교수. 국사학)
	김수태(충남대학교 국사학과 교수)
	김 준(목포대학교 도서문화연구소 연구교수. 사회학)
	김창민(전주대학교 교양학부 조교수. 인류학)
	박걸순(독립기념관 한국독립운동사연구소 수석연구원)
	윤종빈(충남대학교 철학과 강사)
	곽호제(마을연구단 전임연구원. 국사학. 현 청양대 초빙교수)
	김현숙(마을연구단 전임연구원. 국사학)
	박종익(마을연구단 전임연구원. 국문학)
	유보경(마을연구단 전임연구원. 사회학)
	이연숙(마을연구단 전임연구원. 국사학)
	전종한(마을연구단 전임연구원. 지리학. 현 경인교대 전임강사)
연구보조원	문광철(충남대 대학원 국사학과 박사과정 수료)
	고형임(한국교원대 대학원 역사교육전공 석사)
	김미영(충남대 대학원 국사학과 석사과정)
	김은지(충남대 대학원 국사학과 석사과정)
	김진희(한국교원대 대학원 역사교육전공 석사과정)
	남현주(충남대 대학원 국어국문학과 석사과정)
	송기중(충남대 대학원 국사학과 석사과정)
	오보경(충남대 대학원 국사학과 석사과정)
	윤보윤(충남대 대학원 국어국문학과 석사과정)
	이시경(충남대 대학원 국사학과 석사과정)
	이은규(한국교원대 대학원 지리교육전공 석사과정)
	정을경(충남대 대학원 국사학과 석사과정)
	주계운(충남대 대학원 국사학과 석사과정)
	반미희(충남대 사회학과 졸업)
	서홍원(충남대 국사학과)
	이규영(충남대 사회학과)
	장진하(충남대 사회학과)

빛깔있는 책들 501-4

충남 지역 마을지 총서 ③ 태안군 소원면 의항리

태안 개미목마을

첫판 1쇄   2006년 9월 5일 인쇄
첫판 1쇄   2006년 9월 10일 발행

글·사진   충남대학교 마을연구단

발 행 인   장세우
기획편집   김분하, 최명지, 이세형
미   술   박명선, 이수현, 이미영
마 케 팅   강승일
관   리   이훈, 정문철, 도은아

발 행 처   주식회사 대원사
            우편번호 140-901
            서울 용산구 후암동 358-17
            전화번호 (02) 757-6717~9
            팩시밀리 (02) 775-8043
            등록번호 제3-191호

http://www.daewonsa.co.kr

값 8,500원

이 책은 한국학술진흥재단의 2004년도 연구비 지원에 의해
출간되었습니다.

Daewonsa Publishing Co., Ltd.
Printed in Korea 2006

ISBN 89-369-0264-4   04380
ISBN 89-369-0000-5(세트)

빛깔있는 책들

민속(분류번호:101)

고미술(분류번호:102)

불교 문화(분류번호:103)

음식 일반(분류번호:201)